唐魏徵等撰

隋書

第六册

卷六七至卷八五（傳）

中華書局

隋書卷六十七

列傳第三十二

虞世基

虞世基字茂世，會稽餘姚人也。父荔，陳太子中庶子。世基幼沉靜，喜慍不形於色，博學有高才，兼善草隸。陳中書令孔奐見而歎曰：「南金之貴，屬在斯人。」少傅徐陵聞其名，召之，世基不往。後因公會，陵一見而奇之，顧謂朝士曰：「當今潘、陸也。」因以弟女妻焉。仕陳，釋褐建安王法曹參軍事，歷祠部殿中二曹郎、太子中舍人。遷中庶子、散騎常侍、尙書左丞。陳主嘗於莫府山校獵，令世基作講武賦，於坐奏之曰：

夫玩居常者，未可論匡濟之功，應變通者，然後見帝王之略。何則？化有文質，進讓殊風，世或澆淳，解張累務。雖復順紀合符之后，望雲就日之君，且修戰於版泉，亦治兵於丹浦。是知文德武功，蓋因時而並用，經邦創制，固與俗而推移。所以樹鴻名，垂大訓，拱揖百靈，包舉六合，其唯聖人乎！

鶉火之歲，皇上御宇之四年也。萬物交泰，九有乂安，俗躋仁壽，民資日用。然而足食足兵，猶載懷於履薄，可久可大，尚懍乎於御朽。至如昆吾遠賮，肅愼奇賝，史不絕書，府無虛月。貝胄雍弧之用，犀渠闕翟之殷，鑄名劍於尚方，積琱戈於武庫。熊羆百萬，貔豹千羣，利盡五材，威加四海。爰於農隙，有事春蒐，舍爵策勳，觀使臣之以禮，沮勸賞罰，迺示民以知禁。盛矣哉，信百王之不易，千載之一時也！昔上林從幸，相如於是頌德，長楊校獵，子雲退而爲賦。雖則體物緣情，不同年而語矣，英聲茂實，蓋可得而言焉。其辭曰：

惟則天以稽古，統資始於羣分。膺錄圖而出震，樹司牧以爲君。旣濟寬而濟猛，亦乃武而乃文。北怨勞乎殷履，南伐盛於唐勛。彼周干與夏戚，粤可得而前聞。我大陳之創業，乃撥亂而爲武。戡定艱難，平壹區宇。從喋喋之樂推，爰蒼蒼而再補。故累仁以積德，諒重規而襲矩。惟皇帝之休烈，體徇齊之睿哲。敷九疇而咸敍，奄四海而有截。旣搜揚於帝難，又文思之安安。幽明請吏，俊乂在官。御璇璣而七政辨，朝玉帛而萬國歡。昧旦丕顯，未明思治。道藏往而知來，功參天而兩地。運聖人之上德，盡生民之能事。於是禮暢樂和，刑淸政肅。西暨析支，東漸蟠木。罄圖諜而効祉，漏川泉而禔福。在靈貺而必臻，亦何思而不服。

雖至治之隆平，猶戒國而强兵。選羽林於六郡，詔蹶張於五營。兼折衝而餘勇，咸重義而輕生。遂乃因農隙以教民，在春蒐而習戰。命司馬以示法，帥掌固而淸甸。導旬始以前驅，伏鉤陳而後殿。抗鳥旌於析羽，飾魚文於被練。爾乃革軒按轡，玉虬齊軼。屯左矩以啓行，擊右鍾而傳響。交雲罕之掩映，紛劍騎而來往。指攝提於斗極，洞閶闔之弘敞。跨玄武而東臨，款黃山而北上。隱圓闕之迢遞，屆方澤之塏爽。

于斯時也，青春晚候，朝陽明岫。日月光華，煙雲吐秀。澄波瀾於江海，靜氛埃於宇宙。乘輿乃御太一之玉堂，授軍令於紫房。蘊龍韜之妙算，誓武旅於戎場。銳金顏於庸、蜀，躪鐵騎於漁陽。彀神弩而持滿，彏天弧而並張。曳虹旗之正正，振夔鼓之鏜鏜。八陣肅而成列，六軍儼以相望。拒飛梯於縈帶，聳樓車於武岡。或掉鞅而直指，乍交綏而弗傷。裁應變而蛇擊，俄蹈厲以鷹揚。中小枝於戟刃，徹蹲札於甲裳。聊七縱於孟獲，乃兩擒於卞莊。始軒軒而鶴舉，遂離離以雁行。振川谷而横八表，蕩海岳而耀三光。諒窈冥之不測，羌進退而難常。亦有投石扛鼎，超乘挾輈。衝冠聳劍，鐵楯銅頭。熊渠殪兕，武勇操牛。雖任鄙與賁、育，故無得而爲仇。

九攻既決，三略已周。鳴鐲振響，風卷電收。於是勇爵班，金奏設，登元、凱而陪位，命方、邵而就列。三獻式序，八音未闋。舞干戚而有豫，聽鼓鞞而載悅。俾挾纊與投醪，咸忘軀而殉節。方席卷而橫行，見王師之有征。登燕山而戮封豕，臨瀚海而斬長鯨。望雲亭而載蹕，禮升中而告成。實皇王之神武，信蕩蕩而難名者也。

陳主嘉之，賜馬一匹。

及陳滅歸國，爲通直郎，直內史省。貧無產業，每傭書養親，快快不平。嘗爲五言詩以見意，情理悽切，世以爲工，作者莫不吟詠。未幾，拜內史舍人。

煬帝卽位，顧遇彌隆。祕書監河東柳顧言博學有才，罕所推謝，至是與世基相見，歎曰：「海內當共推此一人，非吾儕所及也。」俄遷內史侍郎，以母憂去職，哀毀骨立。有詔起令視事，拜見之日，殆不能起，帝令左右扶之。哀其羸瘠，詔令進肉，世基食輒悲哽，不能下。帝使謂之曰：「方相委任，當爲國惜身。」前後敦勸者數矣。帝重其才，親禮逾厚，專典機密，與納言蘇威、左翊衞大將軍宇文述、黃門侍郎裴矩、御史大夫裴蘊等參掌朝政。于時天下多事，四方表奏日有百數。帝方凝重，事不庭決，入閤之後，始召世基口授節度。世基至省，方爲敕書，日且百紙，無所遺謬。其精審如是。

遼東之役，進位金紫光祿大夫。後從幸雁門，帝爲突厥所圍，戰士多敗。世基勸帝重爲賞格，親自撫循，又下詔停遼東之事。帝從之，師乃復振。及圍解，勳格不行，又下伐遼之詔。由是言其詐衆，朝野離心。

帝幸江都，次鞏縣，世基以盜賊日盛，請發兵屯洛口倉，以備不虞。帝不從，但答云：「卿是書生，定猶恇怯。」于時天下大亂，世基知帝不可諫止，又以高熲、張衡等相繼誅戮，懼禍及己，雖居近侍，唯諾取容，不敢忤意。盜賊日甚，郡縣多沒。世基知帝惡數聞之，後有告敗者，乃抑損表狀，不以實聞。是後外間有變，帝弗之知也。嘗遣太僕楊義臣捕盜於河北，降賊數十萬，列狀上聞。帝歎曰：「我初不聞賊頓如此，義臣降賊何多也！」世基對曰：「鼠竊雖多，未足爲慮。義臣剋之，擁兵不少，久在閫外，此最非宜。」帝曰：「卿言是也。」遽追義臣，放其兵散。又越王侗遣太常丞元善達間行賊中，詣江都奏事。稱李密有衆百萬，圍逼京都。賊據洛口倉，城內無食。若陛下速還，烏合必散；不然者，東都決沒。因歔欷嗚咽，帝爲之改容。世基見帝色憂，進曰：「越王年小，此輩誑之。若如所言，善達何緣來至？」帝乃勃然怒曰：「善達小人，敢廷辱我！」因使經賊中，向東陽催運，善達遂爲羣盜所殺。此後外人杜口，莫敢以賊聞奏。

世基貌沉審，言多合意，是以特見親愛，朝臣無與爲比。其繼室孫氏，性驕淫，世基惑之，恣其奢靡。雕飾器服，無復素士之風。孫復攜前夫子夏侯儼入世基舍，而頑鄙無賴，爲其聚斂。鬻官賣獄，賄賂公行，其門如市，金寶盈積。其弟世南，素國士，而清貧不立，未曾有所贍。由是爲論者所譏，朝野咸共疾怨。宇文化及殺逆也，世基乃見害焉。

長子肅，好學多才藝，時人稱有家風。弱冠早沒。肅弟熙，大業末爲符璽郎，次子柔、晦，並宣義郎。化及將亂之夕，宗人虞伋知而告熙曰：「事勢以然，吾將濟卿南渡，且得免禍，同死何益！」熙謂伋曰：「棄父背君，求生何地？感尊之懷，自此訣矣。」及難作，兄弟競請先死，行刑人於是先世基殺之。

裴蘊

裴蘊，河東聞喜人也。祖之平，梁衞將軍。父忌，陳都官尚書，與吳明徹同沒于周，賜爵江夏郡公，在隋十餘年而卒。蘊性明辯，有吏幹。在陳，仕歷直閤將軍、興寧令。蘊以其父在北，陰奉表於高祖，請爲內應。及陳平，上悉閱江南衣冠之士，次至蘊，上以爲夙有向化之心，超授儀同。左僕射高熲不悟上旨，進諫曰：「裴蘊無功於國，寵踰倫輩，臣未見其可。」上又加蘊上儀同，熲復進諫，上曰：「可加開府。」熲乃不敢復言，卽日拜開府儀同三司，禮賜優洽。歷洋、直、棣三州刺史，俱有能名。

大業初，考績連最。煬帝聞其善政，徵爲太常少卿。初，高祖不好聲技，遣牛弘定樂，非正聲清商及九部四儛之色，皆罷遣從民。至是，蘊揣知帝意，奏括天下周、齊、梁、陳樂家子弟，皆爲樂戶。其六品已下，至于民庶，有善音樂及倡優百戲者，皆直太常。是後異技淫聲咸萃樂府，皆置博士弟子，遞相教傳，增益樂人至三萬餘。帝大悅，遷民部侍郎。

于時猶承高祖和平之後，禁網疎闊，戶口多漏。或年及成丁，猶詐爲小，未至於老，已免租賦。蘊歷爲刺史，素知其情，因是條奏，皆令貌閱。若一人不實，則官司解職，鄉正里長皆遠流配。又許民相告，若糾得一丁者，令被糾之家代輸賦役。是歲大業五年也。諸郡計帳，進丁二十四萬三千，新附口六十四萬一千五百。帝臨朝覽狀，謂百官曰：「前代無好人，致此罔冒。今進民戶口皆從實者，全由裴蘊一人用心。古語云，得賢而治，驗之信矣。」由是漸見親委，拜京兆贊治，發擿纖毫，吏民懾憚。

未幾，擢授御史大夫，與裴矩、虞世基參掌機密。蘊善候伺人主微意，若欲罪者，則曲法順情，鍛成其罪。所欲宥者，則附從輕典，因而釋之。是後大小之獄皆以付蘊，憲部大理莫敢與奪，必稟承進止，然後決斷。蘊亦機辯，所論法理，言若懸河，或重或輕，皆由其口，剖析明敏，時人不能致詰。楊玄感之反也，帝遣蘊推其黨與，謂蘊曰：「玄感一呼而從者十萬，益知天下人不欲多，多卽相聚爲盜耳。不盡加誅，則後無以勸。」蘊由是乃峻法治之，所戮者數萬人，皆籍沒其家。帝大稱善，賜奴婢十五口。司隸大夫薛道衡以忤意獲譴，蘊知帝惡之，乃奏曰：「道衡負才恃舊，有無君之心。見詔書每下，便腹非私議，推惡於國，妄造禍端。論其罪名，似如隱昧，源其情意，深爲悖逆。」帝曰：「然。我少時與此人相隨行役，輕我童稚，共高熲、賀若弼等外擅威權，自知罪當誣罔。及我卽位，懷不自安，賴天下無事，未得反耳。公論其逆，妙體本心。」於是誅道衡。又帝問蘇威以討遼之策，威不願帝復行，且欲令帝知天下多賊，乃詭答曰：「今者之役，不願發兵，但詔赦羣盜，自可得數十萬。遣關內奴賊及山東歷山飛、張金稱等頭別爲一軍，出遼西道，諸河南賊王薄、孟讓等十餘頭並給舟楫，浮滄海道，必喜於免罪，競務立功，一歲之間，可滅高麗矣。」帝不懌曰：「我去尙猶未克，鼠竊安能濟乎？」威出後，蘊奏曰：「此大不遜，天下何處有許多賊！」帝悟曰：「老革多姦，將賊脅我。欲搭其口，但隱忍之，誠極難耐。」蘊知上意，遣張行本奏威罪惡，帝付蘊推鞫之，乃處其死。帝曰：「未忍便殺。」遂父子及孫三世並除名。

蘊又欲重己權勢，令虞世基奏罷司隸刺史以下官屬，增置御史百餘人。於是引致姦黠，共爲朋黨，郡縣有不附者，陰中之。于時軍國多務，凡是興師動衆，京都留守，及與諸蕃互市，皆令御史監之。賓客附隸，徧於郡國，侵擾百姓，帝弗之知也。以渡遼之役，進位銀青光祿大夫。

及司馬德戡將爲亂，江陽長張惠紹夜馳告之。蘊共惠紹謀，欲矯詔發郭下兵民，盡取榮公來護兒節度，〔一〕收在外逆黨宇文化及等，仍發羽林殿脚，遣范富婁等入自西苑，取梁公蕭鉅及燕王處分，扣門援帝。謀議已定，遣報虞世基。世基疑反者不實，抑其計。須臾，難作，蘊嘆曰：「謀及播郎，竟悞人事。」遂見害。子愔爲尚輦直長，亦同日死。

裴矩

裴矩字弘大，河東聞喜人也。祖他，魏都官尚書。父訥之，齊太子舍人。矩繈褓而孤，及長好學，頗愛文藻，有智數。世父讓之謂矩曰：「觀汝神識，足成才士，欲求官達，當資幹世之務。」矩始留情世事。齊北平王貞爲司州牧，辟爲兵曹從事，轉高平王文學。及齊亡，不得調。高祖爲定州總管，召補記室，甚親敬之。以母憂去職。

高祖作相，遣使者馳召之，參相府記室事。及受禪，遷給事郎，奏舍人事。伐陳之役，領元帥記室。既破丹陽，晉王廣令矩與高熲收陳圖籍。明年，奉詔巡撫嶺南，未行而高智慧、汪文進等相聚作亂，吳、越道閉，上難遣矩行。矩請速進，上許之。行至南康，得兵數千人。時俚帥王仲宣逼廣州，遣其所部將周師舉圍東衡州。矩與大將軍鹿愿赴之，賊立九柵，屯大庾嶺，共爲聲援。矩進擊破之，賊懼，釋東衡州，據原長嶺。〔三〕又擊破之，遂斬師舉，進軍自南海援廣州。仲宣懼而潰散。矩所綏集者二十餘州，又承制署其渠帥爲刺史、縣令。及還報，上大悅，命升殿勞苦之，顧謂高熲、楊素曰：「韋洸將二萬兵，不能早度嶺。朕每患其兵少。裴矩以三千敝卒，徑至南康。有臣若此，朕亦何憂！」以功拜開府，賜爵聞喜縣公，賚物二千段。除民部侍郎，尋遷內史侍郎。

時突厥強盛，都藍可汗妻大義公主，卽宇文氏之女也，由是數爲邊患。後因公主與從胡私通，長孫晟先發其事，矩請出使說都藍，顯戮宇文氏。上從之。竟如其言，公主見殺。後都藍與突利可汗搆難，屢犯亭鄣。詔太平公史萬歲爲行軍總管，出定襄道，以矩爲行軍長史，破達頭可汗於塞外。萬歲被誅，功竟不錄。上以啓民可汗初附，令矩撫慰之，還爲尚書左丞。其年，文獻皇后崩，太常舊無儀注，矩與牛弘據齊禮參定之。轉吏部侍郎，名爲稱職。

煬帝卽位，營建東都，矩職修府省，九旬而就。時西域諸蕃，多至張掖，與中國交市。帝令矩掌其事。矩知帝方勤遠略，諸商胡至者，矩誘令言其國俗山川險易，撰西域圖記三卷，入朝奏之。其序曰

臣聞禹定九州，導河不踰積石，秦兼六國，設防止及臨洮。故知西胡雜種，僻居遐裔，禮教之所不及，書典之所罕傳。自漢氏興基，開拓河右，始稱名號者，有三十六國，其後分立，乃五十五王。仍置校尉、都護，以存招撫。然叛服不恒，屢經征戰。後漢之世，頻廢此官。雖大宛以來，略知戶數，而諸國山川未有名目。至如姓氏風土，服

章物產，全無纂錄，世所弗聞。復以春秋遞謝，年代久遠，兼并誅討，互有興亡。或地是故邦，改從今號，或人非舊類，因襲昔名。兼復部民交錯，封疆移改，戎狄音殊，事難窮驗。于闐之北，葱嶺以東，考于前史，三十餘國。其後更相屠滅，僅有十存。自餘淪沒，掃地俱盡，空有丘墟，不可記識。

皇上膺天育物，無隔華夷，率土黔黎，莫不慕化。風行所及，日入以來，職貢皆通，無遠不至。臣既因撫納，監知關市，尋討書傳，訪採胡人，或有所疑，卽詳衆口。依其本國服飾儀形，王及庶人，各顯容止，卽丹青模寫，爲西域圖記，共成三卷，合四十四國。仍別造地圖，窮其要害。從西頃以去，北海之南，縱橫所亘，將二萬里。諒由富商大賈，周遊經涉，故諸國之事罔不偏知。復有幽荒遠地，卒訪難曉，不可憑虛，是以致闕。而二漢相踵，西域爲傳，戶民數十，卽稱國王，徒有名號，乃乖其實。今者所編，皆餘千戶，利盡西海，多產珍異。其山居之屬，非有國名，及部落小者，多亦不載。

發自敦煌，至于西海，凡爲三道，各有襟帶。北道從伊吾，經蒲類海鐵勒部，突厥可汗庭，度北流河水，至拂菻國，達于西海。其中道從高昌，焉耆，龜茲，疏勒，度葱嶺，又經鏺汗，蘇對沙那國，康國，曹國，何國，大、小安國，穆國，至波斯，達于西海。其南道從鄯善，于闐，朱俱波、喝槃陀，〔三〕度葱嶺，又經護密，吐火羅，挹怛，忛延，〔四〕漕國，至北婆羅門，達于西海。其三道諸國，亦各自有路，南北交通。其東女國、〔五〕南婆羅門國等，並隨其所往，諸處得達。故知伊吾、高昌、鄯善，並西域之門戶也。總湊敦煌，是其咽喉之地。

以國家威德，將士驍雄，汎濛氾而揚旌，越崐崘而躍馬，易如反掌，何往不至！但突厥、吐渾分領羌胡之國，爲其擁遏，故朝貢不通。今並因商人密送誠款，引領翹首，願爲臣妾。聖情含養，澤及普天，服而撫之，務存安輯。故皇華遣使，弗動兵車，諸蕃既從，渾、厥可滅。混一戎夏，其在茲乎！不有所記，無以表威化之遠也。

帝大悅，賜物五百段。每日引矩至御坐，親問西方之事。矩盛言胡中多諸寶物，吐谷渾易可并吞。帝由是甘心，將通西域，四夷經略，咸以委之。

轉民部侍郎，未視事，遷黃門侍郎。帝復令矩往張掖，引致西蕃，至者十餘國。大業三年，帝有事於恒岳，咸來助祭。帝將巡河右，復令矩往敦煌。矩遣使說高昌王麴伯雅及伊吾吐屯設等，啗以厚利，導使入朝。及帝西巡，次燕支山，高昌王、伊吾設等，及西蕃胡二十七國，謁於道左。皆令佩金玉，被錦罽，焚香奏樂，歌儛諠譟。復令武威、張掖士女盛飾縱觀，騎乘塡咽，周亘數十里，以示中國之盛。帝見而大悅。竟破吐谷渾，拓地數千里，並遣兵戍之。每歲委輸巨億萬計，諸蕃懾懼，朝貢相續。帝謂矩有綏懷之略，進位銀青光祿大夫。其冬，帝至東都，矩以蠻夷朝貢者多，諷帝令都下大戲。徵四方奇技異藝，陳於端門街，衣錦綺、珥金翠者，以十數萬。又勒百官及民士女列坐棚閣而縱觀焉。皆被服鮮麗，終月乃罷。又令三市店肆皆設帷帳，盛列酒食，遣掌蕃率蠻夷與民貿易，所至之處，悉令邀延就坐，醉飽而散。蠻夷嗟歎，謂中國爲神仙。帝稱其至誠，顧謂宇文述、牛弘曰：「裴矩大識朕意，凡所陳奏，皆朕之成算。未發之頃，矩輒以聞。自非奉國用心，孰能若是！」

帝遣將軍薛世雄城伊吾，令矩共往經略。矩諷諭西域諸國曰：「天子爲蕃人交易懸遠，所以城伊吾耳。」咸以爲然，不復來競。及還，賜錢四十萬。矩又白狀，令反間射匱，潛攻處羅，語在西突厥傳。〔六〕後處羅爲射匱所迫，竟隨使者入朝。帝大悅，賜矩以貂裘及西域珍器。

從帝巡于塞北，幸啓民帳。時高麗遣使先通于突厥，啓民不敢隱，引之見帝。矩因奏狀曰：「高麗之地，本孤竹國也。周代以之封于箕子，漢世分爲三郡，晉氏亦統遼東。今乃不臣，別爲外域，故先帝疾焉，欲征之久矣。但以楊諒不肖，師出無功。當陛下之時，安得不事，使此冠帶之境，仍爲蠻貊之鄉乎？今其使者朝於突厥，親見啓民，合國從化，必懼皇靈之遠暢，慮後伏之先亡。脅令入朝，當可致也。」帝曰：「如何？」矩曰：「請面詔其使，放還本國，遣語其王，令速朝觀。不然者，當率突厥，卽日誅之。」帝納焉。高元不用命，始建征遼之策。王師臨遼，以本官領武賁郎將。明年，復從至遼東。兵部侍郎斛斯政亡入高麗，帝令矩兼掌兵事。以前後渡遼之役，進位右光祿大夫。于時皇綱不振，人皆變節，左翊衞大將軍宇文述、內史侍郎虞世基等用事，文武多以賄聞。唯矩守常，無贓穢之響，以是爲世所稱。

還至涿郡，帝以楊玄感初平，令矩安集隴右。因之會寧，存問曷薩那部落，遣闕達度設寇吐谷渾，頻有虜獲，部落致富。還而奏狀，帝大賞之。後從師至懷遠鎮，詔護北蕃軍事。矩以始畢可汗部衆漸盛，獻策分其勢，將以宗女嫁其弟叱吉設，拜爲南面可汗。叱吉不敢受，始畢聞而漸怨。矩又言於帝曰：「突厥本淳易可離間，但由其內多有羣胡，盡皆桀黠，敎導之耳。臣聞史蜀胡悉尤多姦計，幸於始畢，請誘殺之。」帝曰：「善。」矩因遣人告胡悉曰：「天子大出珍物，今在馬邑，欲共蕃內多作交關。若前來者，卽得好物。」胡悉貪而信之，不告始畢，率其部落，盡驅六畜，星馳爭進，冀先互市。矩伏兵馬邑下，誘而斬之。詔報始畢曰：「史蜀胡悉忽領部落走來至此，云背可汗，請我容納。突厥既是我臣，彼有背叛，我當共殺。今已斬之，故令往報。」始畢亦知其狀，由是不朝。十一年，帝北巡狩，始畢率騎數十萬，圍帝於雁門。詔令矩與虞世基每宿朝堂，以待顧問。及圍解，從至東都。屬射匱可汗遣其猶子，率西蕃諸胡朝貢，詔矩醻接之。

尋從幸江都宮。時四方盜賊蜂起，郡縣上奏者不可勝計。矩言之，帝怒，遣矩詣京師接候蕃客，以疾不行。及義兵入關，帝令虞世基就宅問矩方略。矩曰：「太原有變，京畿不靜，遙爲處分，恐失事機。唯願鑾輿早還，方可平定。」矩復起視事。俄而驍衞大將軍屈突通敗問至，矩以聞，帝失色。矩素勤謹，未嘗忤物，又見天下方亂，恐爲身禍，其待遇人，多過其所望，故雖至厮役，皆得其歡心。時從駕驍果數有逃散，帝憂之，以問矩。矩答曰：「方今車駕留此，已經二年。驍果之徒，盡無家口，人無匹合，則不能久安。臣請聽兵士於此納室。」帝大喜曰：「公定多智，此奇計也。」因令矩檢校爲將士等娶妻。矩召江都境內寡婦及未嫁女，皆集宮監，又召將帥及兵等恣其所取。因聽自首，先有姦通婦女及尼、女冠等，並即配之。由是驍果等悅，咸相謂曰：「裴公之惠也。」

宇文化及之亂，矩晨起將朝，至坊門，遇逆黨數人，控矩馬詣孟景所。賊皆曰：「不關裴黃門。」既而化及從百餘騎至，矩迎拜，化及慰諭之。令矩參定儀注，推秦王子浩爲帝，以矩爲侍內，隨化及至河北。及僭帝位，以矩爲尚書右僕射，加光祿大夫，封蔡國公，爲河北道安撫大使。

及宇文氏敗，爲竇建德所獲，以矩隋代舊臣，遇之甚厚。復以爲吏部尚書，尋轉尚書右僕射，專掌選事。建德起自羣盜，未有節文，矩爲制定朝儀。旬月之間，憲章頗備，擬於王者。建德大悅，每諮訪焉。及建德渡河討孟海公，矩與曹旦等於洛州留守。建德敗於武牢，羣帥未知所屬，曹旦長史李公淹、大唐使人魏徵等說旦及齊善行令歸順。旦等從之，乃令矩與徵、公淹領旦及八璽，舉山東之地歸于大唐。授左庶子，轉詹事、民部尚書。

史臣曰：世基初以雅澹著名，兼以文華見重，亡國羇旅，特蒙任遇。參機衡之職，預帷幄之謀，國危未嘗思安，君昏不能納諫。方更鬻官賣獄，黷貨無厭，顚隕厥身，亦其所也。裴蘊素懷姦險，巧於附會，作威作福，唯利是視，滅亡之禍，其可免乎？裴矩學涉經史，頗有幹局，至於恪勤匪懈，夙夜在公，求諸古人，殆未之有。與聞政事，多歷歲年，雖處危亂之中，未虧廉謹之節，美矣。然承望風旨，與時消息，使高昌入朝，伊吾獻地，聚粮且末，師出玉門。關右騷然，頗亦矩之由也。

校勘記

〔一〕榮公來護兒　原脫「來」字，今補。

〔二〕原長嶺　「原」原作「愿」，據北史本傳及册府六五六改。

〔三〕喝槃陀　「喝」原作「唱」，據北史本傳改。
〔四〕帆延　本書煬帝紀下作「失范延」，又漕國傳作「帆延」。
〔五〕東女國　北史本傳作「東安國」。
〔六〕西突厥傳　原脫「西」字，今補。

隋書卷六十八

列傳第三十三

宇文愷

宇文愷字安樂，杞國公忻之弟也。在周，以功臣子，年三歲，賜爵雙泉伯，七歲，進封安平郡公，邑二千戶。愷少有器局。家世武將，諸兄並以弓馬自達，愷獨好學，博覽書記，解屬文，多伎藝，號爲名父公子。初爲千牛，累遷御正中大夫、儀同三司。高祖爲丞相，加上開府中大夫。及踐阼，誅宇文氏，愷初亦在殺中，以其與周本別，兄忻有功於國，使人馳赦之，僅而得免。後拜營宗廟副監、太子左庶子。廟成，別封甑山縣公，邑千戶。及遷都，上以愷有巧思，詔領營新都副監。高熲雖總大綱，凡所規畫，皆出於愷。後決渭水達河，以通運漕，詔愷總督其事。後拜萊州刺史，甚有能名。兄忻被誅，除名於家，久不得調。會朝廷以魯班故道久絕不行，令愷修復之。既而上建仁壽宮，訪可任者，右僕射楊素言愷有巧思，上然之，於是檢校將作大匠。歲餘，拜仁壽宮監，授儀同三司，尋爲將作少監。文獻皇后崩，愷與楊素營山陵事，上善之，復爵安平郡公，邑千戶。煬帝卽位，遷都洛陽，以愷爲營東都副監，尋遷將作大匠。愷揣帝心在宏侈，於是東京制度窮極壯麗。帝大悅之，進位開府，拜工部尙書。及長城之役，詔愷規度之。時帝北巡，欲誇戎狄，令愷爲大帳，其下坐數千人。帝大悅，賜物千段。又造觀風行殿，上容侍衞者數百人，離合爲之，下施輪軸，推移倏忽，有若神功。戎狄見之，莫不驚駭。帝彌悅焉，前後賞賚不可勝紀。

自永嘉之亂，明堂廢絕，隋有天下，將復古制，議者紛然，皆不能決。愷博考羣籍，奏明堂議表曰：

臣聞在天成象，房心爲布政之宮，在地成形，丙午居正陽之位。觀雲告月，順生殺之序，五室九宮，統人神之際。金口木舌，發令兆民，玉瓚黃琮，式嚴宗祀。何嘗不矜莊扆宁，盡妙思於規摹，凝晬冕旒，致子來於矩矱。

伏惟皇帝陛下，提衡握契，御辯乘乾，減五登三，復上皇之化，流凶去暴，丕下武之緒。用百姓之異心，驅一代以同域，康哉康哉，民無能而名矣。故使天符地寶，吐醴飛甘，造物資生，澄源反朴。九圍清謐，四表削平，襲我衣冠，齊其文軌。茫茫上玄，陳珪璧之敬，肅肅淸廟，感霜露之誠。正金奏九韶、六莖之樂，定石渠五官、三雍之禮。乃卜瀍西，爰謀洛食，辨方面勢，仰稟神謀，敷土濬川，爲民立極。兼聿遵先言，表置明堂，爰詔下臣，占星揆日。於是採崧山之祕簡，披汶水之靈圖，訪通議於殘亡，購冬官於散逸。總集衆論，勒成一家。昔張衡渾象，以三分爲一度，裴秀輿地，以二寸爲千里。臣之此圖，用一分爲一尺，推而演之，冀輪奐有序。而經構之旨，議者殊途，或以綺井爲重屋，或以圓楣爲隆棟，各以臆說，事不經見。今錄其疑難，爲之通釋，皆出證據，以相發明。議曰：

臣愷謹案淮南子曰：「昔者神農之治天下也，甘雨以時，五穀蕃植，春生夏長，秋收冬藏，月省時考，終歲獻貢，以時嘗穀，祀于明堂。明堂之制，有蓋而無四方，風雨不能襲，燥濕不能傷，遷延而入之。」臣愷以爲上古朴略，創立典刑。尙書帝命驗曰：「帝者承天立五府，以尊天重象。赤曰文祖，黃曰神斗，白曰顯紀，黑曰玄矩，蒼曰靈府。」注云：「唐、虞之天府，夏之世室，殷之重屋，周之明堂，皆同矣。」尸子曰：「有虞氏曰總章。」周官考工記曰：「夏后氏世室，堂脩二七，博四脩一。」〔二〕注云：「脩，南北之深也。夏度以步，今堂脩十四步，〔三〕其博益以四分脩之一，則明堂博十七步半也。」臣愷按，三王之世，夏最爲古，從質尙文，理應漸就寬大，何因夏室乃大殷堂？相形爲論，理恐不爾。記云「堂脩七，博四脩一」，〔三〕若夏度以步，則應脩七步。注云「今堂脩十四步」，乃是增益記文。殷、周二堂獨無加字，便是其義，類例不同。山東禮本輒加二七之字，何得殷無加尋之文，周闕增筵之義？研覈其趣，或是不然。讎校古書，並無「二」字，此乃桑間俗儒信情加減。黃圖議云：「夏后氏益其堂之大一百四十四尺，周人明堂以爲兩杼間。」馬宮之言，止論堂之一面，據此爲準，則三代堂基並方，得爲上圓之制。諸書所說，並云下方，鄭注周官，獨爲此義，非直與古違異，亦乃乖背禮文。尋文求理，深恐未愜。

尸子曰：「殷人陽館。」考工記曰：「殷人重屋，堂脩七尋，堂崇三尺，四阿重屋。」注云：「其脩七尋，五丈六尺，放夏周則其博九尋，七丈二尺。」又曰：「周人明堂，度九尺之筵，東西九筵，南北七筵。堂崇一筵。五室，凡室二筵。」〔四〕禮記明堂位曰：「天子之廟，複廟重檐。」鄭注云：「複廟，重屋也。」注玉藻云：「天子廟及露寢，皆如明堂制。」禮圖云：「於內室之上，起通天之觀，觀八十一尺，得宮之數，其聲濁，君之象也。」大戴禮曰：「明堂者，古有之。凡九室，一室有四戶八牖。以茅蓋，上圓下方，外水曰璧雝。赤綴戶，白綴牖。堂高三尺，東西九仞，南北七筵。其宮方三百步。凡人民疾，六畜疫，五穀災，生於天道不順。天道不順，生於明堂不飾。故有天災，則飾明堂。」周書明堂曰：「堂方百一十二尺，高四尺，階博六尺三寸。室居內，方百尺，室內方六十尺。戶高八尺，博四尺。」作洛曰：「明堂太廟露寢，咸有四阿，重亢重廊。」〔五〕孔氏注云：「重亢累棟，重廊累屋也。」禮圖曰：「秦明堂九室十二階，各有所居。」呂氏春秋曰：「有十二堂。」與月令同，並不論尺丈。臣愷案，十二階雖不與禮合，一月一階，非無理思。

黃圖曰：「堂方百四十四尺，法坤之策也，方象地。屋圓楣徑二百一十六尺，法乾之策也，圓象天。太室九宮，〔六〕法九州。太室方六丈，法陰之變數。十二堂法十二月，三十六戶法極陰之變數，七十二牖法五行所行日數。八達象八風，法八卦。通天臺徑九尺，法乾以九覆六。高八十一尺，法黃鍾九九之數。二十八柱象二十八宿。堂高三尺，土階三等，法三統。堂四向五色，法四時五行。殿門去殿七十二步，法五行所行。門堂長四丈，取太室三之二。垣高無蔽目之照，牖六尺，其外倍之。殿垣方，在水內，法地陰也。水四周於外，象四海，圓法陽也。水闊二十四丈，象二十四氣。水內徑三丈，應觀禮經。」武帝元封二年，立明堂汶上，無室。其外略依此制。泰山通議今亡，不可得而辨也。

元始四年八月，起明堂、辟雍長安城南門，制度如儀。一殿，垣四面，門八觀，水外周，堤壤高四尺，和會築作三旬。五年正月六日辛未，始郊太祖高皇帝以配天，二十二日丁亥，宗祀孝文皇帝於明堂以配上帝，及先賢、百辟、卿士有益者，於是秩而祭之。親扶三老五更，袒而割牲，跪而進之。因班時令，宣恩澤。諸侯王、宗室、四夷君長、匈奴、西國侍子，悉奉貢助祭。

禮圖曰：「建武三十年作明堂，明堂上圓下方，上圓法天，下方法地，十二堂法日辰，九室法九州。室八牕，八九七十二，法一時之王。室有二戶，二九十八戶，法土王十八日。內堂正壇高三尺，土階三等。」胡伯始注漢官云：〔七〕「古清廟蓋以茅，今蓋以瓦，瓦下藉茅，以存古制。」東京賦曰：「乃營三宮，布政頒常。複廟重屋，八達九房。造舟清池，惟水泱泱。」薛綜注云：「複重廇覆，謂屋平覆重棟也。」續漢書祭祀志云：「明帝永平二年，祀五帝於明堂，五帝坐各處其方，黃帝在未，皆如南郊之位。光武位在青帝之南，少退西面，各一犢，奏樂如南郊。」臣愷按詩云，我將祀文王於明堂，「我將我享，維牛維羊」。據此則備太牢之祭。今云一犢，恐與古殊。

自晉以前，未有鴟尾，其圓牆壁水，一依本圖。晉起居注裴頠議曰：「尊祖配天，其義明著，廟宇之制，理據未分。直可爲一殿，以崇嚴祀，其餘雜碎，一皆除之。」臣愷案，天垂象，聖人則之。辟雍之星，既有圖狀，晉堂方構，不合天文。既闕重樓，又無壁水，空堂乖五室之義，直殿違九階之文。非古欺天，一何過甚！

後魏於北臺城南造圓牆，在璧水外，門在水內迴立，不與牆相連。其堂上九室，三三相重，不依古制，室間通巷，違舛處多。其室皆用墼累，極成褊陋。後魏樂志曰：「孝昌二年立明堂，議者或言九室，或言五室，詔斷從五室。後元叉執政，復改爲九室，遭亂不成。」

宋起居注曰：「孝武帝大明五年立明堂，其牆宇規範，擬則太廟，唯十二間，以應朞數。依漢汶上圖儀，設五帝位。太祖文皇帝對饗，鼎俎簠簋，一依廟禮。」梁武卽位之後，移宋時太極殿以爲明堂。無室，十二間。禮疑議云：「祭用純漆俎瓦樽，文於郊，質於廟。止一獻，用清酒。」平陳之後，臣得目觀，遂量步數，記其尺丈。猶見基內有焚燒殘柱，毁斫之餘，入地一丈，儼然如舊。柱下以樟木爲跗，長丈餘，闊四尺許，兩兩相並。凡安數重。〔八〕宮城處所，乃在郭內。雖湫隘卑陋，未合規摹，祖宗之靈，得崇嚴祀。周、齊二代，闕而不修，大饗之典，於焉靡託。

自古明堂圖惟有二本，一是宗周，劉熙、阮諶、劉昌宗等作，三圖略同。一是後漢建武三十年作，禮圖有本，不詳撰人。臣遠尋經傳，傍求子史，研究衆說，總撰今圖。其樣以木爲之，下爲方堂，堂有五室，上爲圓觀，觀有四門。

帝可其奏。會遼東之役，事不果行。

以渡遼之功，進位金紫光祿大夫。其年卒官，時年五十八。帝甚惜之，謚曰康。撰東都圖記二十卷、明堂圖議二卷、釋疑一卷，見行於世。子儒童，游騎尉。少子溫，起部承務郎。

閻毗

閻毗，榆林盛樂人也。祖進，魏本郡太守。父慶，周上柱國、寧州總管。毗七歲，襲爵石保縣公，邑千戶。及長，儀貌矜嚴，頗好經史。受漢書於蕭該，略通大旨。能篆書，工草隸，尤善畫，爲當時之妙。周武帝見而悅之，命尙清都公主。宣帝卽位，拜儀同三司，授千牛左右。

高祖受禪，以技藝侍東宮，數以琱麗之物取悅於皇太子，由是甚見親待，每稱之於上。尋拜車騎，宿衞東宮。上嘗遣高熲大閱於龍臺澤，諸軍部伍多不齊整，唯毗一軍，法制肅然。熲言之於上，特蒙賜帛。俄兼太子宗衞率長史，尋加上儀同。太子服玩之物，多毗所爲。及太子廢，毗坐杖一百，與妻子俱配爲官奴婢。後二歲，放免爲民。

煬帝嗣位，盛修軍器，以毗性巧，諳練舊事，詔典其職。尋授朝請郎。毗立議，輦輅車輿，多所增損，語在輿服志。擢拜起部郎。

帝嘗大備法駕，嫌屬車太多，顧謂毗曰：「開皇之日，屬車十有二乘，於事亦得。今八十一乘，以牛駕車，不足以益文物。朕欲減之，從何爲可？」毗對曰：「臣初定數，共宇文愷參詳故實，據漢胡伯始、蔡邕等議，屬車八十一乘，此起於秦，遂爲後式。故張衡賦云『屬車九九』是也。次及法駕，三分減一，爲三十六乘。此漢制也。又據宋孝建時，有司奏議，晉遷江左，惟設五乘，尚書令、建平王宏曰：『八十一乘，議兼九國，三十六乘，無所準憑。江左五乘，儉不中禮。但帝王文物，旂旒之數，爰及冕玉，皆同十二。今宜準此，設十二乘。』開皇平陳，因以爲法。今憲章往古，大駕依秦，法駕依漢，小駕依宋，以爲差等。」帝曰：「何用秦法乎？大駕宜三十六，法駕宜用十二，小駕除之。」毗研精故事，皆此類也。

長城之役，毗總其事。及帝有事恒岳，詔毗營立壇場。尋轉殿內丞，從幸張掖郡。高昌王朝于行所，詔毗持節迎勞，遂將護入東都。尋以母憂去職。未朞，起令視事。將與遼東之役，自洛口開渠，達於涿郡，以通運漕。毗督其役。明年，兼領右翊衞長史，營建臨朔宮。及征遼東，以本官領武賁郎將，典宿衞。時衆軍圍遼東城，帝令毗詣城下宣諭，賊弓弩亂發，所乘馬中流矢，毗顏色不變，辭氣抑揚，卒事而去。尋拜朝請大夫，遷殿內少監，又領將作少監事。後復從帝征遼東，會楊玄感作逆，帝班師，兵部侍郎斛斯政奔遼東，帝令毗率騎二千追之，不及。政據高麗柏崖城，毗攻之二日，有詔徵還。從至高陽，暴卒，時年五十。帝甚悼惜之，贈殿內監。

何稠 劉龍 黃亘 亘弟袞

何稠字桂林，國子祭酒妥之兄子也。父通，善斲玉。稠性絕巧，有智思，用意精微。年十餘歲，遇江陵陷，隨妥入長安。仕周御飾下士。及高祖爲丞相，召補參軍，兼掌細作署。

開皇初，授都督，累遷御府監，歷太府丞。稠博覽古圖，多識舊物。波斯嘗獻金綿錦袍，組織殊麗，上命稠爲之。稠錦既成，踰所獻者，上甚悅。時中國久絕瑠璃之作，匠人無敢厝意，稠以綠瓷爲之，與眞不異。尋加員外散騎侍郎。

開皇末，桂州俚李光仕聚衆爲亂，詔稠召募討之。師次衡嶺，遣使者諭其渠帥洞主莫崇解兵降款。桂州長史王文同鎖崇以詣稠所。稠詐宣言曰：「州縣不能綏養，致邊民擾叛，非崇之罪也。」乃命釋之，引崇共坐，幷從者四人，爲設酒食而遣之。崇大悅，歸洞不設備。稠至五更，掩入其洞，悉發俚兵，以臨餘賊。象州逆帥杜條遼、羅州逆帥龐靖等相繼降款。分遣建州開府梁昵討叛夷羅壽，羅州刺史馮暄討賊帥李大檀，並平之，傳首軍門。承制署首領爲州縣官而還，衆皆悅服。有欽州刺史甯猛力，帥衆迎軍。初，猛力倔强山洞，欲圖爲逆，至是惶懼，請身入朝。稠以其疾篤，因示無猜貳，遂放還州，與之約曰：「八九月間，可詣京師相見。」稠還奏狀，上意不懌。其年十月，猛力卒，上謂稠曰：「汝前不將猛力來，今竟死矣。」稠曰：「猛力共臣爲約，假令身死，當遣子入侍。越人性直，其子必來。」初，猛力臨終，誡其子長眞曰：「我與大使爲約，不可失信於國士。汝葬我訖，卽宜上路。」長眞如言入朝，上大悅曰：「何稠著信蠻夷，乃至於此。」以勳授開府。

仁壽初，文獻皇后崩，與宇文愷參典山陵制度。稠性少言，善候上旨，由是漸見親昵。及上疾篤，謂稠曰：「汝旣曾葬皇后，今我方死，宜好安置。屬此何益，但不能忘懷耳。魂其有知，當相見於地下。」上因攬太子頸謂曰：「何稠用心，我付以後事，動靜當共平章。」

大業初，煬帝將幸揚州，謂稠曰：「今天下大定，朕承洪業，服章文物，闕略猶多。卿可討閱圖籍，營造輿服羽儀，送至江都也。」其日，拜太府少卿。稠於是營黃麾三萬六千人仗，及車輿輦輅、皇后鹵簿、百官儀服，依期而就，送于江都。所役工十萬餘人，用金銀錢物鉅億計。帝使兵部侍郎明雅、選部郎薛邁等勾覈之，數年方竟，毫釐無舛。稠參會今古，多所改創。魏、晉以來，皮弁有纓而無笄導。稠曰：「此古田獵之服也。今服以入朝，宜變其制。」故弁施象牙簪導，自稠始也。又從省之服，初無佩綬。稠曰：「此乃晦朔小朝之服。安有人臣謁帝而去印綬，兼無佩玉之節乎？」乃加獸頭小綬及佩一隻。舊制，五輅於轅上起箱，天子與參乘同在箱內。稠曰：「君臣同所，過爲相逼。」乃廣爲盤輿，別構欄楯，侍臣立於其中。

於內復起須彌平坐，天子獨居其上。自餘麾幢文物，增損極多，事見威儀志。帝復令稠造戎車萬乘，鉤陳八百連，帝善之，以稠守太府卿。後三歲，兼領少府監。遼東之役，攝右屯衞將軍，領御營弩手三萬人。時工部尚書宇文愷造遼水橋不成，師不得濟，右屯衞大將軍麥鐵杖因而遇害。帝遣稠造橋，二日而就。初，稠制行殿及六合城，至是，帝於遼左與賊相對，夜中施之。其城周迴八里，城及女垣合高十仞，上布甲士，立仗建旗，四隅置闕，面別一觀，觀下三門，遲明而畢。高麗望見，謂若神功。是歲，加金紫光祿大夫。明年，攝左屯衞將軍，從至遼左。十二年，加右光祿大夫，從幸江都。遇宇文化及作亂，以爲工部尚書。化及敗，陷于竇建德，建德復以爲工部尚書、舒國公。建德敗，歸于大唐，授將作少匠，卒。

開皇時，有劉龍者，河間人也。性强明，有巧思。齊後主知之，令修三爵臺，甚稱旨，因而歷職通顯。及高祖踐阼，大見親委，拜右衞將軍，兼將作大匠。遷都之始，與高熲參掌制度，代號爲能。

大業時，有黄亘者，不知何許人也，及其弟衮，俱巧思絕人。煬帝每令其兄弟直少府將作。于時改創多務，亘、袞每參典其事。凡有所爲，何稠先令亘、袞立樣，當時工人皆稱其善，莫能有所損益。亘官至朝散大夫，袞官至散騎侍郎。

史臣曰：宇文愷學藝兼該，思理通贍，規矩之妙，參蹤班、爾，當時制度，咸取則焉。其起仁壽宮，營建洛邑，要求時幸，窮侈極麗，使文皇失德，煬帝亡身，危亂之源，抑亦此之由。至於考覽書傳，定明堂圖，雖意過其通，有足觀者。毗、稠巧思過人，頗習舊事，稽前王之采章，成一代之文物。雖失之於華盛，亦有可傳於後焉。

校勘記

〔一〕堂脩二七博四脩一　「博」，周禮考工記匠人原作「廣」，隋人諱改。下同。

〔二〕今堂脩十四步　「今」，考工記注原作「令」。下同。

〔三〕堂脩七博四脩一　原脫「一」字，據考工記補。「堂脩七」，是宇文愷據古本修改後的引文。

〔四〕凡室二筵　原脫「室」字，據册府五八四補。

〔五〕重亢　册府五八四作「重甍」。下同。

〔六〕太室九宮　原脫「太」字，據册府五八四補。

〔七〕胡伯始　胡廣字伯始。隋人避諱，不稱其名。

〔八〕凡安數重　「凡」原作「瓦」，據北史本傳、册府五八四改。

隋書卷六十九

列傳第三十四

王劭

王劭字君懋，太原晉陽人也。父松年，齊通直散騎侍郎。劭少沈默，好讀書。弱冠，齊尚書僕射魏收辟參開府軍事，累遷太子舍人，待詔文林館。時祖孝徵、魏收、陽休之等嘗論古事，有所遺忘，討閱不能得，因呼劭問之。劭具論所出，取書驗之，一無舛誤。自是大爲時人所許，稱其博物。後遷中書舍人。齊滅，入周，不得調。

高祖受禪，授著作佐郎。以母憂去職，在家著齊書。時制禁私撰史，爲內史侍郎李元操所奏。上怒，遣使收其書，覽而悅之。於是起爲員外散騎侍郎，修起居注。劭以古有鑽燧改火之義，近代廢絕，於是上表請變火，曰：「臣謹案周官，四時變火，以救時疾。明火不數變，時疾必興。聖人作法，豈徒然也！在晉時，有以洛陽火渡江者，代代事之，相續不滅，火色變青。昔師曠食飯，云是勞薪所爨。晉平公使視之，果然車輞。今溫酒及炙肉，用石炭、柴火、竹火、草火、麻荄火，氣味各不同。以此推之，新火舊火，理應有異。伏願遠遵先聖，於五時取五木以變火，用功甚少，救益方大。縱使百姓習久，未能頓同，尚食內厨及東宮諸主食厨，不可不依古法。」上從之。劭又言上有龍顏戴干之表，指示羣臣。上大悅，賜物數百段。拜著作郎。劭上表言符命曰：

昔周保定二年，歲在壬午，五月五日，青州黃河變清，十里鏡澈，齊氏以爲己瑞，改元曰河清。是月，至尊以大興公始作隋州刺史，歷年二十，隋果大興。臣謹案易坤靈圖曰：「聖人受命，瑞先見於河。河者最濁，未能清也。」竊以靈貺休祥，理無虛發，河清啓聖，實屬大隋。午爲鶉火，以明火德，仲夏火王，亦明火德。月五日五，合天數地數，既得受命之辰，允當先見之兆。

開皇初，邵州人楊令悊近河，得青石圖一，紫石圖一，皆隱起成文，有至尊名，下云：「八方天心。」永州又得石圖，剖爲兩段，有楊樹之形，黃根紫葉。汝水得神龜，腹下有文曰：「天卜楊興。」安邑掘地，得古鐵版，文曰：「皇始天年，賫楊鐵券，王興。」同州得石龜，文曰：「天子延千年，大吉。」臣以前之三石，不異龍圖。何以用石？石體久固，義與上名符合。龜腹七字，何以著龜？龜亦久固，兼是神靈之物。孔子歎河不出圖，洛不出書，今於大隋聖世，圖書屢出。

建德六年，亳州大周村有龍鬬，白者勝，黑者死。大象元年夏，滎陽汴水北有龍鬬，初見白氣屬天，自東方歷陽武而來。及至，白龍也，長十許丈。有黑龍乘雲而至，兩相薄，乍合乍離，自午至申，白龍升天，黑龍墜地。謹案：龍，君象也。前鬬於亳州周村者，蓋象至尊以龍鬬之歲爲亳州總管，遂代周有天下。後鬬於滎陽者，「滎」字三火，明火德之盛也。白龍從東方來，歷陽武者，蓋象至尊將登帝位，從東第入自崇陽門也。西北升天者，當乾位天門。坤靈圖曰：「聖人殺龍。」龍不可得而殺，皆盛氣也。又曰：「泰姓商名宮，黃色，長八尺，六十世，河龍以正月辰見，白龍與五黑龍鬬，白龍陵，故泰人有命。」謹案：此言皆爲大隋而發也。聖人殺龍者，前後龍死是也。姓商者，皇家於五姓爲商也。名宮者，武元皇帝諱於五聲爲宮。黃色者，隋色尚黃。長八尺者，武元皇帝身長八尺。河龍以正月辰見者，泰正月卦，龍見之所，於京師爲辰地。白龍與黑龍鬬者，亳州滎陽龍鬬是也。勝龍所以白者，楊姓納音爲商，至尊又辛酉歲生，位皆在西方，西方色白也。死龍所以黑者，周色黑。所以稱五者，周閔、明、武、宣、靖凡五帝。趙、陳、代、越、滕五王，一時伏法，〔一〕亦當五數。白龍陵者，陵猶勝也。鄭玄說：「陵當爲除。」凡鬬能去敵曰除。臣以泰人有命者，泰之爲言通也，大也，明其人道通德大，有天命也。

乾鑿度曰：「泰表戴干。」鄭玄注云：「表者，人形體之彰識也。干，盾也。泰人之表戴干。」臣伏見至尊有戴干之表，益知泰人之表不爽毫釐。坤靈圖所云，字字皆驗。緯書又稱「漢四百年」，終如其言，則知六十世亦必然矣。昔宗周卜世三十，今則倍之。

稽覽圖云：「太平時，陰陽和合，風雨咸同，海內不偏，地有阻險，故風有遲疾。雖太平之政，猶有不能均同，唯平均乃不鳴條，故欲風於毫。毫者，陳留也。」謹案：此言蓋明至尊者爲陳留公世子，毫州總管，遂受天命，海內均同，不偏不黨，以成太平之風化也。在大統十六年，武元皇帝改封陳留公。是時齊國有祕記云：「天王陳留入并州。」齊王高洋爲是誅陳留王彭樂。其後武元皇帝果將兵入并州。周武帝時，望氣者云毫州有天子氣，於是殺毫州刺史紇豆陵恭，至尊代爲之。又陳留老子祠有枯柏，世傳云老子將度世，云待枯柏生東南枝迴指，當有聖人出，吾道復行。至齊，枯柏從下生枝，東南上指。夜有三童子相與歌曰：「老子廟前古枯樹，東南狀如傘，聖主從此去。」及至尊牧毫州，親至祠樹之下。自是柏枝迴抱，其枯枝，漸指西北，道教果行。校考衆事，太平主出於毫州陳留之地，皆如所言。

稽覽圖又云：「治道得，則陰物變爲陽物。」鄭玄注云：「葱變爲韭亦是。」謹案：自六年以來，遠近山石，多變爲玉。石爲陰，玉爲陽。又左衞園中葱皆變爲韭。

上覽之大悅，賜物五百段。

未幾，劭復上書曰：

易乾鑿度曰：「隨上六，拘係之，乃從維之，王用享于西山。隨者二月卦，陽德施行，藩決難解，萬物隨陽而出。故上六欲九五拘係之，維持之，明被陽化而陰隨從之也。」易稽覽圖：「坤六月，有子女，任政，一年，傳爲復。五月貧之從東北來立，大起土邑，西北地動星墜，陽衞。屯十一月神人從中山出，趙地動。北方三十日，千里馬數至。」謹案：凡此易緯所言，皆是大隋符命。隨者二月之卦，明大隋以二月卽皇帝位也。陽德施行者，明楊氏之德教施行於天下也。藩決難解者，明當時藩鄣皆是通決，險難皆解散也。萬物隨陽而出者，明天地間萬物盡隨楊氏而出見也。上六欲九五拘係之者，五爲王，六爲宗廟，明宗廟神靈欲令登九五之位，帝王拘民以禮，係民以義也。「拘民以禮」，「係民以義」，此二句亦是乾鑿度之言。維持之者，明能以綱維持正天下也。被陽化而欲陰隨之者，明陰類被服楊氏之風化，莫不隨從。陰謂臣下也。王用享于西山者，蓋明至尊常以歲二月幸西山仁壽宮也。凡四稱隨，三稱陽，欲美隋楊，丁寧之至也。坤六月者，坤位在未，六月建未，言至尊以六月生也。有子女任政者，言樂平公主是皇帝子女，而爲周后，任理內政也。一年傳爲復者，復是坤之一世卦，陽氣初起，言周宣帝崩後一年，傳位與楊氏也。五月貧之從東北來立者，「貧之」當爲「眞人」，字之誤也。言周宣帝以五月崩，眞人革命，當在此時。至尊謙讓而逆天意，故踰年乃立。昔爲定州總管，在京師東北，本而言之，故曰眞人從東北來立。大赳土邑者，大赳卽大興，言營大興城邑也。西北地動星墜者，蓋天意去周授隋，故變動也。陽衞者，言楊氏得天衞助。屯十一月神人從中山出者，此卦動而大亨作，故至尊以十一月被授亳州總管，將從中山而出也。趙地動者，中山爲趙地，以神人將去，故變動也。北方三十日者，蓋至尊從北方將往亳州之時，停留三十日也。千里馬者，蓋至尊舊所乘騧騮馬也。屯卦震下坎上，震於馬作足，坎於馬爲美脊，是故騧騮馬脊有肉鞍，行則先作弄四足也。數至者，言曆數至也。

河圖帝通紀曰：「形瑞出，變矩衡。赤應隨，協靈皇。」河圖皇參持曰：「皇辟出，承元訖。道無爲，治率。被遂矩，戲作術。開皇色，握神日。投輔提，象不絕。立皇後，翼不格。道終始，德優劣。帝任政，河曲出。協輔嬉，爛可述。」謹案：凡此河圖所言，亦是大隋符命。形瑞出、變矩衡者，矩，法也，衡，北斗星名，所謂璿璣玉衡者也。大隋受命，形兆之瑞始出，天象則爲之變動。北斗主天之法度，故曰矩衡。易緯「伏戲矩衡神」，鄭玄注亦以爲法玉衡之神。與此河圖矩衡義同。赤應隋者，言赤帝降精，感應而生隋也。故隋以火德爲赤帝天子。協靈皇者，協，合也，言大隋德合上靈天皇大帝也。又年號開皇，與靈寶經之開皇年相合，故曰協靈皇。皇辟出者，皇，大也，辟，君也，大君出，蓋謂至尊受命出爲天子也。承元訖者，言承周天元終訖之運也。道無爲、治率者，治下脫一字，言大道無爲，治定天下率從。被遂矩、戲作術者，矩，法也。昔遂皇握機矩，伏戲作八卦之術，言大隋被服三皇之法術也。遂皇機矩，語見易緯。開皇色者，言開皇年易服色也。握神日者，握持羣神，明照如日也。又開皇以來日漸長，亦其義。投輔提者，言投授政事於輔佐，使之提挈也。象不絕者，法象不廢絕也。立皇後、翼不格者，格，至也，言本立太子以爲皇家後嗣，而其輔翼之人不能至於善也。道終始、德優劣者，言前東宮道終而德劣，今皇太子道始而德優也。帝任政、河曲出者，言皇帝親任政事，而邵州河濱得石圖也。協輔嬉、爛可述者，協，合也，嬉，興也，言羣臣合心輔佐，以興政治，爛然可紀述也。所以於皇參持、帝通紀二篇陳大隋符命者，明皇道帝德，盡在隋也。

上大悅，以劭爲至誠，寵錫日隆。

時有人於黃鳳泉浴，得二白石，頗有文理，遂附致其文以爲字，復言有諸物象而上奏曰：「其大玉有日月星辰，八卦五岳，及二麟雙鳳，青龍朱雀，騶虞玄武，各當其方位。又有五行、十日、十二辰之名，凡二十七字。又有『天門地戶人門鬼門閉』九字。又有却非及二鳥，其鳥皆人面，則抱朴子所謂「千秋萬歲」也。其小玉亦有五嶽、却非、虯、犀之象。二玉俱有仙人玉女乘雲控鶴之象。別有異狀諸神，不可盡識，蓋是風伯、雨師、山精、海若之類。又有天皇大帝、皇帝及四帝坐，鉤陳、北斗、三公、天將軍、土司空、老人、天倉、南河、北河、五星、二十八宿，凡四十五官。諸字本無行伍，然往往偶對。於大玉則有皇帝姓名，並臨南面，與日字正鼎足。復有老人星，蓋明南面象日而長壽也。皇后二字在西，上有月形，蓋明象月也。於次玉則皇帝名與九千字次比，兩「楊」字與「萬年」字次比，「隋」與「吉」字正並，蓋明長久吉慶也。」劭復迴互其字，作詩二百八十篇奏之。上以爲誠，賜帛千匹。劭於是採民間歌謠，引圖書讖緯，依約符命，捃摭佛經，撰爲皇隋靈感誌，合三十卷，奏之。上令宣示天下。劭集諸州朝集使，洗手焚香，閉目而讀之，曲折其聲，有如歌詠。經涉旬朔，徧而後罷。上益喜，賞賜優洽。

仁壽中，文獻皇后崩，劭復上言曰：「佛說人應生天上，及上品上生無量壽國之時，天佛放大光明，以香花妓樂來迎之。如來以明星出時入涅槃。伏惟大行皇后聖德仁慈，福善禎符，備諸祕記，皆云是妙善菩薩。臣謹案：八月二十二日，仁壽宮內再雨金銀之花。二十三日，大寶殿後夜有神光。二十四日卯時，永安宮北有自然種種音樂，震滿虛空。至夜五更中，奄然如寐，便卽升遐，與經文所說，事皆符驗。臣又以愚意思之，皇后遷化，不在仁壽、大興宮者，蓋避至尊常居正處也。在永安宮者，象京師之永安門，平生所出入也。后升遐後二日，苑內夜有鍾聲三百餘處，此則生天之應顯然也。」上覽而且悲且喜。

時蜀王秀以罪廢，上顧謂劭曰：「嗟乎！吾有五子，三子不才。」劭進曰：「自古聖帝明王，皆不能移不肖之子。黃帝有二十五子，同姓者二，餘各異德。堯十子，舜九子，皆不肖。夏有五觀，周有三監。」上然其言。其後上夢欲上高山而不能得，崔彭捧脚，李盛扶肘得上，因謂彭曰：「死生當與爾俱。」劭曰：「此夢大吉。上高山者，明高崇大安，永如山也。彭猶彭祖，李猶李老，二人扶侍，實爲長壽之徵。」上聞之，喜見容色。其年，上崩。未幾，崔彭亦卒。

煬帝嗣位，漢王諒作亂，帝不忍加誅。劭上書曰：「臣聞黃帝滅炎，蓋云母弟，周公誅管，信亦天倫。叔向戮叔魚，仲尼謂之遺直，石碏殺石厚，丘明以爲大義。此皆經籍明文，帝王常法。今陛下置此逆賊，度越前聖，含弘寬大，未有以謝天下。謹案賊諒毒被生民者也。是知古者同德則同姓，異德則異姓，故黃帝有二十五子，其得姓者十有四人，唯青陽、夷鼓，與黃帝同爲姬姓。諒既自絕，請改其氏。」劭以此求媚，帝依違不從。遷祕書少監，數載，卒官。

劭在著作，將二十年，專典國史，撰隋書八十卷。多錄口勑，又採迂怪不經之語及委巷之言，以類相從，爲其題目，辭義繁雜，無足稱者，遂使隋代文武名臣列將善惡之迹，堙沒無聞。初撰齊誌，爲編年體，二十卷，復爲齊書紀傳一百卷，及平賊記三卷。或文詞鄙野，或不軌不物，駭人視聽，大爲有識所嗤鄙。然其採擿經史謬誤，爲讀書記三十卷，時人服其精博。爰自志學，暨乎暮齒，篤好經史，遺落世事。用思既專，性頗恍忽，每至對食，閉目凝思，盤中之肉，輒爲僕從所噉。劭弗之覺，唯責肉少，數罰厨人。厨人以情白劭，劭依前閉目，伺而獲之，厨人方免笞辱。其專固如此。

袁充

袁充字德符，本陳郡陽夏人也。其後寓居丹陽。祖昂，父君正，俱爲梁侍中。充少警悟，年十餘歲，其父黨至門，時冬初，充尚衣葛衫。客戲充曰：「袁郎子絺兮綌兮，凄其以風。」充應聲答曰：「唯絺與綌，服之無斁。」以是大見嗟賞。仕陳，年十七，爲秘書郎。歷太子舍人、晉安王文學、吏部侍郎、散騎常侍。

及陳滅歸國，歷蒙、鄜二州司馬。充性好道術，頗解占候，由是領太史令。時上將廢皇太子，正窮治東宮官屬，充見上雅信符應，因希旨進曰：「比觀玄象，皇太子當廢。」上然之。充復表奏，隋興已後，日影漸長，曰：「開皇元年，冬至日影一丈二尺七寸二分，自爾漸短。至十七年，冬至影一丈二尺六寸三分。四年冬至，在洛陽測影，一丈二尺八寸八分。二年，夏至影一尺四寸八分，自爾漸短。至十六年，夏至影一尺四寸五分。周官以土圭之法正日影，日至之影尺有五寸。鄭玄云：『冬至之影一丈三尺。』今十六年夏至之影，短於舊影五分，十七年冬至之影，短於舊影三寸七分。日去極近則影短而日長，去極遠則影長而日短，行內道則去極近，外道則去極遠。堯典云：『日短星昴，以正仲冬。』據昴星昏中，則知堯時仲冬，日在須女十度。以曆數推之，開皇已來冬至，日在斗十一度，與唐堯之代去極並近。謹案春秋元命包云：『日月出內道，琁璣得常，天帝崇靈，聖王祖功。』〔三〕京房別對曰：『太平日行上道，升平行次道，霸世行下道。』伏惟大隋啓運，上感乾元，影短日長，振古未之有也。」上大悅，告天下。將作役功，因加程課，丁匠苦之。

仁壽初，充言上本命與陰陽律呂合者六十餘條而奏之，因上表曰：「皇帝載誕之初，非止神光瑞氣，嘉祥應感，至於本命行年，生月生日，並與天地日月、陰陽律呂運轉相符，表裏合會。此誕聖之異，寶曆之元。今與物更新，改年仁壽，歲月日子，還共誕聖之時並同，明合天地之心，得仁壽之理。故知洪基長算，永永無窮。」上大悅，賞賜優崇，儕輩莫之比。

仁壽四年甲子歲，煬帝初卽位，充及太史丞高智寶奏言：「去歲冬至，日影逾長，今歲皇帝卽位，與堯受命年合。昔唐堯受命四十九年，到上元第一紀甲子，天正十一月庚戌冬至，陛下卽位，其年卽當上元第一紀甲子，天正十一月庚戌冬至，正與唐堯同。自放勳以來，凡經八上元，其間縣代，未有仁壽甲子之合。謹案：第一紀甲子，太一在一宮，天目居武德，陰陽曆數並得符同。唐堯丙辰生，丙子年受命，止合三五，未若己丑甲子，支干並當六合。允一元三統之期，合五紀九章之會，共帝堯同其數，與皇唐比其蹤。信所謂皇哉唐哉，唐哉皇哉者矣。」仍諷齊王暕率百官拜表奉賀。其後熒惑守太微者數旬，于時繕治宮室，征役繁重，充上表稱「陛下修德，熒惑退舍」。百僚畢賀。帝大喜，前後賞賜將萬計。時軍國多務，充候帝意欲有所爲，便奏稱天文見象，須有改作，以是取媚於上。

大業六年，遷內史舍人。從征遼東，拜朝請大夫、祕書少監。其後天下亂，帝初罹雁門之厄，又盜賊益起，帝心不自安。充復假託天文，上表陳嘉瑞，以媚於上曰：

臣聞皇天輔德，皇天福謙，七政斯齊，三辰告應。伏惟陛下握錄圖而馭黔首，提萬善而化八紘，以百姓爲心，匪以一人受慶，先天罔違所欲，後天必奉其時。是以初膺寶曆，正當上元之紀，乾之初九，又與天命符會。斯則聖人冥契，故能動合天經。謹按去年已來，玄象星瑞，毫釐無爽，謹錄尤異，上天降祥、破突厥等狀七事。

其一，去八月二十八日夜，大流星如斗，出王良北，正落突厥營，聲如崩牆。其二，八月二十九日夜，復有大流星如斗，出羽林，向北流，正當北方。依占，頻二夜流星墜賊所，賊必敗散。其三，九月四日夜，頻有兩星大如斗，出北斗魁，向東北流。依占，北斗主殺伐，賊必敗。其四，歲星主福德，頻行京、都二處分野。依占，國家之福。其五，七月內，熒惑守羽林，九月七日已退舍。依占，不出三日，賊必敗散。其六，去年十一月二十日夜，有流星赤如火，從東北向西南，落賊帥盧明月營，破其橦車。其七，十二月十五日夜，通漢鎮北有赤氣亘北方，突厥將亡之應也。依勘城錄，河南洛陽並當甲子，與乾元初九爻及上元甲子符合。此是福地，永無所慮。旋觀往政，側聞前古，彼則異時間出，今則一朝總萃。豈非天贊有道，助殲兇孽，方淸九夷於東獩，沉五狄於北溟，告成岱岳，無爲汾水。

書奏，帝大悅，超拜秘書令，親待逾昵。帝每欲征討，充皆預知之，乃假託星象，奬成帝意，在位者皆切患之。宇文化及殺逆之際，幷誅充，時年七十五。

史臣曰：王劭爰自幼童，迄乎白首，好學不倦，究極羣書。搢紳洽聞之士，無不推其博物。雅好著述，久在史官，旣撰齊書，兼修隋典。好詭怪之說，尙委巷之談，文詞鄙穢，體統繁雜。直愧南、董，才無遷、固，徒煩翰墨，不足觀採。袁充少在江左，初以警悟見稱，委質隋朝，更以玄象自命。並要求時幸，干進務入。劭經營符瑞，雜以妖訛，充變動星占，謬增晷影。厚誣天道，亂常侮衆，刑茲勿捨，其在斯乎！且劭爲河朔淸流，充乃江南望族，乾沒榮利，得不以道，穨其家聲，良可歎息。

校勘記

〔一〕趙陳代越滕五王一時伏法　「滕」原作「當」，據北史王慧龍傳附王劭傳改。按：周宣帝大象二年秋冬，趙王招、陳王純、代王達、越王盛、滕王逌五人先後被殺。「當」字當是「滕」字之訛，今改正。

〔二〕聖王祖功　北史袁充傳，「祖」作「相」。

隋書卷七十

列傳第三十五

楊玄感

楊玄感，司徒素之子也。體貌雄偉，美鬚髯。少時晚成，人多謂之癡，其父每謂所親曰：「此兒不癡也。」及長，好讀書，便騎射。以父軍功，位至柱國，與其父俱爲第二品，朝會則齊列。其後高祖命玄感降一等，玄感拜謝曰：「不意陛下寵臣之甚，許以公廷獲展私敬。」初拜郢州刺史，到官，潛布耳目，察長吏能不。其有善政及贓污者，纖介必知之，往往發其事，莫敢欺隱。吏民敬服，皆稱其能。後轉宋州刺史，父憂去職。歲餘，起拜鴻臚卿，襲爵楚國公，遷禮部尚書。性雖驕倨，而愛重文學，四海知名之士多趨其門。

自以累世尊顯，有盛名於天下，在朝文武多是父之將吏，復見朝綱漸紊，帝又猜忌日甚，內不自安，遂與諸弟潛謀廢帝，立秦王浩。及從征吐谷渾，還至大斗拔谷，時從官狼狽，玄感欲襲擊行宮。其叔愼謂玄感曰：「士心尚一，國未有釁，不可圖也。」玄感乃止。

時帝好征伐，玄感欲立威名，陰求將領。謂兵部尚書段文振曰：「玄感世荷國恩，寵踰涯分，自非立效邊裔，何以塞責！若方隅有風塵之警，庶得執鞭行陣，少展絲髮之功。明公兵革是司，敢布心腹。」文振因言於帝，帝嘉之，顧謂羣臣曰：「將門必有將，相門必有相，故不虛也。」於是賚物千段，禮遇益隆，頗預朝政。

帝征遼東，命玄感於黎陽督運。于時百姓苦役，天下思亂，玄感遂與武賁郎將王仲伯、汲郡贊治趙懷義等謀議，欲令帝所軍衆飢餒，每爲逗遛，不時進發。帝遲之，遣使者逼促，玄感揚言曰：「水路多盜賊，不可前後而發。」其弟武賁郎將玄縱、鷹揚郎將萬碩並從幸遼東，玄感潛遣人召之。時將軍來護兒以舟師自東萊將入海，趣平壤城，軍未發。玄感無以動衆，乃遣家奴僞爲使者，從東方來，謬稱護兒失軍期而反。玄感遂入黎陽縣，閉城大索男夫。於是取帆布爲牟甲，署官屬，皆準開皇之舊。移書傍郡，以討護兒爲名，各令發兵，會於倉所。以東光縣尉元務本爲黎州刺史，趙懷義爲衞州刺史，河內郡主簿唐禕爲懷州刺史。有衆且一萬，將襲洛陽。唐禕至河內，馳往東都告之。越王侗、民部尚書樊子蓋等大懼，勒兵備禦。修武縣民相率守臨清關，玄感不得濟，遂於汲郡南渡河，從亂者如市。數日，屯兵上春門，衆至十餘萬。子蓋令河南贊治裴弘策拒之，弘策戰敗。瀍、洛父老競致牛酒。玄感屯兵尙書省，每誓衆曰：「我身爲上柱國，家累鉅萬金，至於富貴，無所求也。今者不顧破家滅族者，但爲天下解倒懸之急，救黎元之命耳。」衆皆悅，詣轅門請自效者，日有數千。與樊子蓋書曰：

夫建忠立義，事有多途，見機而作，蓋非一揆。昔伊尹放太甲於桐宮，霍光廢劉賀於昌邑，此並公度內，不能一二披陳。

高祖文皇帝誕膺天命，造茲區宇，在琁璣以齊七政，握金鏡以馭六龍，無爲而至化流，垂拱而天下治。今上纂承寶曆，宜固洪基，乃自絕於天，殄民敗德。頻年肆眚，盜賊於是滋多，所在修治，民力爲之凋盡。荒淫酒色，子女必被其侵，躭玩鷹犬，禽獸皆離其毒。朋黨相扇，貨賄公行，納邪佞之言，杜正直之口。加以轉輸不息，徭役無期，士卒塡溝壑，骸骨蔽原野。黃河之北，則千里無煙，江淮之間，則鞠爲茂草。

玄感世荷國恩，位居上將，先公奉遺詔曰：「好子孫爲我輔弼之，惡子孫爲我屛黜之。」所以上禀先旨，下順民心，廢此淫昏，更立明哲。四海同心，九州響應，士卒用命，如赴私讎，民庶相趨，義形公道。天意人事，較然可知。公獨守孤城，勢何支久！願以黔黎在念，社稷爲心，勿拘小禮，自貽伊戚。誰謂國家一旦至此，執筆潸泫，言無所具。

遂進逼都城。

刑部尚書衞玄，率衆數萬，自關中來援東都。以步騎二萬渡瀍、澗挑戰，玄感僞北。玄逐之，伏兵發，前軍盡沒。後數日，玄復與玄感戰，兵始合，玄感詐令人大呼曰：「官軍已得玄感矣。」玄軍稍怠。玄感與數千騎乘之，於是大潰，擁八千人而去。玄感驍勇多力，每戰親運長矛，身先士卒，喑嗚叱咤，所當者莫不震懾。論者方之項羽。又善撫馭，士樂致死，由是戰無不捷。玄軍日蹙，糧又盡，乃悉衆決戰，陣於北邙，一日之間，戰十餘合。玄感弟玄挺中流矢而斃，玄感稍却。樊子蓋復遣兵攻尚書省，又殺數百人。

帝遣武賁郎將陳稜攻元務本於黎陽，武衞將軍屈突通屯河陽，左翊衞大將軍宇文述發兵繼進，右驍衞大將軍來護兒復來赴援。玄感請計於前民部尚書李子雄，子雄曰：「屈突通曉習兵事，若一渡河，則勝負難決，不如分兵拒之。通不能濟，則樊、衞失援。」玄感然之，將拒通。子蓋知其謀，數擊其營，玄感不果進。通遂濟河，軍於破陵。玄感爲兩軍，西抗衞玄，東拒屈突通。子蓋復出兵，於是大戰，玄感軍頻北。復請計於子雄，子雄曰：「東都援軍益至，我師屢敗，不可久留。不如直入關中，開永豐倉以賑貧乏，三輔可指麾而定。據有府庫，東面而爭天下，此亦霸王之業。」會華陰諸楊請爲鄉導，玄感遂釋洛陽，西圖關中，宣言曰：「我已破東都，取關西矣。」宇文述等諸軍躡之。至弘農宮，父老遮說玄感曰：「宮城空虛，又多積粟，攻之易下。進可絕敵人之食，退可割宜陽之地。」玄感以爲然，留攻之，三日城不下，追兵遂至。玄感西至閿鄉，上槃豆，布陣亘五十里，與官軍且戰且行，一日三敗。復陣於董杜原，諸軍擊之，玄感大敗，獨與十餘騎竄林木間，將奔上洛。追騎至，玄感叱之，皆懼而返走。至葭蘆戍，玄感窘迫，獨與弟積善步行。自知不免，謂積善曰：「事敗矣。我不能受人戮辱，汝可殺我。」積善抽刀斫殺之，因自刺，不死，爲追兵所執，與玄感首俱送行在所。磔其屍於東都市三日，復臠而焚之。餘黨悉平。其弟玄獎爲義陽太守，將歸玄感，爲郡丞周琁玉所殺。玄縱弟萬碩，自帝所逃歸，至高陽，止傳舍，監事許華與郡兵執之，斬於涿郡。萬碩弟民行，官至朝請大夫，斬於長安。並具梟磔。公卿請改玄感姓爲梟氏，詔可之。

初，玄感圍東都也，梁郡人韓相國舉兵應之，玄感以爲河南道元帥。旬月間，衆十餘萬，攻剽郡縣。至于襄城，遇玄感敗，兵漸潰散，爲吏所執，傳首東都。

李子雄〔一〕

李子雄，渤海蓨人也。祖伯賁，魏諫議大夫。父桃枝，〔二〕東平太守，與鄉人高仲密同歸於周，官至冀州刺史。子雄少慷慨，有壯志。弱冠從周武帝平齊，以功授帥都督。高祖作相，從韋孝寬破尉迥於相州，拜上開府，賜爵建昌縣公。高祖受禪，爲驃騎將軍。伐陳之役，以功進位大將軍，歷郴、江二州刺史，並有能名。仁壽中，坐事免。

漢王諒之作亂也，煬帝將發幽州兵以討之。時竇抗爲幽州總管，帝恐其有二心，問可任者於楊素。素進子雄，授大將軍，拜廉州刺史，〔三〕馳至幽州，止傳舍，召募得千餘人。抗恃素貴，不時相見。子雄遣人諭之。後二日，抗從鐵騎二千，來詣子雄所。子雄伏甲，請與相見，因擒抗。遂發幽州兵步騎三萬，自井陘以討諒。時諒遣大將軍劉建略地燕、趙，正攻井陘，相遇於抱犢山下，力戰，破之。遷幽州總管，尋徵拜民部尚書。

子雄明辯有器幹，帝甚任之。新羅嘗遣使朝貢，子雄至朝堂與語，因問其冠制所由。其使者曰：「皮弁遺象。安有大國君子而不識皮弁也！」子雄因曰：「中國無禮，求諸四夷。」使者曰：「自至已來，此言之外，未見無禮。」憲司以子雄失詞，奏劾其事，竟坐免。俄而復職，從幸江都。帝以仗衞不整，顧子雄部伍之。子雄立指麾，六軍肅然。帝大悅曰：「公眞武候才也。」尋轉右武候大將軍，後坐事除名。

遼東之役，帝令從軍自效，因從來護兒自東平將指滄海。〔四〕會楊玄感反於黎陽，帝疑之，詔鎖子雄送行在所。子雄殺使者，亡歸玄感。玄感每請計於子雄，語在玄感傳。及玄感敗，伏誅，籍沒其家。

趙元淑

博陵趙元淑，父世模，初事高寶寧，後以衆歸周，授上開府，寓居京兆之雲陽。高祖踐阼，恒典宿衞。後從晉王伐陳，先鋒遇賊，力戰而死。朝廷以其身死王事，以元淑襲父本官，賜物二千段。元淑性疎誕，不治產業，家徒壁立。後數歲，授驃騎將軍，將之官，無以自給。時長安富人宗連，家累千金，仕周爲三原令。有季女，慧而有色，連獨奇之，每求賢夫。聞元淑如是，請與相見。連有風儀，美談笑，元淑亦異之。及至其家，服玩居處擬於將相。酒酣，奏女樂，元淑所未見也。元淑辭出，連曰：「公子有暇，可復來也。」後數日，復造之，宴樂更侈。如此者再三，因謂元淑曰：「知公子素貧，老夫當相濟。」因問元淑所須，盡買與之。臨別，元淑再拜致謝，連復拜曰：「鄙人竊不自量，敬慕公子。今有一女，願爲箕帚妾，公子意何如？」元淑感愧，遂娉爲妻。連復送奴婢二十口、良馬十餘匹，加以縑帛錦綺及金寶珍玩。元淑遂爲富人。

及煬帝嗣位，漢王諒作亂，元淑從楊素擊平之。以功進位柱國，拜德州刺史，尋轉潁川太守，並有威惠。因入朝，會司農不時納諸郡租穀，元淑奏之。帝謂元淑曰：「如卿意者，幾日當了？」元淑曰：「如臣意不過十日。」帝即日拜元淑爲司農卿，納天下租，如言而了。帝悅焉。

禮部尙書楊玄感潛有異志，以元淑可與共亂，遂與結交，多遺金寶。遼東之役，領將軍，典宿衞，加授光祿大夫，封葛公。明年，帝復征高麗，以元淑鎮臨渝。及玄感作亂，其弟玄縱自帝所逃歸，路經臨渝。元淑出其小妻魏氏見玄縱，對宴極歡，因與通謀，幷授玄縱賂遺。及玄感敗，人有告其事者，帝以屬吏。元淑言與玄感結婚，所得金寶則爲財娉，實無他故。魏氏復言初不受金。帝親臨問，卒無異辭。帝大怒，謂侍臣曰：「此則反狀，何勞重問！」元淑及魏氏俱斬於涿郡，籍沒其家。

斛斯政

河南斛斯政，祖椿，魏太保、尚書令、常山文宣王；父恢，散騎常侍、新蔡郡公。政明悟有器幹，初爲親衞，後以軍功授儀同，甚爲楊素所禮。大業中，爲尚書兵曹郎。政有風神，每奏事，未嘗不稱旨。煬帝悅之，漸見委信。楊玄感兄弟俱與之交。遼東之役，兵部尚書段文振卒，侍郎明雅復以罪廢，帝彌屬意。尋遷兵部侍郎。于時外事四夷，軍國多務，政處斷辯速，稱爲幹理。玄感之反也，政與通謀。及玄縱等亡歸，亦政之計也。帝在遼東，將班師，窮治玄縱黨與。內不自安，遂亡奔高麗。明年，帝復東征，高麗請降，求執送政。帝許之，遂鎖政而還。至京師，以政告廟，左翊衞大將軍宇文述奏曰：「斛斯政之罪，天地所不容，人神所同忿。若同常刑，賊臣逆子何以懲肅，請變常法。」帝許之。

於是將政出金光門，縛政於柱，公卿百僚並親擊射，臠割其肉，多有噉者。噉後烹煑，收其餘骨，焚而揚之。

劉元進

餘杭劉元進，少好任俠，爲州里所宗。兩手各長尺餘，臂垂過膝。煬帝興遼東之役，百姓騷動，元進自以相表非常，陰有異志，遂聚衆，合亡命。會帝復征遼東，徵兵吳、會，士卒皆相謂曰：「去年吾輩父兄從帝征者，當全盛之時，猶死亡太半，骸骨不歸；今天下已罷敝，是行也，吾屬其無遺類矣。」於是多有亡散，郡縣捕之急。既而楊玄感起於黎陽，元進知天下思亂，於是舉兵應之。三吳苦役者莫不響至，旬月衆至數萬。將渡江，而玄感敗。吳郡朱燮、晉陵管崇亦舉兵，有衆七萬，共迎元進，奉以爲主。據吳郡，稱天子，燮、崇俱爲僕射，署置百官。毗陵、東陽、會稽、建安豪傑多執長吏以應之。帝令將軍吐萬緒、光祿大夫魚俱羅率兵討焉。元進西屯茅浦，以抗官軍，頻戰互有勝負。元進退保曲阿，與朱燮、管崇合軍，衆至十萬。緒進軍逼之，相持百餘日，爲緒所敗，保於黃山。緒復破之，燮戰死，元進引趣建安，休兵養士。二將亦以師老，頓軍自守。

俄而二將俱得罪，帝令江都郡丞王世充發淮南兵擊之。有大流星墜於江都，未及地而南逝，磨拂竹木皆有聲，至吳郡而落于地。元進惡之，令掘地，入二丈，得一石，徑丈餘。後數日，失石所在。世充既渡江，元進將兵拒戰，殺千餘人。世充窘急，退保延陵柵。元進遣兵，人各持茅，因風縱火。世充大懼，將棄營而遁。遇反風，火轉，元進之衆懼燒而退。世充簡銳卒掩擊，大破之，殺傷太半，自是頻戰輒敗。元進謂管崇曰：「事急矣，當以死決之。」於是出挑戰，俱爲世充所殺。其衆悉降，世充坑之於黃亭澗，死者三萬人。其餘黨往往保險爲盜。其後董道冲、沈法興、李子通等乘此而起，戰爭不息，逮於隋亡。

李密

李密字法主，眞鄉公衍之從孫也。祖耀，周邢國公。父寬，驍勇善戰，幹略過人，自周及隋，數經將領，至柱國、蒲山郡公，號爲名將。密多籌算，才兼文武，志氣雄遠，常以濟物爲己任。開皇中，襲父爵蒲山公，乃散家產，賙贍親故，養客禮賢，無所愛吝。與楊玄感爲刎頸之交。後更折節，下帷耽學，尤好兵書，誦皆在口。師事國子助敎包愷，受史記、漢書，勵精忘倦，愷門徒皆出其下。大業初，授親衞大都督，非其所好，稱疾而歸。

及楊玄感在黎陽，有逆謀，陰遣家僮至京師召密，令與弟玄挺等同赴黎陽。玄感舉兵而密至，玄感大喜，以爲謀主。玄感謀計於密，密曰：「愚有三計，惟公所擇。今天子出征，遠在遼外，地去幽州，懸隔千里。南有巨海之限，北有胡戎之患，中間一道，理極艱危。今公擁兵，出其不意，長驅入薊，直扼其喉。前有高麗，退無歸路，不過旬月，齎糧必盡。舉麾一召，其衆自降，不戰而擒，此計之上也。又關中四塞，天府之國，有衞文昇，不足為意。今宜率衆，經城勿攻，輕齎鼓行，務早西入。天子雖還，失其襟帶，據險臨之，故當必剋，萬全之勢，此計之中也。若隨近逐便，先向東都，唐禕告之，理當固守。引兵攻戰，必延歲月，勝負殊未可知，此計之下也。」玄感曰：「不然。公之下計，乃上策矣。今百官家口並在東都，若不取之，安能動物？且經城不拔，何以示威？」密計遂不行。

玄感既至東都，皆捷，自謂天下響應，功在朝夕。及獲韋福嗣，又委以腹心，是以軍旅之事，不專歸密。福嗣既非同謀，因戰被執，每設籌畫，皆持兩端。後使作檄文，福嗣固辭不肯。密揣知其情，因謂玄感曰：「福嗣元非同盟，實懷觀望。明公初起大事，而姦人在側，聽其是非，必為所誤矣。請斬謝衆，方可安輯。」玄感曰：「何至於此！」密知言之不用，退謂所親曰：「楚公好反而不欲勝，如何？吾屬今為虜矣！」後玄感將西入，福嗣竟亡歸東都。

時李子雄勸玄感速稱尊號，玄感以問於密。密曰：「昔陳勝自欲稱王，張耳諫而被外，魏武將求九錫，荀彧止而見疎。今者密欲正言，還恐追蹤二子，阿諛順意，又非密之本圖。何者？兵起已來，雖復頻捷，至於郡縣，未有從者。東都守禦尚强，天下救兵益至，公當身先士衆，早定關中。廼欲急自尊崇，何示不廣也！」玄感笑而止。

及宇文述、來護兒等軍且至，玄感謂密曰：「計將安出？」密曰：「元弘嗣統强兵於隴右，今可揚言其反，遣使迎公，因此入關，可得紿衆。」玄感遂以密謀，號令其衆，因引西入。至陝縣，欲圍弘農宮，密諫之曰：「公今詐衆入西，軍事在速，況乃追兵將至，安可稽留！若前不得據關，退無所守，大衆一散，何以自全？」玄感不從，遂圍之，三日攻不能拔，方引而西。至於閿鄉，追兵遂及。

玄感敗，密間行入關，與玄感從叔詢相隨，匿於馮翊詢妻之舍。尋爲鄰人所告，遂捕獲，囚於京兆獄。是時煬帝在高陽，與其黨俱送帝所。在途謂其徒曰：「吾等之命，同於朝露，若至高陽，必爲葅醢。今道中猶可爲計，安得行就鼎鑊，不規逃避也？」衆咸然之。其徒多有金，密令出示使者曰：「吾等死日，此金並留付公，幸用相瘞。其餘即皆報德。」使者利其金，遂相然許。及出關外，防禁漸弛，密請通市酒食，每讌飲喧譁竟夕，使者不以爲意。行次邯鄲，夜宿村中，密等七人皆穿牆而遁，與王仲伯亡抵平原賊帥郝孝德。孝德不甚禮之，備遭饑饉，至削樹皮而食。仲伯潛歸天水，密詣淮陽，舍於村中，變姓名稱劉智遠，聚徒教授。經數月，密鬱鬱不得志，爲五言詩曰：「金風蕩初節，玉露凋晚林。此夕窮塗士，空軫鬱陶心。眺聽良多感，慷慨獨霑襟。霑襟何所爲？悵然懷古意。秦俗猶未平，漢道將何冀！

樊噲市井徒，蕭何刀筆吏。一朝時運合，萬古傳名器。寄言世上雄，虛生眞可愧。」詩成而泣下數行。時人有怪之者，以告太守趙他。縣捕之，密乃亡去，抵其妹夫雍丘令丘君明。後君明從子懷義以告，帝令捕密，密得遁去，君明竟坐死。

會東郡賊帥翟讓聚黨萬餘人，密歸之。其中有知密是玄感亡將，潛勸讓害之。密大懼，乃因王伯當以策干讓。讓遣說諸小賊，所至輒降下，讓始敬焉，召與計事。密謂讓曰：「今兵衆既多，糧無所出，若曠日持久，則人馬困敝，大敵一臨，死亡無日。未若直趣滎陽，休兵館穀，待士馬肥充，然可與人爭利。」讓從之，於是破金堤關，掠滎陽諸縣，城堡多下之。滎陽太守郇王慶及通守張須陁以兵討讓。讓數爲須陁所敗，聞其來，大懼，將遠避之。密曰：「須陁勇而無謀，兵又驟勝，既驕且狠，可一戰而擒。公但列陣以待，保爲公破之。」讓不得已，勒兵將戰，密分兵千餘人於林木間設伏。讓與戰不利，軍稍却，密發伏自後掩之，須陁衆潰。與讓合擊，大破之，遂斬須陁於陣。讓於是令密建牙，別統所部。

密復說讓曰：「昏主蒙塵，播蕩吳、越，蝟毛競起，海內饑荒。明公以英桀之才，而統驍雄之旅，宜當廓清天下，誅剪羣凶，豈可求食草間，常爲小盜而已！今東都士庶，中外離心，留守諸官，政令不一。明公親率大衆，直掩興洛倉，發粟以賑窮乏，遠近孰不歸附！百萬之衆，一朝可集，先發制人，此機不可失也。」讓曰：「僕起隴畝之間，望不至此。必如所圖，請君先發，僕領諸軍，便爲後殿。得倉之日，當別議之。」密與讓領精兵七千人，以大業十三年春，出陽城，北踰方山，自羅口襲興洛倉，破之。開倉恣民所取，老弱繦負，道路不絕。

越王侗武賁郎將劉長恭率步騎二萬五千討密，密一戰破之，長恭僅以身免。讓於是推密爲主。密城洛口周迴四十里以居之。房彥藻說下豫州，東都大懼。讓上密號爲魏公。密初辭不受，諸將等固請，乃從之。設壇場，即位，稱元年，置官屬以房彥藻爲左長史，邴元眞右長史，楊德方左司馬，鄭德韜右司馬。拜讓司徒，封東郡公。其將帥封拜各有差。長白山賊孟讓掠東都，〔五〕燒豐都市而歸。密攻下鞏縣，獲縣長柴孝和，拜爲護軍。武賁郎將裴仁基以武牢歸密，因遣仁基與孟讓率兵二萬餘人襲迴洛倉，破之，燒天津橋，遂縱兵大掠。東都出兵乘之，仁基等大敗，僅以身免。密復親率兵三萬逼東都，將軍段達、武賁郎將高毗、劉長恭等出兵七萬拒之，戰於故都，官軍敗走，密復下迴洛倉而據之。俄而德韜、德方俱死，復以鄭頲爲左司馬，鄭虔象爲右司馬。

柴孝和說密曰：「秦地阻山帶河，西楚背之而亡，漢高都之而霸。如愚意者，令仁基守迴洛，翟讓守洛口，明公親簡精銳，西襲長安，百姓孰不郊迎，必當有征無戰。既剋京邑，業固兵强，方更長驅崤、函，掃蕩京、洛，傳檄指撝，天下可定。但今英雄競起，實恐他人我先，一朝失之，噬臍何及！」密曰：「君之所圖，僕亦思之久矣，誠爲上策。但昏主尙在，從兵猶衆，我之所部，並山東人，既見未下洛陽，何肯相隨西入！諸將出於羣盜，留之各競雌雄。若然者，殆將敗矣。」孝和曰：「誠如公言，非所及也。大軍既未可西出，請間行觀隙。」密從之。孝和與數十騎至陝縣，山賊歸之者萬餘人。密時兵鋒甚銳，每入苑，與官軍連戰。會密爲流矢所中，臥於營內，後數日，東都出兵擊之。密衆大潰，棄廻洛倉，歸洛口。孝和之衆聞密退，各分散而去。孝和輕騎歸密。

帝遣王世充率江、淮勁卒五萬來討密，密逆拒之，戰不利。柴孝和溺死於洛水，密甚傷之。世充營於洛西，與密相拒百餘日。武陽郡丞元寶藏、黎陽賊帥李文相、洹水賊帥張昇、清河賊帥趙君德、平原賊帥郝孝德並歸於密，共襲破黎陽倉據之。周法明舉江、黃之地以附密，齊郡賊帥徐圓朗、任城大俠徐師仁、淮陽太守趙他等前後款附，以千百數。

翟讓所部王儒信勸讓爲大冢宰，總統衆務，以奪密權。讓兄寬復謂讓曰：「天子止可自作，安得與人？汝若不能作，我當爲之。」密聞其言，有圖讓之計。會世充列陣而至，讓出拒之，爲世充所擊退者數百步。密與單雄信等率精銳赴之，世充敗走。讓欲乘勝進破其營，會日暮，密固止之。明日，讓與數百人至密所，欲爲宴樂。密具饌以待之，其所將左右，各分令就食。諸門並設備，讓不之覺也。密引讓入坐，有好弓，出示讓，遂令讓射。讓引滿將發，密遣壯士蔡建自後斬之，〔六〕殞於牀下。遂殺其兄寬及王儒信，幷其從者亦有死焉。讓所部將徐世勣，爲亂兵所斫中，重創，密遽止之，僅而得免。單雄信等皆叩頭求哀，密並釋而慰諭之。於是率左右數百人詣讓本營。王伯當、邴元眞、單雄信等入營，告以殺讓之意，衆無敢動者。乃令徐世勣、單雄信、王伯當分統其衆。

未幾，世充夜襲倉城，密逆拒破之，斬武賁郎將費青奴。世充復移營洛北，南對鞏縣，其後遂於洛水造浮橋，悉衆以擊密。密與千騎拒之，不利而退。世充因薄其城下，密簡銳卒數百人，分爲三隊出擊之。官軍稍却，自相陷溺，死者數萬人，武賁郎將楊威、王辯、〔七〕霍世舉、劉長恭、梁德重、董智通等諸將率皆沒于陣。世充僅而獲免，不敢還東都，遂走河陽。其夜雨雪尺餘，衆隨之者，死亡殆盡。密於是修金墉故城居之，衆三十餘萬。復來攻上春門，留守韋津出拒戰，密擊敗之，執津於陣。其黨勸密即尊號，密不許。及義師圍東都，密出軍爭之，交綏而退。

俄而宇文化及殺逆，率衆自江都北指黎陽，兵十餘萬。密乃自率步騎二萬拒之。會越王侗稱尊號，遣使者授密太尉、尚書令、東南道大行臺、行軍元帥、魏國公，令先平化及，然後入朝輔政。密遣使報謝焉。化及與密相遇，密知其軍少食，利在急戰，故不與交鋒，又遏其歸路，使不得西。密遣徐世勣守倉城，化及攻之，不能下。密與化及隔水而語，密數之曰：「卿本匈奴皁隸破野頭耳，父兄子弟並受隋室厚恩，富貴累世，至妻公主，光榮隆顯，舉朝莫二。苟國士之遇者，當須國士報之，豈容主上失德，不能死諫，反因衆叛，躬行殺虐，誅及子孫，傍立支庶，擅自尊崇，欲規篡奪，污辱妃后，枉害無辜？不追諸葛瞻之忠誠，乃爲霍禹之惡逆。天地所不容，人神所莫祐，擁逼良善，將欲何之！今若速來歸我，尚可得全後嗣。」化及默然，俯視良久，乃瞋目大言曰：「共你論相殺事，何須作書語邪？」密謂從者曰：「化及庸懦如此，忽欲圖爲帝王，斯乃趙高、聖公之流，吾當折杖驅之耳。」化及盛修攻具，以逼黎陽倉城，密領輕騎五百馳赴之。倉城兵又出相應，焚其攻具，經夜火不滅。

密知化及糧且盡，因僞與和，以敝其衆。化及不之悟，大喜，恣其兵食，冀密饋之。會密下有人獲罪，亡投化及，具言密情。化及大怒，其食又盡，乃渡永濟渠，與密戰于童山之下，自辰達酉。密爲流矢所中，頓於汲縣。化及掠汲郡，北趣魏縣，其將陳智略、張童仁等所部兵歸于密者，前後相繼。初，化及以輜重留於東郡，遣其所署刑部尚書王軌守之。至是，軌舉郡降密，以軌爲滑州總管。密引兵而西，遣記室參軍李儉朝於東都，執殺煬帝人于弘達以獻越王侗。侗以儉爲司農少卿，使之反命，召密入朝。密至溫縣，聞世充已殺元文都、盧楚等，乃歸金墉。

世充既得擅權，乃厚賜將士，繕治器械，人心漸銳。然密兵少衣，世充乏食，乃請交易。密初難之，邴元眞等各求私利，遞來勸密，密遂許焉。初，東都絕糧，人歸密者，日有數百。

至此，得食，而降人益少，密方悔而止。密雖據倉，無府庫，兵數戰不獲賞，又厚撫初附之兵，於是衆心漸怨。時遣邴元眞守興洛倉。元眞起自微賤，性又貪鄙，宇文溫疾之，每謂密曰：「不殺元眞，公難未已。」密不答，而元眞知之，陰謀叛密。揚慶聞而告密，密固疑焉。會世充悉衆來決戰，密留王伯當守金墉，自引精兵就偃師，北阻邙山以待之。世充軍至，令數百騎渡御河，密遣裴行儼率衆逆之。會日暮，暫交而退，行儼、孫長樂、程齩金等驍將十數人皆遇重創，密甚惡之。世充夜潛濟師，詰朝而陣，密方覺之，狼狽出戰，於是敗績，與萬餘人馳向洛口。世充夜圍偃師，守將鄭頲爲其部下所翻，以城降世充。密將入洛口倉城，元眞已遣人潛引世充矣。密陰知之而不發其事，因與衆謀，待世充之兵半濟洛水，然後擊之。及世充軍至，密候騎不時覺，比將出戰，世充軍悉已濟矣。密自度不能支，引騎而遁。元眞竟以城降於世充。

密衆漸離，將如黎陽。人或謂密曰：「殺翟讓之際，徐世勣幾至於死。今創猶未復，其心安可保乎？」密乃止。時王伯當棄金墉，保河陽，密以輕騎自武牢渡河以歸之，謂伯當曰：「兵敗矣！久苦諸君，我今自刎，請以謝衆。」衆皆泣，莫能仰視。密復曰：「諸君幸不相棄，當共歸關中。密身雖愧無功，諸君必保富貴。」其府掾柳爕對曰：「昔盆子歸漢，尙食均輸，明公與長安宗族有疇昔之遇，雖不陪起義，然而阻東都，斷隋歸路，使唐國不戰而據京師，此亦公之功也。」衆咸曰：「然。」密遂歸大唐，封邢國公，拜光祿卿。

裴仁基

河東裴仁基，字德本。祖伯鳳，周汾州刺史。父定，上儀同。仁基少驍武，便弓馬。開皇初，爲親衞。平陳之役，先登陷陣，拜儀同，賜物千段。以本官領漢王諒府親信。煬帝嗣位，諒舉兵作亂，仁基苦諫。諒大怒，囚之於獄。及諒敗，帝嘉之，超拜護軍。數歲，改授武賁郎將，從將軍李景討叛蠻向思多於黔安，以功進位銀青光祿大夫，賜奴婢百口，絹五百匹。擊吐谷渾於張掖，破之，加授金紫光祿大夫。斬獲寇掠靺鞨，拜左光祿大夫。從征高麗，進位光祿大夫。

帝幸江都，李密據洛口，令仁基爲河南道討捕大使，據武牢以拒密。及滎陽通守張須陁爲密所殺，仁基悉收其衆，每與密戰，多所斬獲。時隋大亂，有功者不錄。仁基見强寇在前，士卒勞敝，所得軍資，卽用分賞。監軍御史蕭懷靜每抑止之，衆咸怨怒。懷靜又陰持仁基長短，欲有所奏劾。仁基懼，遂殺懷靜，以其衆歸密。密以爲河東郡公。其子行儼，驍勇善戰，密復以爲絳郡公，甚相委昵。

王世充以東都食盡，悉衆詣偃師，與密決戰。密問計於諸將，仁基對曰：「世充盡銳而至，洛下必虛，可分兵守其要路，令不得東。簡精兵三萬，傍河西出，以逼東都。世充却還，我且按甲，世充重出，我又逼之。如此則此有餘力，彼勞奔命，兵法所謂『彼出我歸，彼歸我出，數戰以疲之，多方以誤之』者也。」密曰：「公知其一，不知其二。東都兵馬有三不可當：器械精，一也；決計而來，二也；食盡求鬬，三也。我按甲蓄力，以觀其敝，彼求鬬不得，欲走無路，不過十日，世充之首可懸於麾下。」單雄信等諸將輕世充，皆請戰，仁基苦爭不得。密難違諸將之言，戰遂大敗，仁基爲世充所虜。世充以其父子並驍鋭，深禮之，以兄女妻行儼。及僭尊號，署仁基爲禮部尚書，行儼爲左輔大將軍。行儼每有攻戰，所當皆披靡，號爲「萬人敵」。世充憚其威名，頗加猜防。仁基知其意，不自安，遂與世充所署尚書左丞宇文儒童、尚食直長陳謙、祕書丞崔德本等謀反，令陳謙於上食之際，持匕首以劫世充，行儼以兵應於階下。指麾事定，然後出越王侗以輔之。事臨發，將軍張童仁知其謀而告之，〔八〕俱爲世充所殺。

史臣曰：古先帝王之興也，非夫至德深仁格於天地，有豐功博利，弘濟艱難，不然，則其道無由矣。

自周邦不競，隋運將隆，武元、高祖並著大功於王室，平南國，摧東夏，總百揆，定三方，然後變謳歌，遷寶鼎。于時匈奴驕倨，勾吳不朝，既爭長於黃池，亦飲馬於清渭。高祖內綏外禦，日不暇給，委心膂於俊傑，寄折衝於爪牙，文武爭馳，羣策畢舉。服猾夏之虜，掃黃旗之寇，峻五岳以作鎮，環四海以爲池，厚澤被於域中，餘威震於殊俗。

煬帝蒙故業，踐丕基，阻伊、洛而固崤、函，跨兩都而總萬國。矜曆數之在己，忽王業之艱難，不務以道恤人，將以申威海外。運拒諫之智，騁飾非之辯，恥轍迹之未遠，忘德義之不修。於是鑿通渠，開馳道，樹以柳杞，隱以金槌。西出玉門，東踰碣石，塹山堙谷，浮河達海。民力凋盡，徭戍無期，率土之心，鳥驚魚潰。方西規奄蔡，南討流求，親總八狄之師，屢踐三韓之域。自以威行萬物，顧指無違，又躬爲長君，功高曩列，寵不假於外戚，權不逮於羣下，足以轥轢軒、唐，奄吞周、漢，子孫萬代，人莫能窺，振古以來，一君而已。遂乃外疎猛士，內忌忠良，恥有盜竊之聲，惡聞喪亂之事。出師命將，不料衆寡，兵少力屈者，以畏懦受顯誅，竭誠克勝者，以功高蒙隱戮。或斃鋒刃之下，或殞鴆毒之中，賞不可以有功求，刑不可以無罪免，畏首畏尾，進退維谷。彼山東之羣盜，多出廝役之中，無尺土之資，十家之產，豈有陳涉亡秦之志，張角亂漢之謀哉！皆苦於上欲無厭，下不堪命，飢寒交切，救死萑蒲。莫識旌旗什伍之容，安知行師用兵之勢！但人自爲戰，衆怒難犯，故攻無完城，野無橫陣，星離棊布，以千百數。豪傑因其機以動之，乘其勢而用之，雖有勇敢之士，明智之將，連踵覆沒，莫之能禦。煬帝魂褫氣懾，望絕兩京，謀竄身於江湖，襲永嘉之舊迹。既而禍生轂下，釁起舟中，思早告而莫追，唯請死而獲可。身棄南巢之野，首懸白旗之上，子孫剿絕，宗廟爲墟。

夫以開皇之初，比於大業之盛，度土地之廣狹，料戶口之衆寡，算甲兵之多少，校倉廩之虛實，九鼎之譬鴻毛，未喩輕重，培塿之方嵩岱，曾何等級！論地險則遼隧未擬於長江，語人謀則勾麗不侔於陳國。高祖掃江南以淸六合，煬帝事遼東而喪天下。其故何哉？所爲之迹同，所用之心異也。高祖北却强胡，南幷百越，十有餘載，戎車屢動，民亦勞止，不爲無事。然其動也，思以安之，其勞也，思以逸之。是以民致時雍，師無怨讟，誠在於愛利，故其興也勃焉。煬帝嗣承平之基，守已安之業，肆其淫放，虐用其民，視億兆如草芥，顧羣臣如寇讎，勞近以事遠，求名而喪實。兵纏魏闕，阽危弗圖，圍解雁門，慢遊不息。天奪之魄，人益其災，羣盜並興，百殃俱起，自絕民神之望，故其亡也忽焉。訊之古老，考其行事，此高祖之所由興，而煬帝之所以滅者也。可不謂然乎！其隋之得失存亡，大較與秦相類。始皇幷吞六國，高祖統一九州，二世虐用威刑，煬帝肆行猜毒，皆禍起於羣盜，而身殞於匹夫。原始要終，若合符契矣。

玄感宰相之子，荷國重恩，君之失德，當竭股肱。未議致身，先圖問鼎，遂假伊、霍之事，將肆莽、卓之心。人神同疾，敗不旋踵，兄弟就葅醢之誅，先人受焚如之酷，不亦甚乎！李密遭會風雲，奮其鱗翼，思封函谷，將割鴻溝。朞月之間，衆數十萬，破化及，摧世充，聲動四方，威行萬里。雖運乖天眷，事屈興王，而義協人謀，雄名克振，壯矣！然志性輕狡，終致顚覆，其度長挈大，抑陳、項之季孟歟？

校勘記

〔一〕李子雄　北史本傳作「李雄」。

〔二〕父桃枝　北史本傳作「父棠」。

〔三〕廉州　原作「廣州」，據北史李雄傳改。按：本書地理志中趙郡稾城縣條：「〔開皇〕十年置廉州，十八年改爲稾城縣，大業初州廢。」廉州距幽州較近，而廣州則距幽州甚遠。作廉州，是。

〔四〕東平　本書來護兒傳作「東萊」。

〔五〕東都　原作「東郡」，據本書煬帝紀下、御覽一〇七改。

〔六〕蔡建　通鑑隋義寧二年作「蔡建德」。

〔七〕王辯　原作「王辨」，據本書本傳及恭帝紀改。

〔八〕張童仁　北史王世充傳及本書宇文化及傳、又王世充傳作「張童兒」。

隋書卷七十一

列傳第三十六

誠節

易稱：「聖人大寶曰位，何以守位曰仁。」又云：「立人之道曰仁與義。」然則士之立身成名，在乎仁義而已。故仁道不遠，則殺身以成仁，義重於生，則捐生而取義。是以龍逢投軀於夏癸，比干竭節於商辛，申蒯斷臂於齊莊，弘演納肝於衞懿。爰逮漢之紀信、欒布，晉之向雄、嵇紹，凡在立名之士，莫不庶幾焉。至於臨難忘身，見危授命，雖斯文不墜，而行之蓋寡，固知士之所重，信在茲乎！非夫內懷鐵石之心，外負凌霜之節，孰能安之若命，赴蹈如歸者也。皇甫誕等，當擾攘之際，踐必死之機，白刃臨頸，確乎不拔，可謂歲寒貞柏，疾風勁草，千載之後，懍懍如生。豈獨聞彼伯夷，懦夫立志，亦冀將來君子有所庶幾。故掇採所聞，爲誠節傳。

劉弘

劉弘字仲遠，彭城叢亭里人，魏太常卿芳之孫也。少好學，有行檢，重節概。仕齊行臺郎中、襄城、沛郡、穀陽三郡太守、西楚州刺史。及齊亡，周武帝以爲本郡太守。及尉迥之亂也，遣其將席毗掠徐、兗。弘勒兵拒之，以功授儀同、永昌太守、齊州長史。志在立功，不安佐職。平陳之役，表請從軍，以行軍長史從總管吐萬緒度江。以功加上儀同，封濩澤縣公，拜泉州刺史。會高智慧作亂，以兵攻州，弘城守百餘日，救兵不至。前後出戰，死亡太半，糧盡無所食，與士卒數百人煮犀甲腰帶，及剝樹皮而食之，一無離叛。賊知其飢餓，欲降之，弘抗節彌厲。賊悉衆來攻，城陷，爲賊所害。上聞而嘉歎者久之，賜物二千段。子長信，襲其官爵。

皇甫誕 子無逸

皇甫誕字玄慮，〔一〕安定烏氏人也。祖和，魏膠州刺史。父璠，周隋州刺史。誕少剛毅，有器局。周畢王引爲倉曹參軍。高祖受禪，爲兵部侍郎。數年，出爲魯州長史。開皇中，復入爲比部、刑部二曹侍郎，俱有能名。遷治書侍御史，朝臣無不肅憚。上以百姓多流亡，令誕爲河南道大使以檢括之。及還，奏事稱旨，上甚悅，令判大理少卿。明年，遷尚書右丞。俄以母憂去職。未朞，起令視事。尋轉尚書左丞。

時漢王諒爲并州總管，朝廷盛選僚佐，前後長史、司馬，皆一時名士。上以誕公方著稱，拜并州總管司馬，總府政事，一以諮之，諒甚敬焉。及煬帝即位，徵諒入朝，諒用諮議王頍之謀，〔三〕發兵作亂。誕數諫止，諒不納。誕因流涕曰：「竊料大王兵資，無敵京師者。加以君臣位定，逆順勢殊，士馬雖精，難以取勝。願王奉詔入朝，守臣子之節，必有松、喬之壽，累代之榮。如更遷延，陷身叛逆，一挂刑書，爲布衣黔首不可得也。願察區區之心，思萬全之計，敢以死請。」諒怒而囚之。及楊素將至，諒屯清源以拒之。諒主簿豆盧毓出誕於獄，相與協謀，閉城拒諒。諒襲擊破之，並抗節而遇害。帝以誕亡身徇國，嘉悼者久之，下詔曰：「褒顯名節，有國通規，加等飾終，抑惟令典。并州總管司馬皇甫誕，性理淹通，志懷審正，効官贊務，聲績克宣。值狂悖構禍，凶威孔熾，確殉單誠，不從妖逆。雖幽縶寇手，而雅志彌厲，遂潛與義徒據城抗拒。衆寡不敵，奄致非命。可贈柱國，封弘義公，諡曰明。」子無逸嗣。

無逸尋爲淯陽太守，政甚有聲。大業令行，舊爵例除，以無逸誠義之後，賜爵平輿侯。入爲刑部侍郎，守右武衞將軍。

初，漢王諒之反也，州縣莫不響應。有嵐州司馬陶模、繁時令敬釗，並抗節不從。

陶模

陶模，京兆人也。性明敏，有器幹。仁壽初，爲嵐州司馬。諒既作亂，刺史喬鍾葵發兵將赴逆，模拒之曰：「漢王所圖不軌，公荷國厚恩，致位方伯，謂當竭誠效命以答慈造，豈有大行皇帝梓宮未掩，翻爲厲階！」鍾葵失色曰：「司馬反邪？」臨之以兵，辭氣不撓，葵義而釋之。軍吏進曰：「若不斬模，何以壓衆心？」於是囚之於獄，悉掠取資財，分賜黨與。及諒平，煬帝嘉之，拜開府，授大興令。楊玄感之反也，率兵從衞玄擊之，以功進位銀青光祿大夫，卒官。

敬釗

敬釗字積善，河東蒲坂人也。父元約，周布憲中大夫。釗，仁壽中爲繁畤令，甚有能名。及賊至，力戰城陷。賊帥墨弼掠其資產而臨之以兵，釗辭氣不撓。弼義而止之，執送於僞將喬鍾葵所。鍾葵釋之，署爲代州總管司馬，釗正色拒之，至於再三。鍾葵忿然曰：「受官則可，不然當斬！」釗答曰：「忝爲縣宰，遭逢逆亂，進不能保境，退不能死節，爲辱已多，何乃復以僞官相迫也？死生唯命，餘非所聞。」鍾葵怒甚，熟視釗曰：「卿不畏死邪？」復將殺之。

會楊義臣軍至，鍾葵遽出戰，因而大敗，釗遂得免。

大業三年，煬帝避暑汾陽宮，代州長史柳銓、司馬崔寶山上其狀，付有司將加褒賞，會虞世基奏格而止。後遷朝邑令，未幾，終。

游元

游元字楚客，廣平任人，〔三〕魏五更明根之玄孫也。父寶藏，位至太守。元少聰敏，年十六，齊司徒徐顯秀引爲參軍事。周武帝平齊之後，歷壽春令、譙州司馬，俱有能名。開皇中，爲殿內侍御史。晉王廣爲揚州總管，以元爲法曹參軍，父憂去職。後爲內直監。煬帝嗣位，遷尙書度支郎。

遼東之役，領左驍衞長史，爲蓋牟道監軍，〔四〕拜朝請大夫，兼治書侍御史。宇文述等九軍敗績，帝令元按其獄。述時貴倖，其子士及又尙南陽公主，勢傾朝廷。遣家僮造元，有所請屬。元不之見。他日，數述曰：「公地屬親賢，腹心是寄，當咎身責己，以勸事君，乃遣人相造，欲何所道？」按之愈急，仍以狀劾之。帝嘉其公正，賜朝服一襲。

九年，奉使於黎陽督運，楊玄感作逆，乃謂元曰：「獨夫肆虐，天下士大夫肝腦塗地，加以陷身絕域之所，軍糧斷絕，此亦天亡之時也。我今親率義兵，以誅無道，卿意如何？」元正色答曰：「尊公荷國寵靈，功參佐命，高官重祿，近古莫儔。公之弟兄，青紫交映，當謂竭誠盡節，上答鴻恩。豈意墳土未乾，親圖反噬，深爲明公不取，願思禍福之端。僕有死而已，不敢聞命。」玄感怒而囚之，屢脅以兵，竟不屈節，於是害之。帝甚嘉歎，贈銀青光祿大夫，賜縑五百匹。拜其子仁宗爲正議大夫、弋陽郡通守。

馮慈明

馮慈明字無佚，信都長樂人也。父子琮，仕齊官至尙書右僕射。慈明在齊，以戚屬之故，年十四，爲淮陽王開府參軍事。尋補司州主簿，進除中書舍人。周武平齊，授帥都督。高祖受禪，開三府官，除司空司倉參軍事。累遷行臺禮部侍郎。晉王廣爲幷州總管，盛選僚屬，以慈明爲司士。後歷吏部員外郎，兼內史舍人。煬帝卽位，以母憂去職。帝以慈明始事藩邸，後更在臺，意甚銜之，至是謫爲伊吾鎭副。未之官，轉交阯郡丞。大業九年，被徵入朝。時兵部侍郎斛斯政亡奔高麗，帝見慈明，深慰勉之。俄拜尙書兵曹郎，加位朝請大夫。十三年，攝江都郡丞事。

李密之逼東都也，詔令慈明安集瀍、洛，追兵擊密。至鄢陵，爲密黨崔樞所執。密延慈明於坐，勞苦之，因而謂曰：「隋祚已盡，區宇沸騰，吾躬率義兵，所向無敵，東都危急，計日將下。今欲率四方之衆，問罪於江都，卿以爲何如？」慈明答曰：「慈明直道事人，有死而已，不義之言，非所敢對。」密不悅，冀其後改，厚加禮焉。慈明潛使人奉表江都，及致書東都留守，論賊形勢。密知其狀，又義而釋之。出至營門，賊帥翟讓怒曰：「爾爲使人，爲我所執，魏公相待至厚，曾無感戴。寧有畏乎？」慈明勃然曰：「天子使我來，正欲除爾輩，不圖爲賊黨所獲。我豈從汝求活耶？欲殺但殺，何須罵詈！」因謂羣賊曰：「汝等本無惡心，因饑饉逐食至此。官軍且至，早爲身計。」讓益怒，於是亂刀斬之。時年六十八。梁郡通守楊汪上狀，帝歎惜之，贈銀青光祿大夫。拜其二子惇、怦俱爲尚書承務郎。王充推越王侗爲主，〔五〕重贈柱國、戶部尙書、昌黎郡公，謚曰壯武。

長子忱，先在東都，王充破李密，忱亦在軍中，遂遣奴負父屍柩詣東都，身不自送。未幾，又盛花燭納室。時論醜之。

張須陁

張須陁，弘農閿鄉人也。性剛烈，有勇略。弱冠，從史萬歲討西爨，以功授儀同，賜物三百段。煬帝嗣位，漢王諒作亂幷州，從楊素擊平之，加開府。大業中，爲齊郡丞。會興遼東之役，百姓失業，又屬歲饑，穀米踊貴，須陁將開倉賑給，官屬咸曰：「須待詔勑，不可擅與。」須陁曰：「今帝在遠，遣使往來，必淹歲序。百姓有倒懸之急，如待報至，當委溝壑矣。吾若以此獲罪，死無所恨。」先開倉而後上狀，帝知之而不責也。

明年，賊帥王薄，聚結亡命數萬人，寇掠郡境。官軍擊之，多不利。須陁發兵拒之，薄遂引軍南，轉掠魯郡。須陁躡之，及于岱山之下。薄恃驟勝，不設備。須陁選精銳，出其不意擊之，薄衆大潰，因乘勝斬首數千級。薄收合亡散，得萬餘人，將北度河。須陁追之，至臨邑，復破之，斬五千餘級，獲六畜萬計。時天下承平日久，多不習兵，須陁獨勇決善戰。又長於撫馭，得士卒心，論者號為名將。薄復北戰，連豆子䴚賊孫宣雅、石秖闍、郝孝德等衆十餘萬攻章丘。須陁遣舟師斷其津濟，親率馬步二萬襲擊，大破之，賊徒散走。既至津梁，復為舟師所拒，前後狼狽，獲其家累輜重不可勝計，露布以聞。帝大悅，優詔褒揚，令使者圖畫其形容而奏之。

其年，賊裴長才、石子河等衆二萬，奄至城下，縱兵大掠。須陁未暇集兵，親率五騎與戰，賊競赴之，圍百餘重，身中數創，勇氣彌厲。會城中兵至，賊稍却，須陁督軍復戰，長才敗走。後數旬，賊帥秦君弘、郭方預等合軍圍北海，兵鋒甚銳，須陁謂官屬曰：「賊自恃强，謂我不能救，吾今速去，破之必矣。」於是簡精兵，倍道而進，賊果無備，擊大破之，斬數萬級，獲輜重三千兩。司隸刺史裴操之上狀，帝遣使勞問之。

十年，賊左孝友衆將十萬，屯於蹲狗山。須陁列八風營以逼之，復分兵扼其要害。孝友窘迫，面縛來降。其黨解象、王良、鄭大彪、李晼等衆各萬計，須陁悉討平之，威振東夏。以功遷齊郡通守，領河南道十二郡黜陟討捕大使。

俄而賊盧明月衆十餘萬，將寇河北，次祝阿，須陁邀擊，殺數千人。賊呂明星、帥仁泰、霍小漢等衆各萬餘，擾濟北，須陁進軍擊走之。尋將兵拒東郡賊翟讓，前後三十餘戰，每破走之。轉滎陽通守。時李密說讓取洛口倉，讓憚須陁，不敢進。密勸之，讓遂與密率兵逼滎陽，須陁拒之。讓懼而退，須陁乘之，逐北十餘里。時李密先伏數千人於林木間，邀擊須陁軍，遂敗績。密與讓合軍圍之，須陁潰圍輒出，左右不能盡出，須陁躍馬入救之。來往數四，衆皆敗散，乃仰天曰：「兵敗如此，何面見天子乎？」乃下馬戰死。時年五十二。其所部兵，晝夜號哭，數日不止。越王侗遣左光祿大夫裴仁基，招撫其衆，移鎭武牢。帝令其子元備總父兵，元備時在齊郡，遇賊，竟不果行。

楊善會

楊善會字敬仁，弘農華陰人也。父初，官至毗陵太守。善會，大業中爲鄃令，以淸正聞。俄而山東饑饉，百姓相聚爲盜，善會以左右數百人逐捕之，往皆克捷。其後賊帥張金稱衆數萬，屯于縣界，屠城剽邑，郡縣莫能禦。善會率勵所領，與賊搏戰，或日有數合，每挫其鋒。煬帝遣將軍段達來討金稱，善會進計於達，達不能用，軍竟敗焉。達深謝善會。後復與賊戰，進止一以謀之，於是大克。金稱復引渤海賊孫宣雅、高士達等衆數十萬，破黎陽而還，軍鋒甚盛。善會以勁兵千人邀擊，破之，擢拜朝請大夫、清河郡丞。金稱稍更屯聚，以輕兵掠冠氏。善會與平原通守楊元弘步騎數萬衆，襲其本營。武賁郎將王辯軍亦至，金稱釋冠氏來援，因與辯戰，不利，善會選精銳五百赴之，所當皆靡，辯軍復振。賊退守本營，諸軍各還。于時山東思亂，從盜如市，郡縣微弱，陷沒相繼。能抗賊者，唯善會而已。前後七百餘陣，未嘗負敗，每恨衆寡懸殊，未能滅賊。會太僕楊義臣討金稱，復爲賊所敗，退保臨清。取善會之策，頻與決戰，賊乃退走。乘勝遂破其營，盡俘其衆。金稱將數百人遁逃，後歸漳南，招集餘黨。善會追捕斬之，傳首行在所。帝賜以尚方甲矟弓劍，進拜清河通守。其年，從楊義臣斬漳南賊帥高士達，傳首江都宮。帝下詔褒揚之。

士達所部將竇建德，自號長樂王，來攻信都。臨清賊王安阻兵數千，與建德相影響。善會襲安斬之。建德既下信都，復擾清河，善會逆拒之，反爲所敗，嬰城固守。賊圍之四旬，城陷，爲賊所執。建德釋而禮之，用爲貝州刺史。善會罵之曰：「老賊何敢擬議國士！恨吾力劣，不能擒汝等。我豈是汝屠酤兒輩，敢欲更相吏邪？」臨之以兵，辭氣不撓。建德猶欲活之，爲其部下所請，又知終不爲己用，於是害之。清河士庶莫不傷痛焉。

獨孤盛

獨孤盛，上柱國楷之弟也。性剛烈，有膽氣。煬帝在藩，盛以左右從，累遷爲車騎將軍。及帝嗣位，以藩邸之舊，漸見親待，累轉爲右屯衞將軍。宇文化及之作亂也，裴虔通引兵至成象殿，宿衞者皆釋仗而走。盛謂虔通曰：「何物兵？形勢太異也！」虔通曰：「事勢已然，不預將軍事。將軍愼無動。」盛大罵曰：「老賊是何物語！」不及被甲，與左右十餘人逆拒之，爲亂兵所殺。越王侗稱制，贈光祿大夫、紀國公，謚曰武節。

元文都

元文都，洵陽公孝矩之兄子也。父孝則，周小冢宰、江陵總管。文都性鯁直，明辯有器幹。仕周爲右侍上士。開皇初，授內史舍人，歷庫部、考功二曹郎，俱有能名。擢爲尙書左丞，轉太府少卿。煬帝嗣位，轉司農少卿、司隸大夫，尋拜御史大夫，坐事免。未幾，授太府卿，帝漸任之，甚有當時之譽。

大業十三年，帝幸江都宮，詔文都與段達、皇甫無逸、韋津等同爲東都留守。及帝崩，文都與達、津等共推越王侗爲帝。侗署文都爲內史令、開府儀同三司、光祿大夫、左驍衞大將軍、攝右翊衞將軍、魯國公。既而宇文化及立秦王浩爲帝，擁兵至彭城，所在響震。文都諷侗遣使通於李密。密於是請降，因授官爵，禮其使甚厚。王充不悅，因與文都有隙。文都知之，陰有誅充之計。侗復以文都領御史大夫，充固執而止。盧楚說文都曰：「王充外軍一將耳，本非留守之徒，何得預吾事！且洛口之敗，罪不容誅，今者敢懷跋扈，宰制時政，此而不除，方爲國患。」文都然之，遂懷奏入殿。事臨發，有人以告充。充時在朝堂，懼而馳還含嘉城，謀作亂。文都頻遣呼之，充稱疾不赴。至夜作亂，攻東太陽門而入，拜於紫微觀下。侗遣人謂之曰：「何爲者？」充曰：「元文都、盧楚謀相殺害，請斬文都，歸罪司寇。」侗見兵勢漸盛，度終不免，謂文都曰：「公自見王將軍也。」文都遷延而泣，侗遣其署將軍黄桃樹執文都以出。文都顧謂侗曰：「臣今朝亡，陛下亦當夕及。」侗慟哭而遣之，左右莫不憫默。出至興教門，充令左右亂斬之，諸子並見害。

盧楚

盧楚，涿郡范陽人也。祖景祚，魏司空掾。楚少有才學，鯁急口吃，言語澀難。大業中，爲尙書右司郎，當朝正色，甚爲公卿所憚。及帝幸江都，東都官僚多不奉法，楚每存糾舉無所廻避。

越王侗稱尊號，以楚爲內史令、左備身將軍、攝尙書左丞、右光祿大夫，封涿郡公，與元文都等同心勠力以輔幼主。及王充作亂，兵攻太陽門，武衞將軍皇甫無逸斬關逃難，呼楚同去。楚謂之曰：「僕與元公有約，若社稷有難，誓以俱死，今捨去不義。」及兵入，楚匿於太官署，賊黨執之，送於充所。充奮袂令斬之，於是鋒刃交下，肢體糜碎。

劉子翊

劉子翊，彭城叢亭里人也。父徧，齊徐州司馬。子翊少好學，頗解屬文，性剛謇，有吏幹。仕齊殿中將軍。開皇初，爲南和丞，累轉秦州司法參軍事。十八年，入考功，尙書右僕射楊素見而異之，奏爲侍御史。時永寧令李公孝四歲喪母，九歲外繼，其後父更別娶後妻，至是而亡。河間劉炫以無撫育之恩，議不解任。子翊駁之曰：

傳云：「繼母如母，與母同也。」當以配父之尊，居母之位，齊杖之制，皆如親母。又「爲人後者，爲其父母朞」。報朞者，自以本生，非殊親之與繼也。父雖自處傍尊之地，於子之情，猶須隆其本重。是以令云：「爲人後者，爲其父母並解官，申其心喪。父卒母嫁，爲父後者雖不服，亦申心喪。其繼母嫁不解官。」此專據嫁者生文耳。將知繼母在父之室，則制同親母。若謂非有撫育之恩，同之行路，何服之有乎？服既有之，心喪焉可獨異？三省令旨，其義甚明。今言令許不解，何其甚謬！

且後人者爲其父母朞，未有變隔以親繼，親繼既等，故知心喪不殊。服問云：「母出則爲繼母之黨服。」豈不以出母族絕，推而遠之，繼母配父，引而親之乎？子思曰：「爲伋也妻，是爲白也母。不爲伋也妻，是不爲白也母。」定知服以名重，情因父親，所以聖人敦之以孝慈，弘之以名義。是使子以名服，同之親母，繼以義報，等之己生。如謂繼母之來，在子出之後，制有淺深者，考之經傳，未見其文。譬出後之人，所後者初亡，後之者始至，此復可以無撫育之恩而不服重乎？昔長沙人王毖，漢末爲上計詣京師，既而吳、魏隔絕，毖於內國更娶，生子昌。毖死後爲東平相，始知吳之母亡，便情繫居重，不攝職事。于時議者，不以爲非。然則繼母之與前母，於情無別。若要以撫育始生服制，王昌復何足云乎？又晉鎮南將軍羊祜無子，取弟子伊爲子。祜薨，伊不服重，祜妻表聞。伊辭曰：「伯生存養己，伊不敢違。然無父命，故還本生。」尚書彭權議：「子之出養，必由父命，無命而出，是爲叛子。」於是下詔從之。然則心服之制，不得緣恩而生也。

論云：「禮者稱情而立文，仗義而設教。」還以此義，諭彼之情。稱情者，稱如母之情，仗義者，仗爲子之義。名義分定，然後能尊父順名，崇禮篤敬。苟以母養之恩始成母子，則恩由彼至，服自己來，則慈母如母，何得待父命？又云：「繼母慈母，本實路人，臨己養己，同之骨血。」若如斯言，子不由父，縱有恩育，得如母乎？其慈繼雖在三年之下，而居齊朞之上，禮有倫例，服以稱情。繼母本以名服，豈藉恩之厚薄也。至於兄弟之子猶子也，私昵之心實殊，禮服之制無二。彼言「以」輕「如」重，自以不同。此謂如重之辭，卽同重法，若使輕重不等，何得爲「如」？律云「准枉法」者，但准其罪，「以枉法論」者，卽同眞法。律以弊刑，禮以設教，准者准擬之名，以者卽眞之稱。「如」「以」二字，義用不殊，禮律兩文，所防是一。將此明彼，足見其義，取譬伐柯，何遠之有。

又論云：「取子爲後者，將以供承祧廟，奉養己身，不得使宗子歸其故宅，以子道事本父之後妻也。」然本父後妻，因父而得母稱，若如來旨，本父亦可無心喪乎？何直父之後妻。論又云：「禮言舊君，其尊豈復君乎？已去其位，非復純臣，須言『舊』以殊之。別有所重，非復純孝，故言『其』已見之。〔六〕目以其父之文，是名異也。」此又非通論。何以言之？「其」「舊」訓殊，所用亦別，舊者易新之稱，其者因彼之辭，安得以相類哉？至如禮云：「其父析薪，其子不克負荷。」傳云：「衞雖小，其君在焉。」若其父而有異，其君復有異乎？斯不然矣，斯不然矣。今炫敢違禮乖令，侮聖干法，使出後之子，無情於本生，名義之分，有虧於風俗。徇飾非於明世，强媒蘖於禮經，雖欲揚己露才，不覺言之傷理。

事奏，竟從子翊之議。

仁壽中，爲新豐令，有能名。大業三年，除大理正，甚有當時之譽。擢授治書侍御史，每朝廷疑議，子翊爲之辯析，多出衆人意表。

從幸江都。值天下大亂，帝猶不悟，子翊因侍切諫，由是忤旨，令子翊爲丹陽留守。尋遣於上江督運，爲賊吳棊子所虜。子翊說之，因以衆首。復遣領首賊淸江。遇煬帝被殺，賊知而告之。子翊弗信，斬所言者。賊又欲請以爲主，子翊不從。羣賊執子翊至臨川城下，使告城中，云「帝已崩」。子翊反其言，於是見害，時年七十。

堯君素

堯君素，魏郡湯陰人也。煬帝爲晉王時，君素以左右從。及嗣位，累遷鷹擊郎將。大業之末，盜賊蜂起，人多流亡，君素所部獨全。後從驍衞大將軍屈突通拒義兵於河東。俄而通引兵南遁，以君素有膽略，署領河東通守。義師遣將呂紹宗、韋義節等攻之，不剋。及通軍敗，至城下呼之。君素見通，歔欷流涕，悲不自勝，左右皆哽咽，通亦泣下霑衿，因謂君素曰：「吾軍已敗，義旗所指，莫不響應。事勢如此，卿當早降，以取富貴。」君素答曰：「公當爪牙之寄，爲國大臣，主上委公以關中，代王付公以社稷，國祚隆替，懸之於公。奈何不思報効，以至於此。縱不能遠慚主上，公所乘馬，卽代王所賜也，公何面目乘之哉！」通曰：「吁！君素，我力屈而來。」君素曰：「方今力猶未屈，何用多言。」通慚而退。時圍甚急，行李斷絕，君素乃爲木鵝，置表於頸，具論事勢，浮之黃河，沿流而下。河陽守者得之，達于東都。越王侗見而歎息，於是承制拜君素爲金紫光祿大夫，密遣行人勞苦之。監門直閤龐玉、武衞將軍皇甫無逸前後自東都歸義，俱造城下，爲陳利害。大唐又賜金券，待以不死。君素卒無降心。其妻又至城下謂之曰：「隋室已亡，天命有屬，君何自苦，身取禍敗。」君素曰：「天下事非婦人所知。」引弓射之，應弦而倒。君素亦知事必不濟，然要在守死不易，每言及國家，未嘗不歔欷。嘗謂將士曰：「吾是藩邸舊臣，累蒙奬擢，至於大義，不得不死。今穀支數年，食盡此穀，足知天下之事。必若隋室傾敗，天命有歸，吾當斷頭以付諸君也。」時百姓苦隋日久，及逢義舉，人有息肩之望。然君素善於統領，下不能叛。歲餘，頗得外生口，城中微知江都傾覆。又粮食乏絕，人不聊生，男女相食，衆心離駭。白虹降於府門，兵器之端，夜皆光見。月餘，君素爲左右所害。

陳孝意

河東陳孝意，少有志尙，弱冠，以貞介知名。大業初，爲魯郡司法書佐，郡內號爲廉平。太守蘇威嘗欲殺一囚，孝意固諫，至於再三，威不許。孝意因解衣，請先受死。良久，威意乃解，謝而遣之。漸加禮敬。及威爲納言，奏孝意爲侍御史。後以父憂去職，居喪過禮，有白鹿馴擾其廬，時人以爲孝感之應。未朞，起授雁門郡丞。在郡菜食齋居，朝夕哀臨，每一發聲，未嘗不絕倒，柴毀骨立，見者哀之。于時政刑日紊，長吏多贓污，孝意清節彌厲，發姦擿伏，動若有神，吏民稱之。

煬帝幸江都，馬邑劉武周殺太守王仁恭，舉兵作亂。孝意率兵與武賁郎將王智辯討之，戰於下館城，反爲所敗。武周遂轉攻傍郡，百姓凶凶，將懷叛逆。前郡丞楊長仁、雁門令王確等，並桀黠，爲無賴所歸，謀應武周。孝意陰知之，族滅其家，郡中戰慄，莫敢異志。俄而武周引兵來攻，孝意拒之，每致克捷。但孤城獨守，外無聲援，孝意執志，誓以必死。每遣使江都，道路隔絕，竟無報命。孝意亦知帝必不反，每每旦暮向詔勑庫俯伏流涕，悲動左右。圍城百餘日，粮盡，爲校尉張倫所殺，以城歸武周。

張季珣

京兆張季珣，父祥，少爲高祖所知，其後引爲丞相參軍事。開皇中，累遷幷州司馬。仁壽末，漢王諒舉兵反，遣其將劉建略地燕、趙。至井陘，祥勒兵拒守，建攻之，復縱火燒其郭下。祥見百姓驚駭，其城側有西王母廟，祥登城望之再拜，號泣而言曰：「百姓何罪，致此焚燒！神其有靈，可降雨相救。」言訖，廟上雲起，須臾驟雨，其火遂滅。士卒感其至誠，莫不用命。城圍月餘，李雄援軍至，〔七〕賊遂退走。以功授開府，歷汝州刺史、靈武太守，入爲都水監，卒官。

季珣少慷慨，有志節。大業末，爲鷹擊郎將，其府據箕山爲固，與洛口連接。及李密、翟讓攻陷倉城，遣人呼之。季珣罵密極口，密怒，遣兵攻之，連年不能克。時密衆數十萬在其城下，季珣四面阻絕，所領不過數百人，而執志彌固，誓以必死。經三年，資用盡，樵蘇無所得，撤屋而爨，人皆穴處，季珣撫巡之，一無離叛。粮盡，士卒羸病不能拒戰，遂爲所陷。季珣坐聽事，顏色自若，密遣兵擒送之。羣賊曳季珣令拜密，季珣曰：「吾雖爲敗軍之將，猶是天子爪牙之臣，何容拜賊也！」密壯而釋之。翟讓從之求金不得，遂殺之，時年二十八。

其弟仲琰，大業末爲上洛令。及義兵起，率吏人城守，部下殺之以歸義。仲琰弟琮，爲千牛左右，宇文化及之亂遇害。季珣家素忠烈，兄弟俱死國難，論者賢之。

松贇〔八〕

北海松贇，性剛烈，重名義，爲石門府隊正。大業末，有賊楊厚擁徒作亂，來攻北海縣，贇從郡兵討之。贇輕騎覘賊，爲厚所獲，厚令贇謂城中，云郡兵已破，宜早歸降。贇僞許之。既至城下，大呼曰：「我是松贇，爲官軍覘賊，邂逅被執，非力屈也。今官軍大來，並已至矣，賊徒寡弱，旦暮擒剪，不足爲憂。」賊以刀築贇口，引之而去，毆擊交下。贇罵厚曰：「老賊何敢致辱賢良，禍自及也！」言未卒，賊已斬斷其腰。城中望之，莫不流涕扼腕，銳氣益倍。北海卒完。煬帝遣戶曹郎郭子賤討厚破之，以贇亡身殉節，嗟悼不已，上表奏之。優詔褒揚，贈朝散大夫、本郡通守。

史臣曰：古人以天下至大，方身則小，生爲重矣，比義則輕。然則死有重於太山，生以理全者也，生有輕於鴻毛，死與義合者也。然死不可追，生無再得，故處不失節，所以爲難矣。楊諒、玄感、李密反形已成，凶威方熾，皇甫誕、游元、馮慈明臨危不顧，視死如歸，可謂勇於蹈義矣。獨孤盛、元文都、盧楚、堯君素豈不知天之所廢，人不能興，甘就葅醢之誅，以徇忠貞之節。雖功未存於社稷，力無救於顚危，然視彼苟免之徒，貫三光而洞九泉矣。須陁、善會有溫序之風，子翊、松贇蹈解揚之烈。國家昏亂有忠臣，誠哉斯言也。

校勘記

〔一〕字玄慮　洪頤煊諸史考異：皇甫誕碑作「字玄憲」。

〔二〕王頍　「頍」原作「頗」，據本書王頍傳及北史皇甫誕傳改。

〔三〕廣平任人　「任」下原衍「城」字。按：漢書地理志下，廣平國有任縣。至北魏，仍設此縣。魏書游明根傳（元是明根的玄孫）也作「廣平任人」。今據删。

〔四〕蓋牟道　「牟」，本書煬帝紀下作「蓋馬道」。

〔五〕王充　卽王世充。原避唐諱，省「世」字。

〔六〕故言其已見之　「已」，册府五八四作「以」。

〔七〕李雄　卽李子雄。

〔八〕松贇　北史杜松贇傳，「松」上有「杜」字。

隋書卷七十二

列傳第三十七

孝義

孝經云：「夫孝，天之經也，地之義也，人之行也。」論語云：「君子務本，本立而道生。孝悌也者，其爲仁之本與！」呂覽云：「夫孝，三皇、五帝之本務，萬事之綱紀也。執一術而百善至，百邪去，天下順者，其唯孝乎！」然則孝之爲德至矣，其爲道遠矣，其化人深矣。故聖帝明王行之於四海，則與天地合其德，與日月齊其明。諸侯卿大夫行之於國家，則永保其宗社，長守其祿位。匹夫匹婦行之於閭閻，則播徽烈於當年，揚休名於千載。此皆資純至以感物，故聖哲之所重。

田翼、郎方貴等闕稽古之學，無俊偉之才，並能任其自然，情無矯飾。篤於天性，勤其四體，竭股肱之力，盡愛敬之心，自足膝下之歡，忘懷軒冕之貴。不言之化，人神通感。雖或位登台輔，爵列王侯，祿積萬鍾，馬踰千駟，死之日，曾不得與斯人之徒隸齒。孝之大也，不其然乎！故述其所行，爲孝義傳。

陸彥師

陸彥師字雲房，魏郡臨漳人。祖希道，魏定州刺史。父子彰，中書監。彥師少有行檢，爲邦族所稱，長而好學，解屬文。魏襄城王元旭引爲參軍事。以父艱去職，哀毀殆不勝喪。與兄卬廬於墓次，負土成墳。公卿重之，多就墓側存問，晦朔之際，車馬不絕。齊文宣聞而嘉歎，旌表其閭，號其所住爲孝終里。

中書令河間邢邵表薦之，未報，彭城王瀓爲司州牧，召補主簿。後歷中外府東閤祭酒。兄卬當襲父始平侯，以彥師昆弟中最幼，表讓封焉。彥師固辭而止。時稱友悌孝義，總萃一門。遷中書舍人，尋轉通直散騎侍郎。每陳使至，必令高選主客，彥師所接對者，前後六輩。歷中書黃門侍郎，以不阿宦者，遇讒，出爲中山太守，有惠政。數年，徵爲吏部郎中。周武平齊，授載師下大夫。宣帝時，轉少納言，賜爵臨水縣男，奉使幽、薊。俄而高祖爲丞相，彥師遇疾，請假還鄴。尉迥將爲亂，彥師微知之，遂委妻子，潛歸長安。高祖嘉之，授內史下大夫，拜上儀同。高祖受禪，拜尚書左丞，進爵爲子。彥師素多病，未幾，以務劇疾動，乞解所職，有詔聽以本官就第。歲餘，轉吏部侍郎。隋承周制，官無清濁，彥師在職，凡所任人，頗甄別於士庶，論者美之。後復以病出爲汾州刺史，卒官。

田德懋

田德懋，觀國公仁恭之子也。少以孝友著名。開皇初，以父軍功，賜爵平原郡公，授太子千牛備身。丁父艱，哀毀骨立，廬於墓側，負土成墳。上聞而嘉之，遣員外散騎侍郎元志就弔焉。復降璽書曰：「皇帝謝田德懋。知在窮疾，哀毀過禮，倚廬墓所，負土成墳。朕孝理天下，思弘名教，復與汝通家，情義素重，有聞孝感，嘉歎兼深。春日暄和，氣力何似？宜自抑割，以禮自存也。」幷賜縑二百匹，米百石。復下詔表其門閭。後歷太子舍人、義州司馬。大業中，爲給事郎、尚書駕部郎，卒官。

薛濬

薛濬字道賾，刑部尚書、內陽公胄之從祖弟也。父琰，周渭南太守。濬少喪父，早孤，養母以孝聞。幼好學，有志行，尋師於長安。時初平江陵，何妥歸國，見而異之，授以經業。周天和中，襲爵虞城侯，歷納言上士、新豐令。

開皇初，擢拜尚書虞部侍郎，尋轉考功侍郎。帝聞濬事母至孝，以其母老，賜與服机杖，四時珍味，當時榮之。後其母疾，濬貌甚憂瘁，親故弗之識也。暨丁母艱，詔鴻臚監護喪事，歸葬夏陽。于時隆冬極寒，濬衰絰徒跣，冒犯霜雪，自京及鄉，五百餘里，足凍墮指，瘡血流離，朝野爲之傷痛。州里賵助，一無所受。尋起令視事，濬屢陳誠欵，請終喪制，優詔不許。及至京，上見其毁瘠過甚，爲之改容，顧謂羣臣曰：「吾見薛濬哀毁，不覺悲感傷懷。」嗟異久之。濬竟不勝喪，病且卒。其弟謨時爲晉王府兵曹參軍事，在揚州，濬遺書與謨曰：

吾以不造，幼丁艱酷，窮遊約處，屢絕簞瓢。晚生早孤，不聞詩、禮，賴奉先人貽厥之訓，獲稟母氏聖善之規，負笈裹糧，不憚艱遠，從師就業，欲罷不能。砥行厲心，困而彌篤，服膺敎義，爰至長成。自釋耒登朝，于茲二十三年矣。雖官非聞達，而祿喜逮親，庶保期頤，得終色養。何圖精誠無感，禍酷荐臻，兄弟俱被奪情，苫廬靡申哀訴。使夫是用扣心泣血，隕氣摧魂者也。既而創巨釁深，不勝荼毒，啓手啓足，幸及全歸。使夫死而有知，得從先人於地下矣，豈非至願哉。但念爾伶俜孤宦，遠在邊服，顧此恨恨，如何可言。適已有書，冀得與汝面訣，忍死待汝，已歷一旬。汝既未來，便成今古，緬然永別，爲恨何言。勉之哉，勉之哉！

書成而絕，時年四十二。有司以聞，高祖爲之屑涕，降使齎册書弔祭曰：「皇帝咨故考功侍郎薛濬。於戲！惟爾操履貞和，器業詳敏，允膺列宿，勤謇克彰。及遘私艱，奄從毀滅。嘉爾誠孝，感于朕懷，奠酹有加，抑惟朝典。故遣使人，指申往命，魂而有靈，歆茲榮渥。嗚呼哀哉！」

濬性清儉，死之日，家無遺資。濬初爲童兒時，與宗中諸兒遊戲于澗濱。見一黃蛇有角及足，召羣兒共視，了無見者。濬以爲不祥，歸大憂悴。母逼而問之，濬以實對。時有胡僧詣宅乞食，濬母怖而告之，僧曰：「此乃兒之吉應。且是兒也，早有名位，然壽不過六七耳。」言終而出，忽然不見，時咸異之。旣而終於四十二，六七之言，於是驗矣。子乾福，武安郡司倉書佐。

王頒

王頒字景彥，太原祁人也。祖神念，梁左衞將軍。父僧辯，太尉。頒少俶儻，有文武幹局。其父平侯景，留頒質於荆州，遇元帝爲周師所陷，頒因入關。聞其父爲陳武帝所殺，號慟而絕，食頃乃蘇，哭泣不絕聲，毀瘠骨立。至服闋，常布衣蔬食，藉藁而臥。周明帝嘉之，召授左侍上士，累遷漢中太守，尋拜儀同三司。

開皇初，以平蠻功，加開府，封蛇丘縣公。獻取陳之策，上覽而異之，召與相見，言畢而歔欷，上爲之改容。及大舉伐陳，頒自請行，率徒數百人，從韓擒先鋒夜濟。力戰被傷，恐不堪復鬭，悲感嗚咽。夜中因睡，夢有人授藥，比寤而創不痛，時人以爲孝感。及陳滅，頒密召父時士卒，得千餘人，對之涕泣。其間壯士或問頒曰：「郎君來破陳國，滅其社稷，讎恥已雪，而悲哀不止者，將爲霸先早死，不得手刃之邪？請發其丘壟，斲櫬焚骨，亦可申孝心矣。」頒頓顙陳謝，額盡流血，答之曰：「其爲帝王，墳塋甚大，恐一宵發掘，不及其屍，更至明朝，事乃彰露，若之何？」諸人請具鍫鍤，一旦皆萃。於是夜發其陵，剖棺，見陳武帝鬚並不落，其本皆出自骨中。頒遂焚骨取灰，投水而飲之。旣而自縛，歸罪於晉王。王表其狀，高祖曰：「朕以義平陳，王頒所爲，亦孝義之道也，朕何忍罪之！」舍而不問。有司錄其戰功，將加柱國，賜物五千段，頒固辭曰：「臣緣國威靈，得雪怨恥，本心徇私，非是爲國，所加官賞，終不敢當。」高祖從之。拜代州刺史，甚有惠政。母憂去職。後爲齊州刺史，卒官，時年五十二。弟頍，見文學傳。

楊慶

楊慶字伯悅，河間人也。祖玄，父剛，並以至孝知名。慶美姿儀，性辯慧。年十六，齊國子博士徐遵明見而異之。及長，頗涉書記。年二十五，郡察孝廉，以侍養不行。其母有疾，不解襟帶者七旬。及居母憂，哀毀骨立，負土成墳。齊文宣帝表其門閭，賜帛三十匹，縣十屯，粟五十石。高祖受禪，屢加褒賞，擢授儀同三司，版授平陽太守。年八十五，終於家。

郭儁

郭儁字弘乂，太原文水人也。家門雍睦，七葉共居，犬豕同乳，烏鵲通巢，時人以爲義感之應。州縣上其事，上遣平昌公宇文弼詣其家勞問之。治書御史柳彧巡省河北，表其門閭。漢王諒爲并州總管，聞而嘉歎，賜兄弟二十餘人衣各一襲。

田翼

田翼，不知何許人也。性至孝，養母以孝聞。其後母臥疾歲餘，翼親易燥濕，母食則食，母不食則不食。母患暴痢，翼謂中毒，遂親嘗惡。及母終，翼一慟而絕，其妻亦不勝哀而死。鄉人厚共葬之。

紐回

紐回字孝政，河東安邑人也。性至孝，周武成中，父母喪，廬於墓側，負土成墳。廬前生廡一株，高丈許，圍之合拱，枝葉鬱茂，冬夏恒青。有烏棲其上，回舉聲哭，烏卽悲鳴，時人異之。周武帝表其閭，擢授甘棠令。開皇初，卒。

子士雄，少質直孝友，喪父，復廬於墓側，負土成墳。其庭前有一槐樹，先甚鬱茂，及士雄居喪，樹遂枯死。服闋還宅，死樹復榮。高祖聞之，歎其父子至孝，下詔褒揚，號其所居爲累德里。

劉士儁

劉士儁，彭城人也。性至孝，丁母喪，絕而復蘇者數矣。勺飲不入口者七日，廬於墓側，負土成墳，列植松柏。狐狼馴擾，爲之取食。高祖受禪，表其門閭。

郎方貴

郎方貴，淮南人也。少有志尙，與從父弟雙貴同居。開皇中，方貴嘗因出行遇雨，淮水汎長，於津所寄渡，船人怒之，撾方貴臂折。至家，其弟雙貴驚問所由，方貴具言之。雙貴恚恨，遂向津毆擊船人致死。守津者執送之縣官，案問其狀，以方貴爲首，當死，雙貴從坐，當流。兄弟二人爭爲首坐，縣司不能斷，送詣州。兄弟各引咎，州不能定，二人爭欲赴水而死。州狀以聞，上聞而異之，特原其罪，表其門閭，賜物百段。後爲州主簿。

翟普林

翟普林，楚丘人也。性仁孝，事親以孝聞。州郡辟命，皆固辭不就，躬耕色養，鄉鄰謂爲楚丘先生。後父母疾，親易燥濕，不解衣者七旬。大業初，父母俱終，哀毁殆將滅性，廬於墓側，負土爲墳。盛冬不衣繒絮，唯著單縗而已。家有一烏犬，隨其在墓，若普林哀臨，犬亦悲號，見者嗟異焉。有二鵲巢其廬前柏樹，每入其廬，馴狎無所驚懼。大業中，司隸巡察，奏其孝感，擢授孝陽令。

李德饒

李德饒，趙郡柏人人也。祖徹，魏尚書右丞。父純，開皇中爲介州長史。德饒少聰敏好學，有至性，宗黨咸敬之。弱冠爲校書郎，仍直内史省，參掌文翰。轉監察御史，糾正不避貴戚。大業三年，遷司隸從事，每巡四方，理雪寃枉，褒揚孝悌。雖位秩未通，其德行爲當時所重，凡與交結，皆海內髦彥。性至孝，父母寢疾，輒終日不食，十旬不解衣。及丁憂，水漿不入口五日，哀慟嘔血數升。及送葬之日，會仲冬積雪，行四十餘里，單縗徒跣，號踴幾絕。會葬者千餘人，莫不爲之流涕。後甘露降於庭樹，有鳩巢其廬。納言楊達巡省河北，詣其廬弔慰之，因改所居村名孝敬村，里爲和順里。

後爲金河長，未之官，值羣盜蜂起，賊帥格謙、孫宣雅等十餘頭，聚衆於渤海。時有勑許其歸首，謙等懼不敢降，以德饒信行有聞，遣使奏曰：「若使德饒來者，卽相率歸首。」帝於是遣德饒往渤海慰諭諸賊。行至冠氏，會他盜攻陷縣城，德饒見害。

其弟德侶，性重然諾。大業末，爲離石郡司法書佐，太守楊子崇特禮之。及義兵起，子崇遇害，棄尸城下，德侶赴哭盡哀，收瘞之。至介休，詣義師，請葬子崇。大將軍嘉之，因贈子崇官，令德侶爲使者，往離石禮葬子崇焉。

華秋

華秋，汲郡臨河人也。幼喪父，事母以孝聞。家貧，傭賃爲養。其母遇患，秋容貌毀悴，鬢鬢頓改，州里咸嗟異之。及母終之後，遂絕櫛沐，髮盡禿落。廬於墓側，負土成墳，有人欲助之者，秋輒拜而止之。大業初，調狐皮，郡縣大獵。有一兔，人逐之，奔入秋廬中，匿秋膝下。獵人至廬所，異而免之。自爾此兔常宿廬中，馴其左右。郡縣嘉其孝感，具以狀聞。煬帝降使勞問，表其門閭。後羣盜起，常往來廬之左右，咸相誡曰：「勿犯孝子。」鄉人賴秋而全者甚衆。

徐孝肅

徐孝肅，汲郡人也。宗族數千家，多以豪侈相尚，唯孝肅性儉約，事親以孝聞。雖在幼齒，宗黨間每有爭訟，皆至孝肅所平論之，爲孝肅所短者，無不引咎而退。孝肅早孤，不識父，及長，問其母父狀。因求畫工，圖其形像，構廟置之而定省焉，朔望享祭。養母至孝，數十年，家人未見其有忿恚之色。及母老疾，孝肅親易燥濕，憂悴數年，見者無不悲悼。母終，孝肅茹蔬飲水，盛冬單縗，毀瘠骨立。祖父母、父母墓皆負土成墳，廬於墓所四十餘載，被髮徒跣，遂以身終。

其弟德備，聰敏，通涉五經，河朔間稱爲儒者。德備終，子處默又廬於墓側，奕葉稱孝焉。

史臣曰：昔者弘愛敬之理，必籍王公大人，近古敦孝友之情，多茅屋之下。而彥師、道賾，或家傳纓冕，或身誓山河，遂乃負土成墳，致毀滅性。雖乖先王之制，亦觀過以知仁矣。郎貴昆弟，爭死而身全，田翼夫妻俱喪而名立，德饒仁懷羣盜，德佋義感興王，亦足稱也。紐回、劉儁之倫，翟林、華秋之輩，或茂草嘉樹榮枯於庭宇，或走獸翔禽馴狎於廬墓，非夫孝悌之至，通於神明者乎！

隋書卷七十三

列傳第三十八

循吏

古之善牧人者，養之以仁，使之以義，教之以禮，隨其所便而處之，因其所欲而與之，從其所好而勸之。如父母之愛子，如兄之愛弟，聞其飢寒爲之哀，見其勞苦爲之悲，故人敬而悅之，愛而親之。若子產之理鄭國，子賤之居單父，賈琮之牧冀州，文翁之爲蜀郡，皆可以恤其災患，導以忠厚，因而利之，惠而不費。其暉映千祀，聲芳不絕，夫何爲哉？用此道也。然則五帝、三王不易人而化，皆在所由化之而已。故有無能之吏，無不可化之人。

高祖膺運撫圖，除凶靜亂，日旰忘食，思邁前王。然不敦詩書，不尚道德，專任法令，嚴察臨下。吏存苟免，罕聞寬惠，乘時射利者，多以一切求名。暨煬帝嗣興，志存遠略，車轍馬跡，將徧天下，綱紀弛紊，四維不張。其或善於侵漁，强於剝割，絕億兆之命，遂一人之求者，謂之奉公，卽時升擢。其或顧名節，存綱紀，抑奪攘之心，以從百姓之欲者，則謂之附下，旋及誅夷。夫吏之侵漁，得其所欲，雖重其禁，猶或爲之。吏之淸平，失其所欲，雖崇其賞，猶或不爲。況於上賞其姦，下得其欲，求其廉潔，不亦難乎！彥光等立嚴察之朝，屬昏狂之主，執心平允，終行仁恕，餘風遺愛，沒而不忘，寬惠之音，足以傳於來葉。故列其行事，以繫循吏之篇爾。

梁彥光

梁彥光字修芝，安定烏氏人也。祖茂，魏秦、華二州刺史。父顯，周荆州刺史。彥光少岐嶷，有至性，其父每謂所親曰：「此兒有風骨，當興吾宗。」七歲時，父遇篤疾，醫云餌五石可愈。時求紫石英不得。彥光憂瘁不知所爲，忽於園中見一物，彥光所不識，怪而持歸，卽紫石英也。親屬咸異之，以爲至孝所感。魏大統末，入太學，略涉經史，有規檢，造次必以禮。解褐祕書郎，時年十七。周受禪，遷舍人上士。武帝時，累遷小馭下大夫。母憂去職，毀瘁過禮。未幾，起令視事，帝見其毀甚，嗟歎久之，頻蒙慰諭。後轉小內史下大夫。建德中，爲御正下大夫。從帝平齊，以功授開府、陽城縣公，邑千戶。宣帝卽位，拜華州刺史，進封華陽郡公，增邑五百戶，以陽城公轉封一子。尋進位上大將軍，遷御正上大夫。俄拜柱國、青州刺史，屬帝崩，不之官。

及高祖受禪，以爲岐州刺史，兼領岐州宮監，增邑五百戶，通前二千戶。甚有惠政，嘉禾連理，出於州境。開皇二年，上幸岐州，悅其能，乃下詔曰：「賞以勸善，義兼訓物。彥光操履平直，識用凝遠，布政岐下，威惠在人，廉慎之譽，聞於天下。三載之後，自當遷陟，恐其匱乏，且宜旌善。可賜粟五百斛，物三百段，御傘一枚，庶使有感朕心，日增其美。四海之內，凡曰官人，慕高山而仰止，聞清風而自勵。」未幾，又賜錢五萬。

後數歲，轉相州刺史。彥光前在岐州，其俗頗質，以靜鎭之，合境大化，奏課連最，爲天下第一。及居相部，如岐州法。鄴都雜俗，人多變詐，爲之作歌，稱其不能理化。上聞而譴之，竟坐免。歲餘，拜趙州刺史，彥光言於上曰：「臣前待罪相州，百姓呼爲戴帽餳。臣自分廢黜，無復衣冠之望，不謂天恩復垂收採。請復爲相州，改絃易調，庶有以變其風俗，上答隆恩。」上從之，復爲相州刺史。豪猾者聞彥光自請而來，莫不嗤笑。彥光下車，發擿姦隱，有若神明，於是狡猾之徒莫不潛竄，合境大駭。初，齊亡後，衣冠士人多遷關內，唯技巧、商販及樂戶之家移實州郭。由是人情險詖，妄起風謠，訴訟官人，萬端千變。彥光欲革其弊，乃用秩俸之物，招致山東大儒，每鄉立學，非聖哲之書不得敎授。常以季月召集之，親臨策試。有勤學異等，聰令有聞者，升堂設饌，其餘並坐廊下。有好諍訟，惰業無成者，坐之庭中，設以草具。及大成，當舉行賓貢之禮，又於郊外祖道，幷以財物資之。於是人皆剋勵，風俗大改。有滏陽人焦通，性酗酒，事親禮闕，爲從弟所訟。彥光弗之罪，將至州學，令觀於孔子廟。于時廟中有韓伯瑜母杖不痛，哀母力弱，對母悲泣之像。通遂感悟，旣悲且愧，若無自容。彥光訓諭而遣之。後改過勵行，卒爲善士。以德化人，皆此類也。吏人感悅，略無諍訟。後數歲，卒官，時年六十。贈冀、定、靑、瀛四州刺史，謚曰襄。子文謙嗣。

文謙弘雅有父風，以上柱國嫡子，例授儀同。開皇十五年，拜上州刺史。煬帝卽位，轉饒州刺史。歲餘，爲鄱陽太守，稱爲天下之最。徵拜戶部侍郎。遼東之役，領武賁郎將，尋以本官兼檢校太府、衞尉二少卿。明年，又領武賁郎將，爲盧龍道軍副。會楊玄感作亂，其弟武賁郎將玄縱先隸文謙，玄感反問未至而玄縱逃走，文謙不之覺，坐是配防桂林而卒，時年五十六。

少子文讓，初封陽城縣公，後爲鷹揚郞將。從衞玄擊楊玄感於東都，力戰而死，贈通議大夫。

樊叔略

樊叔略，陳留人也。父歡，仕魏爲南兗州刺史、阿陽侯。屬高氏專權，將謀興復之計，爲高氏所誅。叔略時在髫齓，遂被腐刑，給使殿省。身長九尺，志氣不凡，頗爲高氏所忌。內不自安，遂奔關西。周太祖見而器之，引置左右。尋授都督，襲爵爲侯。大冢宰宇文護執政，引爲中尉。叔略多計數，曉習時事，護漸委信之，兼督內外。累遷驃騎大將軍、開府儀同三司。護誅後，齊王憲引爲園苑監。時憲素有吞關東之志，叔略因事數進兵謀，憲甚奇之。建德五年，從武帝伐齊，叔略部率精銳，每戰身先士卒。以功加上開府，進封淸鄉縣公，邑千四百戶。拜汴州刺史，號爲明決。宣帝時，於洛陽營建東京，以叔略有巧思，拜營構監，宮室制度皆叔略所定。功未就而帝崩。尉迥之亂，高祖令叔略鎭大梁。迥將宇文威來寇，叔略擊走之。以功拜大將軍，復爲汴州刺史。

高祖受禪，加位上大將軍，進爵安定郡公。在州數年，甚有聲譽。鄴都俗薄，號曰難化，朝廷以叔略所在著稱，遷相州刺史，政爲當時第一。上降璽書褒美之，賜物三百段，粟五百石，班示天下。百姓爲之語曰：「智無窮，淸鄉公。上下正，樊安定。」徵拜司農卿，吏人莫不流涕，相與立碑頌其德政。自爲司農，凡種植，叔略別爲條制，皆出人意表。朝廷有疑滯，公卿所未能決者，叔略輒爲評理。雖無學術，有所依據，然師心獨見，闇與理合。甚爲上所親委，高熲、楊素亦禮遇之。叔略雖爲司農，往往參督九卿事。性頗豪侈，每食必方丈，備水陸。十四年，從祠太山，行至洛陽，上令錄囚徒。具狀將奏，晨起，至獄門，於馬上暴卒，時年五十九。上悼惜久之，贈亳州刺史，諡曰襄。

趙軌

趙軌，河南洛陽人也。父肅，魏廷尉卿。軌少好學，有行檢。周蔡王引爲記室，以清苦聞。遷衞州治中。高祖受禪，轉齊州別駕，有能名。其東鄰有桑，葚落其家，軌遣人悉拾還其主，誡其諸子曰：「吾非以此求名，意者非機杼之物，不願侵人。汝等宜以爲誡。」在州四年，考績連最。持節使者郃陽公梁子恭狀上，高祖嘉之，賜物三百段，米三百石，徵軌入朝。父老相送者，各揮涕曰：「別駕在官，水火不與百姓交，是以不敢以壺酒相送。公清若水，請酌一杯水奉餞。」軌受而飮之。旣至京師，詔與奇章公牛弘撰定律令格式。時衞王爽爲原州總管，上見爽年少，以軌所在有聲，授原州總管司馬。在道夜行，其左右馬逸入田中，暴人禾。軌駐馬待明，訪禾主酬直而去。原州人吏聞之，莫不改操。後數年，遷硤州刺史，撫緝萌夷，甚有恩惠。尋轉壽州總管長史。芍陂舊有五門堰，蕪穢不修。軌於是勸課人吏，更開三十六門，灌田五千餘頃，人賴其利。秩滿歸鄉里，卒于家，時年六十二。子弘安、弘智，並知名。

房恭懿

房恭懿字慎言，河南洛陽人也。父謨，齊吏部尙書。恭懿性沉深，有局量，達於從政。仕齊，釋褐開府參軍事，歷平恩令、濟陰守，並有能名。會齊亡，不得調。尉迥之亂，恭懿預焉，迥敗，廢于家。

開皇初，吏部尙書蘇威薦之，授新豐令，政爲三輔之最。上聞而嘉之，賜物四百段，恭懿以所得賜分給窮乏。未幾，復賜米三百石，恭懿又以賑貧人。上聞而止之。時雍州諸縣令每朔朝謁，上見恭懿，必呼至榻前，訪以理人之術。蘇威重薦之，超授澤州司馬，有異績，賜物百段，良馬一匹。

遷德州司馬，在職歲餘，盧愷復奏恭懿政爲天下之最。上甚異之，復賜百段，因謂諸州朝集使曰：「如房恭懿志存體國，愛養我百姓，此乃上天宗廟之所祐助，豈朕寡薄能致之乎！朕即拜爲刺史。豈止爲一州而已，當令天下模範之，卿等宜師斅也。」上又曰：「房恭懿所在之處，百姓視之如父母。朕若置之而不賞，上天宗廟其當責我。內外官人宜知我意。」於是下詔曰：「德州司馬房恭懿出宰百里，毗贊二藩，善政能官，標映倫伍。班條按部，實允僉屬，委以方岳，聲實俱美。可使持節、海州諸軍事、海州刺史。」

未幾，會國子博士何妥奏恭懿尉迥之黨，不當仕進，威、愷二人朋黨，曲相薦舉。上大怒，恭懿竟得罪，配防嶺南。未幾，徵還京師，行至洪州，遇患卒。論者于今冤之。

公孫景茂

公孫景茂字元蔚，河間阜城人也。容貌魁梧，少好學，博涉經史。在魏，察孝廉，射策甲科，爲襄城王長史，兼行參軍。遷太常博士，多所損益，時人稱爲書庫。後歷高唐令、大理正，俱有能名。及齊滅，周武帝聞而召見，與語器之，授濟北太守。以母憂去職。開皇初，詔徵入朝，訪以政術，拜汝南太守。郡廢，轉曹州司馬。在職數年，以老病乞骸骨，優詔不許。俄遷息州刺史，法令淸靜，德化大行。時屬平陳之役，征人在路，有疾病者，景茂撤減俸祿，爲饘粥湯藥，分賑濟之，賴全活者以千數。上聞而嘉之，詔宣告天下。十五年，上幸洛陽，景茂謁見，時年七十七。上命升殿坐，問其年幾。景茂以實對。上哀其老，嗟嘆久之。景茂再拜曰：「呂望八十而遇文王，臣踰七十而逢陛下。」上甚悅，賜物三百段。詔曰：「景茂修身潔己，耆宿不虧，作牧化人，聲績顯著。年終考校，獨爲稱首，宜升戎秩，兼進藩條。可上儀同三司、伊州刺史。」

明年，以疾徵，吏人號泣於道。及疾愈，復乞骸骨，又不許，轉道州刺史。悉以秩俸買牛犢雞豬，散惠孤弱不自存者。好單騎巡人，家至戶入，閱視百姓產業。有修理者，於都會時乃褒揚稱述。如有過惡，隨卽訓導，而不彰也。由是人行義讓，有無均通，男子相助耕耘，婦人相從紡績。大村或數百戶，皆如一家之務。其後請致事，上優詔聽之。仁壽中，上明公楊紀出使河北，見景茂神力不衰，還以狀奏。於是就拜淄州刺史，賜以馬轝，便道之官。前後歷職，皆有德政，論者稱爲良牧。大業初卒官，年八十七。謚曰康。身死之日，諸州人吏赴喪者數千人，或不及葬，皆望墳慟哭，野祭而去。

辛公義

辛公義，隴西狄道人也。祖徽，魏徐州刺史。父季慶，青州刺史。公義早孤，爲母氏所養，親授書傳。周天和中，選良家子任太學生，以勤苦著稱。武帝時，召入露門學，令受道義。每月集御前令與大儒講論，數被嗟異，時輩慕之。建德初，授宣納中士。從平齊，累遷掌治上士、掃寇將軍。高祖作相，授內史上士，參掌機要。開皇元年，除主客侍郎，攝內史舍人事，賜爵安陽縣男，邑二百戶。每陳使來朝，常奉詔接宴。轉駕部侍郎，使往江陵安輯邊境。七年，使勾檢諸馬牧，所獲十餘萬匹。高祖喜曰：「唯我公義，奉國罄心。」

從軍平陳，以功除岷州刺史。土俗畏病，若一人有疾，卽合家避之，父子夫妻不相看養，孝義道絕，由是病者多死。公義患之，欲變其俗。因分遣官人巡檢部內，凡有疾病，皆以牀輿來，安置廳事。暑月疫時，病人或至數百，廳廊悉滿。公義親設一榻，獨坐其間，終日連夕，對之理事。所得秩俸，盡用市藥，爲迎醫療之，躬勸其飲食，於是悉差，方召其親戚而諭之曰：「死生由命，不關相着。前汝棄之，所以死耳。今我聚病者，坐臥其間，若言相染，那得不死，病兒復差！汝等勿復信之。」諸病家子孫慚謝而去。後人有遇病者，爭就使君，其家無親屬，因留養之。始相慈愛，此風遂革，合境之內呼爲慈母。

後遷牟州刺史，下車，先至獄中，因露坐牢側，〔二〕親自驗問。十餘日間，決斷咸盡，方還大廳。受領新訟，皆不立文案，遣當直佐僚一人，側坐訊問。事若不盡，應須禁者，公義卽宿廳事，終不還閤。人或諫之曰：「此事有程，使君何自苦也！」答曰：「刺史無德可以導人，尙令百姓係於囹圄，豈有禁人在獄而心自安乎？」罪人聞之，咸自款服。後有欲諍訟者，其鄉閭父老遽相曉曰：「此蓋小事，何忍勤勞使君。」訟者多兩讓而止。時山東霖雨，自陳、汝至于滄海，皆苦水災。境內犬牙，獨無所損。山出黃銀，獲之以獻。詔水部郎婁崱就公義禱焉，乃聞空中有金石絲竹之響。

仁壽元年，追充揚州道黜陟大使。豫章王暕恐其部內官僚犯法，未入州境，預令屬公義。公義答曰："「奉詔不敢有私。」及至揚州，皆無所縱捨，暕銜之。及煬帝卽位，揚州長史王弘入爲黃門侍郎，因言公義之短，竟去官。吏人守闕訴冤，相繼不絕。後數歲，帝悟，除內史侍郎。丁母憂。未幾，起爲司隸大夫，檢校右禦衞武賁郎將。從征至柳城郡卒，時年六十二。子融。

柳儉

柳儉字道約，河東解人也。祖元璋，魏司州大中正、相華二州刺史。父裕，周聞喜令。儉有局量，立行清苦，爲州里所敬，雖至親昵，無敢狎侮。周代歷宣納上士、畿伯大夫。及高祖受禪，擢拜水部侍郎，封率道縣伯。未幾，出爲廣漢太守，甚有能名。俄而郡廢。時高祖初有天下，勵精思政，妙簡良能，出爲牧宰，以儉仁明著稱，擢拜蓬州刺史。獄訟者庭遣，不爲文書，約束佐史，從容而已。獄無繫囚。蜀王秀時鎭益州，列上其事，遷邛州刺史。在職十餘年，萌夷悅服。蜀王秀之得罪也，儉坐與交通，免職。及還鄉里，乘敝車羸馬，妻子衣食不贍，見者咸歎服焉。

煬帝嗣位，徵之。于時以功臣任職，牧州領郡者，並帶戎資，唯儉起自良吏。帝嘉其績用，特授朝散大夫，拜弘化太守，賜物一百段而遣之。儉清節逾勵。大業五年入朝，郡國畢集，帝謂納言蘇威、吏部尙書牛弘曰：「其中清名天下第一者爲誰？」威等以儉對。帝又問其次，威以涿郡丞郭絢、潁川郡丞敬肅等二人對。帝賜儉帛二百匹，絢、肅各一百匹。令天下朝集使送至郡邸，以旌異焉。論者美之。及大業末，盜賊蜂起，數被攻逼。儉撫結人夷，卒無離叛，竟以保全。及義兵至長安，尊立恭帝，儉與留守李粲縞素於州，南向慟哭。旣而歸京師，相國賜儉物三百段，就拜上大將軍。歲餘，卒于家，時年八十九。

郭絢

郭絢，河東安邑人也。家素寒微。初爲尙書令史，後以軍功拜儀同，歷數州司馬長史，皆有能名。大業初，刑部尙書宇文弼巡省河北，引絢爲副。煬帝將有事於遼東，以涿郡爲衝要，訪可任者。聞絢有幹局，拜涿郡丞，吏人悅服。數載，遷爲通守，兼領留守。及山東盜賊起，絢逐捕之，多所剋獲。時諸郡無復完者，唯涿郡獨全。後將兵擊竇建德於河間，戰死，人吏哭之，數月不息。

敬肅

敬肅字弘儉，河東蒲坂人也。少以貞介知名，釋褐州主簿。開皇初，爲安陵令，有能名，擢拜秦州司馬，轉豳州長史。仁壽中，爲衞州司馬，俱有異績。煬帝嗣位，遷潁川郡丞。大業五年，朝東都，帝令司隸大夫薛道衡爲天下羣官之狀。道衡狀稱肅曰：「心如鐵石，老而彌篤。」時左翊衞大將軍宇文述當塗用事，其邑在潁川，每有書屬肅。肅未嘗開封，輒令使者持去。述賓客有放縱者，以法繩之，無所寬貸。由是述銜之。八年，朝於涿郡，帝以其年老，有治名，將擢爲太守者數矣，輒爲述所毀，不行。大業末，乞骸骨，優詔許之。去官之日，家無餘財。歲餘，終于家，時年八十。

劉曠

劉曠，不知何許人也。性謹厚，每以誠恕應物。開皇初，爲平鄉令，單騎之官。人有諍訟者，輒丁寧曉以義理，不加繩劾，各自引咎而去。所得俸祿，賑施窮乏。百姓感其德化，更相篤勵，曰：「有君如此，何得爲非！」在職七年，風教大洽，獄中無繫囚，爭訟絕息，囹圄盡皆生草，庭可張羅。及去官，吏人無少長，號泣於路，將送數百里不絕。遷爲臨潁令，清名善政，爲天下第一。尙書左僕射高熲言其狀，上召之，及引見，勞之曰：「天下縣令固多矣，卿能獨異於衆，良足美也！」顧謂侍臣曰：「若不殊奬，何以爲勸！」於是下優詔，擢拜莒州刺史。

王伽

王伽，河間章武人也。開皇末，爲齊州行參軍，初無足稱。後被州使送流囚李參等七十餘人詣京師。時制，流人並枷鎖傳送。伽行次滎陽，哀其辛苦，悉呼而謂之曰：「卿輩既犯國刑，虧損名教，身嬰縲紲，此其職也。今復重勞援卒，豈獨不愧於心哉！」參等辭謝。伽曰：「汝等雖犯憲法，枷鎖亦大辛苦。吾欲與汝等脫去，行至京師總集，能不違期不？」皆拜謝曰：「必不敢違。」伽於是悉脫其枷，停援卒，與期曰：「某日當至京師，如致前却，吾當爲汝受死。」舍之而去。流人咸悅，依期而至，一無離叛。上聞而驚異之，召見與語，稱善久之。於是悉召流人，幷令攜負妻子俱入，賜宴於殿庭而赦之。乃下詔曰：「凡在有生，含靈稟性，咸知好惡，並識是非。若臨以至誠，明加勸導，則俗必從化，人皆遷善。往以海內亂離，德教廢絕，官人無慈愛之心，兆庶懷姦詐之意，所以獄訟不息，澆薄難治。朕受命上天，安養萬姓，思遵聖法，以德化人，朝夕孜孜，意在於此。而伽深識朕意，誠心宣導。參等感悟，自赴憲司。明是率土之人非爲難教，良是官人不加曉示，致令陷罪，無由自新。若使官盡王伽之儔，人皆李參之輩，刑厝不用，其何遠哉！」於是擢伽爲雍令，政有能名。

魏德深

魏德深，本鉅鹿人也。祖沖，仕周爲刑部大夫、建州刺史，因家弘農。父毗，鬱林令。德深初爲文帝挽郎，後歷馮翊書佐、武陽司戶書佐，以能遷貴鄉長。爲政清淨，不嚴而治。會興遼東之役，徵稅百端，使人往來，責成郡縣。于時王綱弛紊，吏多贓賄，所在徵斂，下不堪命。唯德深一縣，有無相通，不竭其力，所求皆給，百姓不擾，稱爲大治。于時盜賊羣起，武陽諸城多被淪陷，唯貴鄉獨全。郡丞元寶藏受詔逐捕盜賊，每戰不利，則器械必盡，輒徵發於人，動以軍法從事，如此者數矣。其鄰城營造，皆聚於廳事，吏人遞相督責，晝夜喧囂，猶不能濟。德深各問其所欲任，隨便修營，官府寂然，恒若無事。唯約束長吏，所修不須過勝餘縣，使百姓勞苦。然在下各自竭心，常爲諸縣之最。尋轉館陶長，貴鄉吏人聞之，相與言及其事，皆歔欷流涕，語不成聲。及將赴任，傾城送之，號泣之聲，道路不絕。

既至館陶，闔境老幼皆如見其父母。有猾人員外郎趙君實，與郡丞元寶藏深相交結，前後令長未有不受其指麾者。自德深至縣，君實屏處於室，未嘗輒敢出門。逃竄之徒，歸來如市。貴鄉父老冒涉艱險，詣闕請留德深，有詔許之。館陶父老復詣郡相訟，以貴鄉文書爲詐。郡不能決。會持節使者韋霽、杜整等至，兩縣詣使訟之，乃斷從貴鄉。貴鄉吏人歌呼滿道，互相稱慶。館陶衆庶合境悲哭，因而居住者數百家。寶藏深害其能。會越王侗徵兵於郡，寶藏遂令德深率兵千人赴東都。俄而寶藏以武陽歸李密。德深所領，皆武陽人也，以本土從賊，念其親戚，輒出都門東向慟哭而反。人或謂之曰：「李密兵馬近在金墉，去此二十餘里。汝必欲歸，誰能相禁，何爲自苦如此！」其人皆垂泣曰：「我與魏明府同來，不忍棄去，豈以道路艱難乎！」其得人心如此。後與賊戰，沒於陣，貴鄉、館陶人庶至今懷之。

時有櫟陽令渤海高世衡、蕭令彭城劉高、城皋令弘農劉熾，俱有恩惠。大業之末，長史多贓污，衡、高及熾淸節逾厲，風教大洽，獄無繫囚，爲吏人所稱。

史臣曰：古語云，善爲水者，引之使平，善化人者，撫之使靜。水平則無損於隄防，人靜則不犯於憲章。然則易俗移風，服教從義，不資於明察，必藉於循良者也。彥光等皆內懷直道，至誠待物，故得所居而化，所去見思。至於景茂之遏惡揚善，公義之撫視疾病，劉曠之化行所部，德深之愛結人心，雖信臣、杜詩、鄭渾、朱邑，不能繼也。詩云：「愷悌君子，人之父母。」豈徒言哉！恭懿所在尤異，屢簡帝心，追既往之一眚，遂流亡於道路，惜乎！柳儉去官，妻子不贍，趙軌秩滿，酌水餞離，清矣！

校勘記

〔一〕因露坐牢側　「因」原作「囚」，據北史本傳及御覽六三九、又八一二改。

隋書卷七十四

列傳第三十九

酷吏

夫爲國之體有四焉：一曰仁義，二曰禮制，三曰法令，四曰刑罰。仁義禮制，政之本也，法令刑罰，政之末也。無本不立，無末不成。然教化遠而刑罰近，可以助化而不可以專行，可以立威而不可以繁用。老子曰：「其政察察，其人缺缺。」又曰：「法令滋章，盜賊多有。」然則令之煩苛，吏之嚴酷，不能致理，百代可知。考覽前載，有時而用之矣。昔秦任獄吏，赭衣滿道。漢革其風，矯枉過正，禁網疎闊，遂漏吞舟，大姦巨猾，犯義侵禮。故剛克之吏，摧拉凶邪，一切禁姦，以救時弊，雖垂教義，或有所取焉。

高祖膺期，平一江左，四海九州，服教從義。至於威行郡國，力折公侯，乘傳賦人，探丸斫吏者，所在蔑聞焉。無曩時之弊，亦已明矣。士文等功不足紀，才行無聞，遭遇時來，叨竊非據，肆其褊性，多行無禮，君子小人，咸罹其毒。凡厥所莅，莫不懍然。居其下者，視之如蛇虺，過其境者，逃之如寇讎。與人之恩，心非好善，加人之罪，事非疾惡。其所笞辱，多在無辜，察其所爲，豺狼之不若也。無禁姦除猾之志，肆殘虐幼賤之心，君子惡之，故編爲酷吏傳也。

厙狄士文

厙狄士文，代人也。祖干，齊左丞相。父敬，武衞將軍、肆州刺史。士文性孤直，雖鄰里至親莫與通狎。少讀書。在齊，襲封章武郡王，官至領軍將軍。周武帝平齊，山東衣冠多迎周師，唯士文閉門自守。帝奇之，授開府儀同三司、隨州刺史。高祖受禪，加上開府，封湖陂縣子，尋拜貝州刺史。性清苦，不受公料，家無餘財。其子常噉官厨餅，士文枷之於獄累日，杖之一百，步送還京。僮隸無敢出門，所買鹽菜，必於外境。凡有出入，皆封署其門，親舊絕跡，慶弔不通。法令嚴肅，吏人股戰，道不拾遺。有細過，必深文陷害。嘗入朝，遇上置酒高會，賜公卿入左藏，任取多少。人皆極重，士文獨口銜絹一匹，兩手各持一匹。上問其故，士文曰：「臣口手俱滿，餘無所須。」上異之，別加賞物，勞而遣之。士文至州，發擿姦隱，長吏尺布升粟之贓，無所寬貸。得千餘人而奏之，上悉配防嶺南，親戚相送，哭泣之聲徧於州境。至嶺南，遇瘴癘死者十八九，於是父母妻子唯哭士文。士文聞之，令人捕捉，楇捶盈前，而哭者彌甚。有京兆韋焜爲貝州司馬，河東趙達爲清河令，二人並苛刻，唯長史有惠政。時人爲之語曰：「刺史羅刹政，司馬蝮蛇瞋，長史含笑判，清河生喫人。」上聞而歎曰：「士文之暴，過於猛獸。」竟坐免。

未幾，以爲雍州長史，士文謂人曰：「我向法深，不能窺候要貴，必死此官矣。」及下車，執法嚴正，不避貴戚，賓客莫敢至門，人多怨望。士文從父妹爲齊氏嬪，有色，齊滅之後，賜薛國公長孫覽爲妾。覽妻鄭氏性妬，譖之於文獻后，后令覽離絕。士文恥之，不與相見。後應州刺史唐君明居母憂，娉以爲妻，由是士文、君明並爲御史所劾。士文性剛，在獄數日，憤恚而死。家無餘財，有子三人，朝夕不繼，親友無內之者。

田式

田式字顯標，馮翊下邽人也。祖安興，父長樂，仕魏，俱爲本郡太守。式性剛果，多武藝，拳勇絕人。周明帝時，年十八，授都督，領鄉兵。後數載，拜渭南太守，政尚嚴猛，吏人重足而立，無敢違法者。遷本郡太守，親故屏跡，請託不行。武帝聞而善之，進位儀同三司，賜爵信都縣公，擢拜延州刺史。從帝平齊，以功加上開府，徙爲建州刺史，〔一〕改封梁泉縣公。

高祖總百揆，尉迥作亂鄴城，從韋孝寬擊之。以功拜大將軍，進爵武山郡公。及受禪，拜襄州總管，專以立威爲務。每視事于外，必盛氣以待其下，官屬股慄，無敢仰視。有犯禁者，雖至親昵，無所容貸。其女婿京兆杜寧，自長安省之，式誡寧無出外。寧久之不得還，竊上北樓，以暢羈思。式知之，笞寧五十。其所愛奴，嘗詣式白事，有蟲上其衣衿，揮袖拂去之。式以爲慢己，立棒殺之。或僚吏姦贓，部內劫盜者，無問輕重，悉禁地牢中，寢處糞穢，令其苦毒，自非身死，終不得出。每赦書到州，式未暇讀，先召獄卒，殺重囚，然後宣示百姓。其刻暴如此。由是爲上所譴，除名爲百姓。式慚恚不食，妻子至其所，輒怒，唯侍僮二人給使左右。從家中索椒，欲以自殺，家人不與。陰遣所侍僮詣市買毒藥，妻子又奪而棄之。式恚臥。其子信時爲儀同，至式前流涕曰：「大人既是朝廷舊臣，又無大過。比見公卿放辱者多矣，旋復升用，大人何能久乎？乃至於此！」式欻然而起，抽刀斫信，信遽走避之，刃中於閾。上知之，以式爲罪己之深，復其官爵。尋拜廣州總管，卒官。

燕榮

燕榮字貴公，華陰弘農人也。父偘，周大將軍。榮性剛嚴，有武藝，仕周爲內侍上士。

從武帝伐齊，以功授開府儀同三司，封高邑縣公。高祖受禪，進位大將軍，封落叢郡公，拜晉州刺史。從河間王弘擊突厥，以功拜上柱國，遷青州總管。榮在州，選絕有力者爲伍伯，吏人過之者，必加詰問，輒楚撻之，創多見骨。姦盜屏迹，境內肅然。他州縣人行經其界者，畏若寇讎，不敢休息。上甚善之。後因入朝覲，特加勞勉。榮以母老，請每歲入朝，上許之。及辭，上賜宴于內殿，詔王公作詩以餞之。伐陳之役，以爲行軍總管，率水軍自東萊傍海，入太湖，取吳郡。既破丹陽，吳人共立蕭瓛爲主，阻兵於晉陵，爲宇文述所敗，退保包山。榮率精甲五千躡之，瓛敗走，爲榮所執，晉陵、會稽悉平。檢校揚州總管。尋徵爲右武候將軍。突厥寇邊，以爲行軍總管，屯幽州。母憂去職。明年，起爲幽州總管。

榮性嚴酷，有威容，長史見者，莫不惶懼自失。范陽盧氏，代爲著姓，榮皆署爲吏卒以屈辱之。鞭笞左右，動至千數，流血盈前，飲噉自若。嘗按部，道次見叢荊，堪爲笞棰，命取之，輒以試人。人或自陳無咎，榮曰：「後若有罪，當免爾。」及後犯細過，將撾之，人曰：「前日被杖，使君許有罪宥之。」榮曰：「無過尚爾，況有過邪！」榜棰如舊。榮每巡省管內，聞官人及百姓妻女有美色，輒舍其室而淫之。貪暴放縱日甚。是時元弘嗣被除爲幽州長史，懼爲榮所辱，固辭。上知之，勑榮曰：「弘嗣杖十已上罪，皆須奏聞。」榮忿曰：「豎子何敢弄我！」於是遣弘嗣監納倉粟，颺得一糠一粃，輒罰之。每笞雖不滿十，然一日之中，或至三數。如是歷年，怨隙日構，榮遂收付獄，禁絕其糧。弘嗣飢餒，抽衣絮，雜水咽之。其妻詣闕稱寃，上遣考功侍郎劉士龍馳驛鞫問。奏榮虐毒非虛，又贓穢狼籍，遂徵還京師，賜死。先是，榮家寢室無故有蛆數斛，從地墳出。未幾，榮死於蛆出之處。有子詢。

趙仲卿

趙仲卿，天水隴西人也。父剛，〔三〕周大將軍。仲卿性粗暴，有膂力，周齊王憲甚禮之。從擊齊，攻臨秦、統戎、威遠、伏龍、張壁等五城，盡平之。又擊齊將段孝先於姚襄城，苦戰連日，破之。以功授大都督，尋典宿衞。平齊之役，以功遷上儀同，兼趙郡太守。入爲畿伯中大夫。王謙作亂，仲卿使在利州，卽與總管豆盧勣發兵拒守。爲謙所攻，仲卿督兵出戰，前後一十七陣。及謙平，進位大將軍，封長垣縣公，邑千戶。

高祖受禪，進爵河北郡公。開皇三年，突厥犯塞，以行軍總管從河間王弘出賀蘭山。仲卿別道俱進，無虜而還。復鎭平涼，尋拜石州刺史。法令嚴猛，纖微之失，無所容捨，鞭笞長吏，輒至二百。官人戰慄，無敢違犯，盜賊屏息，皆稱其能。遷兗州刺史，未之官，拜朔州總管。于時塞北盛興屯田，仲卿總統之。微有不理者，仲卿輒召主掌，撻其胸背，或解衣倒曳於荆棘中。時人謂之猛獸。事多克濟，由是收穫歲廣，邊戍無餽運之憂。

會突厥啓民可汗求婚於國，上許之。仲卿因是間其骨肉，遂相攻擊。十七年，啓民窘迫，與隋使長孫晟投通漢鎮。仲卿率騎千餘馳援之，達頭不敢逼。潛遣人誘致啓民所部，至者二萬餘家。其年，從高熲指白道以擊達頭。仲卿率兵三千爲前鋒，至族蠡山，與虜相遇，交戰七日，大破之。追奔至乞伏泊，復破之，虜千餘口，雜畜萬計。突厥悉衆而至，仲卿爲方陣，四面拒戰。經五日，會高熲大兵至，合擊之，虜乃敗走。追度白道，踰秦山七百餘里。時突厥降者萬餘家，上命仲卿處之恒安。以功進位上柱國，賜物三千段。朝廷慮達頭掩襲啓民，令仲卿屯兵二萬以備之，代州總管韓洪、永康公李藥王、蔚州刺史劉隆等，將步騎一萬鎮恒安。達頭騎十萬來寇，韓洪軍大敗，仲卿自樂寧鎮邀擊，斬首虜千餘級。明年，督役築金河、定襄二城，以居啓民。時有表言仲卿酷暴者，上令御史王偉按之，並實，惜其功不罪也。因勞之曰：「知公清正，爲下所惡。」賜物五百段。仲卿益恣，由是免官。

仁壽中，檢校司農卿。蜀王秀之得罪，奉詔往益州窮按之。秀賓客經過之處，仲卿必深文致法，州縣長吏坐者太半。上以爲能，賞婢奴五十口，黃金二百兩，米粟五千石，奇寶雜物稱是。

煬帝嗣位，判兵部、工部二曹尚書事。其年，卒，時年六十四。謚曰肅。贈物五百段。子弘嗣。

崔弘度 弟弘昇

崔弘度字摩訶衍，博陵安平人也。祖楷，魏司空。父說，周敷州刺史。弘度膂力絕人，儀貌魁岸，鬚面甚偉。性嚴酷。年十七，周大冢宰宇文護引爲親信。尋授都督，累轉大都督。時護子中山公訓爲蒲州刺史，令弘度從焉。嘗與訓登樓，至上層，去地四五丈，俯臨之，訓曰：「可畏也。」弘度曰：「此何足畏！」欻然擲下，至地無損傷。訓以其拳捷，大奇之。後以戰勳，授儀同。從武帝滅齊，進位上開府，鄴縣公，賜物三千段，粟麥三千石，奴婢百口，雜畜千計。尋從汝南公宇文神舉破盧昌期於范陽。

宣帝嗣位，從鄖國公韋孝寬經略淮南。弘度與化政公宇文忻、司水賀婁子幹至肥口，陳將潘琛率兵數千來拒戰，隔水而陣。忻遣弘度諭以禍福，琛至夕而遁。進攻壽陽，降陳守將吳文立，弘度功最。以前後勳，進位上大將軍，襲父爵安平縣公。及尉迥作亂，以弘度爲行軍總管，從韋孝寬討之。弘度募長安驍雄數百人爲別隊，所當無不披靡。弘度妹先適迥子爲妻，及破鄴城，迥窘迫升樓，弘度直上龍尾追之。迥彎弓將射弘度，弘度脫兜鍪謂迥曰：「相識不？今日各圖國事，不得顧私。以親戚之情，謹遏亂兵，不許侵辱。事勢如此，早爲身計，何所待也？」迥擲弓於地，罵大丞相極口而自殺。弘度顧其弟弘昇曰：「汝可取迥頭。」弘昇遂斬之。進位上柱國。時行軍總管例封國公，弘度不時殺迥，致縱惡言。由是降爵一等，爲武鄉郡公。

開皇初，突厥入寇，弘度以行軍總管出原州以拒之。虜退，弘度進屯靈武。月餘而還，拜華州刺史。納其妹爲秦孝王妃。尋遷襄州總管。弘度素貴，御下嚴急，動行捶罰，吏人讋氣，聞其聲，莫不戰慄。所在之處，令行禁止，盜賊屏跡。梁王蕭琮來朝，上以弘度爲江陵總管，鎭荆州。弘度未至，而琮叔父巖擁居人以叛，弘度追之不及。陳人憚弘度，亦不敢窺荆州。平陳之役，以行軍總管從秦孝王出襄陽道。及陳平，賜物五千段。高智慧等作亂，復以行軍總管出泉門道，隸於楊素。弘度與素，品同而年長，素每屈下之。一旦隸素，意甚不平，素言多不用。素亦優容之。及還，檢校原州事，仍領行軍總管以備胡，無虜而還，上甚禮之。復以其弟弘昇女爲河南王妃。

仁壽中，檢校太府卿。自以一門二妃，無所降下，每誡其僚吏曰：「人當誠恕，無得欺誑。」皆曰：「諾。」後嘗食鼈，侍者八九人，弘度一一問之曰：「鼈美乎？」人懼之，皆云：「鼈美。」弘度大罵曰：「傭奴何敢誑我？汝初未食鼈，安知其美？」俱杖八十。官屬百工見之者，莫不流汗，無敢欺隱。時有屈突蓋爲武候驃騎，亦嚴刻，長安爲之語曰：「寧飲三升酢，〔三〕不見崔弘度。寧茹三升艾，不逢屈突蓋。」然弘度理家如官，子弟斑白，動行捶楚，閨門整肅，爲當時所稱。未幾，秦王妃以罪誅，河南王妃復被廢黜。弘度憂恚，謝病於家，諸弟乃與之別居，彌不得志。

煬帝卽位，河南王爲太子，帝將復立崔妃，遣中使就第宣旨。使者詣弘昇家，弘度不之知也。使者返，帝曰：「弘度有何言？」使者曰：「弘度稱有疾不起。」帝默然，其事竟寢。弘度憂憤，未幾，卒。

弘昇字上客。在周爲右侍上士。尉迥作亂相州，與兄弘度擊之，以功拜上儀同。尋加上開府，封黃臺縣侯，邑八百戶。高祖受禪，進爵爲公，授驃騎將軍。宿衞十餘年，以勳舊遷慈州刺史。數歲，轉鄭州刺史。後以戚屬之故，待遇愈隆，遷襄州總管。及河南王妃罪廢，弘昇亦免官。

煬帝卽位，歷冀州刺史、信都太守，進位金紫光祿大夫，轉涿郡太守。遼東之役，檢校左武衞大將軍事，指平壤。與宇文述等同敗績，奔還，發病而卒，時年六十。

元弘嗣

元弘嗣，河南洛陽人也。祖剛，魏漁陽王。父經，周漁陽郡公。弘嗣少襲爵，十八爲左親衞。開皇九年，從晉王平陳，以功授上儀同。十四年，除觀州總管長史，在州專以嚴峻任事，吏人多怨之。二十年，轉幽州總管長史。于時燕榮爲總管，肆虐於弘嗣，每被笞辱。弘嗣心不伏，榮遂禁弘嗣於獄，將殺之。及榮誅死，弘嗣爲政，酷又甚之。每推鞫囚徒，多以酢灌鼻，或椓弋其下竅，無敢隱情，姦僞屏息。仁壽末，授木工監，修營東都。

大業初，煬帝潛有取遼東之意，遣弘嗣往東萊海口監造船。諸州役丁苦其捶楚，官人督役，晝夜立於水中，略不敢息，自腰以下，無不生蛆，死者十三四。尋遷黃門侍郎，轉殿內少監。遼東之役，進位金紫光祿大夫。明年，帝復征遼東，會奴賊寇隴右，詔弘嗣擊之。及玄感作亂，逼東都，弘嗣屯兵安定。或告之謀應玄感者，代王侑遣使執之，送行在所。以無反形當釋，帝疑不解，除名，徙日南，道死，時年四十九。有子仁觀。

王文同

王文同，京兆頻陽人也。〔四〕性明辯，有幹用。開皇中，以軍功拜儀同，尋授桂州司馬。煬帝嗣位，徵爲光祿少卿，以忤旨，出爲恒山郡丞。有一人豪猾，每持長吏長短，前後守令咸憚之。文同下車，聞其名，召而數之。因令左右剡木爲大橛，埋之於庭，出尺餘，四角各埋小橛。令其人踣心於木橛上，縛四支於小橛，以棒毆其背，應時潰爛。郡中大駭，吏人相視懾氣。

及帝征遼東，令文同巡察河北諸郡。文同見沙門齋戒菜食者，以爲妖妄，皆收繫獄。比至河間，召諸郡官人，小有遲違者，輒皆覆面於地而箠殺之。求沙門相聚講論，及長老共爲佛會者數百人，文同以爲聚結惑衆，盡斬之。又悉裸僧尼，驗有淫狀非童男女者數千人，復將殺之。郡中士女號哭於路，諸郡驚駭，各奏其事。帝聞而大怒，遣使者達奚善意馳鎖之，斬於河間，以謝百姓。讎人剖其棺，臠其肉而噉之，斯須咸盡。

史臣曰：御之良者，不在於煩策，政之善者，無取於嚴刑。故雖寬猛相資，德刑互設，然不嚴而化，前哲所重。士文等運屬欽明，時無桀黠，未閑道德，實懷殘忍。賊人肌體，同諸木石，輕人性命，甚於芻狗。長惡不悛，鮮有不及，故或身嬰罪戮，或憂恚顛隕。凡百君子，以爲有天道焉。嗚呼！後來之士，立身從政，縱不能爲子高門以待封，其可令母掃墓而望喪乎？

校勘記

〔一〕建州刺史 「建」原作「庭」，據北史本傳改。北周無庭州，唐貞觀中始設置。

〔二〕父剛 「剛」原作「綱」，據周書、北史趙剛傳改。

〔三〕三升酢 升，册府四四八作「斗」。下文「三升艾」同。

〔四〕頻陽 原作「潁陽」，據北史本傳改。按：本書地理志上，華原縣有頻山。元和志二、寰宇記三一載美原縣南有頻陽故城。

隋書卷七十五

列傳第四十

儒林

儒之爲教大矣，其利物博矣！篤父子，正君臣，尚忠節，重仁義，貴廉讓，賤貪鄙，開政化之本源，鑿生民之耳目，百王損益，一以貫之。雖世或污隆，而斯文不墜，經邦致治，非一時也。涉其流者，無祿而富，懷其道者，無位而尊。故仲尼頓挫於魯君，孟軻抑揚於齊后，荀卿見珍於强楚，叔孫取貴於隆漢。其餘處環堵以驕富貴，安陋巷而輕王公者，可勝數哉！

自晉室分崩，中原喪亂，五胡交爭，經籍道盡。魏氏發迹代陰，經營河朔，得之馬上，茲道未弘。暨夫太和之後，盛修文教，搢紳碩學，濟濟盈朝，縫掖巨儒，往往傑出，其雅誥奧義，宋及齊、梁不能尚也。南北所治，章句好尚，互有不同。江左周易則王輔嗣，尚書則孔安國，左傳則杜元凱。河、洛左傳則服子愼，尚書、周易則鄭康成。詩則並主於毛公，禮則同遵於鄭氏。大抵南人約簡，得其英華，北學深蕪，窮其枝葉。考其終始，要其會歸，其立身成名，殊方同致矣。

爰自漢、魏，碩學多清通，逮乎近古，巨儒必鄙俗。文、武不墜，弘之在人，豈獨愚蔽於當今，而皆明哲於往昔？在乎用與不用，知與不知耳。然曩之弼諧庶績，必舉德於鴻儒，近代左右邦家，咸取士於刀筆。縱有學優入室，勤踰刺股，名高海內，擢第甲科，若命偶時來，未有望於青紫，或數將運舛，必委棄於草澤。然則古之學者，祿在其中，今之學者，困於貧賤，明達之人，志識之士，安肯滯於所習，以求貧賤者哉？此所以儒罕通人，學多鄙俗者也。昔齊列康莊之第，多士如林，燕起碣石之宮，羣英自遠。是知俗易風移，必由上之所好，非夫聖明御世，亦無以振斯頹俗矣。

自正朔不一，將三百年，師說紛綸，無所取正。高祖膺期纂曆，平一寰宇，頓天網以掩之，賁旌帛以禮之，設好爵以縻之，於是四海九州强學待問之士靡不畢集焉。天子乃整萬乘，率百僚，遵問道之儀，觀釋奠之禮。博士罄懸河之辯，侍中竭重席之奧，考正亡逸，研覈異同，積滯羣疑，渙然冰釋。於是超擢奇雋，厚賞諸儒，京邑達乎四方，皆啓黌校。齊、魯、趙、魏，學者尤多，負笈追師，不遠千里，講誦之聲，道路不絕。中州儒雅之盛，自漢、魏以來，一時而已。及高祖暮年，精華稍竭，不悅儒術，專尚刑名，執政之徒，咸非篤好。暨仁壽間，遂廢天下之學，唯存國子一所，弟子七十二人。煬帝卽位，復開庠序，國子郡縣之學，盛於開皇之初。徵辟儒生，遠近畢至，使相與講論得失於東都之下，納言定其差次，一以聞奏焉。于時舊儒多已凋亡，二劉拔萃出類，學通南北，博極今古，後生鑽仰，莫之能測。所製諸經義疏，搢紳咸師宗之。既而外事四夷，戎馬不息，師徒怠散，盜賊羣起，禮義不足以防君子，刑罰不足以威小人，空有建學之名，而無弘道之實。其風漸墜，以至滅亡，方領矩步之徒，亦多轉死溝壑。凡有經籍，自此皆湮沒於煨塵矣。遂使後進之士不復聞詩、書之言，皆懷攘奪之心，〔一〕相與陷於不義。傳曰：「學者將植，不學者將落。」然則盛衰是繫，興亡攸在，有國有家者可不愼歟！諸儒有身沒道存，遺風可想，皆採其餘論，綴之於此篇云。

元善

元善，河南洛陽人也。祖叉，魏侍中。父羅，〔二〕初爲梁州刺史，及叉被誅，奔於梁，官至征北大將軍、青冀二州刺史。善少隨父至江南，性好學，遂通涉五經，尤明左氏傳。及侯景之亂，善歸於周。武帝甚禮之，以爲太子宮尹，賜爵江陽縣公。每執經以授太子。開皇初，拜內史侍郎，上每望之曰：「人倫儀表也。」凡有敷奏，詞氣抑揚，觀者屬目。陳使袁雅來聘，上令善就館受書，雅出門不拜。善論舊事有拜之儀，雅不能對，遂拜，成禮而去。後遷國子祭酒。上嘗親臨釋奠，命善講孝經。於是敷陳義理，兼之以諷諫。上大悅曰：「聞江陽之說，更起朕心。」賚絹百匹，衣一襲。

善之通博，在何妥之下，然以風流醞藉，俯仰可觀，音韻淸朗，聽者忘倦，由是爲後進所歸。妥每懷不平，心欲屈善。因善講春秋，初發題，諸儒畢集。善私謂妥曰：「名望已定，幸無相苦。」妥然之。及就講肆，妥遂引古今滯義以難，善多不能對。善深銜之，二人由是有隙。

善以高熲有宰相之具，嘗言於上曰：「楊素粗疏，蘇威怯懦，元冑、元旻，正似鴨耳。可以付社稷者，唯獨高熲。」上初然之，及熲得罪，上以善之言爲熲游說，深責望之。善憂懼，先患消渴，於是疾動而卒，時年六十。

辛彥之

辛彥之，隴西狄道人也。祖世敍，魏涼州刺史。父靈輔，周渭州刺史。彥之九歲而孤，不交非類，博涉經史，與天水牛弘同志好學。後入關，遂家京兆。周太祖見而器之，引爲中外府禮曹，賜以衣馬珠玉。時國家草創，百度伊始，朝貴多出武人，修定儀注，唯彥之而已。尋拜中書侍郎。及周閔帝受禪，彥之與少宗伯盧辯專掌儀制。明、武時，歷職典祀、太祝、樂部、御正四曹大夫，開府儀同三司。奉使迎突厥皇后還，賚馬二百匹，賜爵龍門縣公，邑千戶。尋進爵五原郡公，加邑千戶。宣帝卽位，拜少宗伯。

高祖受禪，除太常少卿，改封任城郡公，進位上開府。尋轉國子祭酒。歲餘，拜禮部尙書，與祕書監牛弘撰新禮。吳興沈重名爲碩學，高祖嘗令彥之與重論議。重不能抗，於是避席而謝曰：「辛君所謂金城湯池，無可攻之勢。」高祖大悅。後拜隨州刺史。于時州牧多貢珍玩，唯彥之所貢，並供祭之物。高祖善之，顧謂朝臣曰：「人安得無學！彥之所貢，稽古之力也。」遷潞州刺史，前後俱有惠政。彥之又崇信佛道，於城內立浮圖二所，並十五層。開皇十一年，州人張元暴死，數日乃蘇，云遊天上，見新構一堂，制極崇麗。元問其故，人云潞州刺史辛彥之有功德，造此堂以待之。彥之聞而不悅。其年卒官。謚曰宣。彥之撰墳典一部，六官一部，祝文一部，禮要一部，新禮一部，五經異義一部，並行於世。有子仲龕，官至猗氏令。

何妥

何妥字栖鳳，西城人也。父細胡，〔三〕通商入蜀，遂家郫縣，事梁武陵王紀，主知金帛，因致巨富，號爲西州大賈。妥少機警，八歲遊國子學，助教顧良戲之曰：「汝旣姓何，是荷葉之荷，爲是河水之河？」應聲答曰：「先生姓顧，是眷顧之顧，是新故之故？」衆咸異之。十七，以技巧事湘東王，後知其聰明，召爲誦書左右。時蘭陵蕭眘亦有儁才，住青楊巷，妥住白楊頭，時人爲之語曰：「世有兩儁，白楊何妥，青楊蕭眘。」其見美如此。江陵陷，周武帝尤重之，授太學博士。宣帝初欲立五后，以問儒者辛彥之，對曰：「后與天子匹體齊尊，不宜有五。」妥駁曰：「帝嚳四妃，舜又二妃，亦何常數？」由是封襄城縣伯。

高祖受禪，除國子博士，加通直散騎常侍，進爵爲公。妥性勁急，有口才，好是非人物。時納言蘇威嘗言於上曰：「臣先人每誡臣云，唯讀孝經一卷，足可立身治國，何用多爲！」上亦然之。妥進曰：「蘇威所學，非止孝經。厥父若信有此言，威不從訓，是其不孝。若無此言，面欺陛下，是其不誠。不誠不孝，何以事君！且夫子有云：『不讀詩無以言，不讀禮無以立。』豈容蘇綽教子獨反聖人之訓乎？」威時兼領五職，上甚親重之，妥因奏威不可信任。又以掌天文律度，皆不稱職，妥又上八事以諫：

其一事曰：臣聞知人則哲，惟帝難之。孔子曰：「舉直錯諸枉則民服，舉枉錯諸直則民不服。」由此言之，政之治亂，必愼所舉，故進賢受上賞，蔽賢蒙顯戮。察今之舉人，良異于此，無論諂直，莫擇賢愚。心欲崇高，則起家喉舌之任，意須抑屈，必白首郎署之官。人之不服，實由於此。臣聞爵人於朝，與士共之，刑人於市，與衆棄之。伏見留心獄訟，愛人如子，每應決獄，無不詢訪羣公，刑之不濫，君之明也。刑既如此，爵亦宜然。若有懋功簡在帝心者，便可擢用。自斯以降，若選重官，必須參以衆議，勿信一人之舉。則上不偏私，下無怨望。

其二事曰：孔子云：「是察阿黨，則罪無掩蔽。」又曰：「君子周而不比，小人比而不周。」所謂比者，卽阿黨也。謂心之所愛，既已光華榮顯，猶加提挈。心之所惡，既已沈滯屈辱，薄言必怒。提挈既成，必相掩蔽，則欺上之心生矣。屈辱既加，則有怨恨，謗讟之言出矣。伏願廣加逖訪，勿使朋黨路開，威恩自任。有國之患，莫大於此。

其三事曰：臣聞舜舉十六族，所謂八元、八愷也。計其賢明，理優今日，猶復擇才授任，不相侵濫，故得四門雍穆，庶績咸熙。今官員極多，用人甚少，有一人身上乃兼數職，爲是國無人也？爲是人不善也？今萬乘大國，髦彥不少，縱有明哲，無由自達。東方朔言曰：「尊之則爲將，卑之則爲虜。」斯言信矣。今當官之人，不度德量力，既無呂望、傅說之能，自負傅巖、滋水之氣，不慮憂深責重，唯畏總領不多，安斯寵任，輕彼權軸，好致顚蹶，實此之由。易曰：「鼎折足，覆公餗，其形渥凶。」言不勝其任也。臣聞窮力舉重，不能爲用。伏願更任賢良，分才參掌，使各行有餘力，則庶事康哉。

其四事曰：臣聞禮云：「析言破律，亂名改作，執左道以亂政者殺。」孔子曰：「仍舊貫，何必改作！」伏見比年以來，改作者多矣。至如范威漏刻，十載不成，趙翊尺稱，七年方決。公孫濟迂誕醫方，費逾巨萬，徐道慶廻互子午，糜耗飲食。常明破律，多歷歲時，王渥亂名，曾無紀極。張山居未知星位，前已蹂藉太常，曹魏祖不識北辰，今復轔轢太史。莫不用其短見，便自夸毗，邀射名譽，厚相誣罔。請今日已後，有如此者，若其言不驗，必加重罰，庶令有所畏忌，不敢輕奏狂簡。

其餘文多不載。時蘇威權兼數司，先嘗隱武功，故妥言自負傳巖、滋水之氣，以此激上。書奏，威大銜之。十二年，威定考文學，又與妥更相訶詆。威勃然曰：「無何妥，不慮無博士！」妥應聲曰：「無蘇威，亦何憂無執事！」由是與威有隙。

其後上令妥考定鍾律，妥又上表曰：

臣聞明則有禮樂，幽則有鬼神，然則動天地，感鬼神，莫近於禮樂。又云樂至則無怨，禮至則不爭，揖讓而治天下者，禮樂之謂也。臣聞樂有二，一曰姦聲，二曰正聲。夫姦聲感人而逆氣應之，〔逆氣成象而淫樂興焉。正聲感人，而順氣應之，〕順氣成象，〔而和樂興焉。〕〔四〕故樂行而倫清，耳目聰明，血氣和平，移風易俗，天下皆寧。孔子曰：「放鄭聲，遠佞人。」故鄭、衞、宋、趙之聲出，內則發疾，外則傷人。是以宮亂則荒，其君驕；商亂則陂，其官壞；角亂則憂，其人怨；徵亂則哀，其事勤；羽亂則危，其財匱。

五者皆亂，則國亡無日矣。魏文侯問子夏曰：「吾端冕而聽古樂則欲寐，聽鄭、衞之音而不知倦，何也？」子夏對曰：「夫古樂者，始奏以文，復亂以武，修身及家，平均天下。鄭、衞之音者，姦聲以亂，溺而不止，獶雜子女，不知父子。今君所問者樂也，所愛者音也。夫樂之與音，相近而不同，爲人君者，謹審其好惡。」案聖人之作樂也，非止苟悅耳目而已矣。欲使在宗廟之內，君臣同聽之則莫不和敬；在鄉里之內，長幼同聽之則莫不和順；在閨門之內，父子同聽之則莫不和親。此先王立樂之方也。故知聲而不知音者，禽獸是也，知音而不知樂者，衆庶是也。故黃鍾大呂，弦歌干戚，僮子皆能儛之。能知樂者，其唯君子！不知聲者，不可與言音，不知音者，不可與言樂，知樂則幾於道矣。紂爲無道，太師抱樂器以奔周。晉君德薄，師曠固惜清徵。

上古之時，未有音樂，鼓腹擊壤，樂在其間。易曰：「先王作樂崇德，殷薦之上帝，以配祖考。」至于黃帝作咸池，顓頊作六莖，帝嚳作五英，堯作大章，舜作大韶，禹作大夏，湯作大護，武王作大武，從夏以來，年代久遠，唯有名字，其聲不可得聞。自殷至周，備于詩頌。故自聖賢已下，多習樂者，至如伏羲減瑟，文王足琴，仲尼擊磬，子路鼓瑟，漢高擊筑，元帝吹簫。漢高祖之初，叔孫通因秦樂人制宗廟之樂。迎神于廟門，奏嘉至之樂，猶古降神之樂也。皇帝入廟門，奏永至之樂，以爲行步之節，猶古采薺、肆夏也。乾豆上薦，奏登歌之樂，猶古清廟之歌也。登歌再終，奏休成之樂，美神饗也。皇帝就東廂坐定，奏永安之樂，美禮成也。其休成、永至二曲，叔孫通所制也。漢高祖廟奏武德、文始、五行之儛。當春秋時，陳公子完奔齊，陳是舜後，故齊有韶樂。孔子在齊聞韶，三月不知肉味是也。秦始皇滅齊，得齊韶樂。漢高祖滅秦，韶傳於漢，高祖改名文始，以示不相襲也。五行儛者，本周大武樂也，始皇改曰五行。及于孝文，復作四時之儛，以示天下安和，四時順也。孝景采武德儛以爲昭德，孝宣又采昭德以爲盛德，雖變其名，大抵皆因秦舊事。至於魏、晉，皆用古樂。魏之三祖，並制樂辭。自永嘉播越，五都傾蕩，樂聲南度，是以大備江東。宋、齊已來，至于梁代，所行樂事，猶皆傳古，三雍四始，實稱大盛。及侯景篡逆，樂師分散，其四儛、三調悉度僞齊。齊氏雖知傳受，得曲而不用之於宗廟朝廷也。

臣少好音律，留意管絃，年雖耆老，頗皆記憶。及東土剋定，樂人悉返，訪其逗遛，果云是梁人所教。今三調、四儛並皆有手，雖不能精熟，亦頗具雅聲。若令教習傳授，庶得流傳古樂。然後取其會歸，撮其指要，因循損益，更制嘉名。歌盛德於當今，傳雅正於來葉，豈不美歟！謹具錄三調、四儛曲名，又製歌辭如別。其有聲曲流宕，不可以陳於殿庭者，亦悉附之於後。

書奏，別勑太常取妥節度。於是作淸、平、瑟三調聲，又作八佾、鞞鐸巾拂四舞。先是，太常所傳宗廟雅樂，數十年唯作大呂，廢黃鍾。妥又以深乖古意，乃奏請用黃鍾。詔下公卿議，從之。

俄而妥子蔚爲秘書郎，有罪當刑，上哀之，減死論。是後恩禮漸薄。六年，出爲龍州刺史。時有負笈遊學者，妥皆爲講說敎授之。爲刺史箴，勒于州門外。在職三年，以疾請還，詔許之。復知學事。時上方使蘇夔在太常，參議鍾律。夔有所建議，朝士多從之，妥獨不同，每言夔之短。高祖下其議，朝臣多排妥。妥復上封事，指陳得失，大抵論時政損益，幷指斥當世朋黨。於是蘇威及吏部尙書盧愷、侍郎薛道衡等皆坐得罪。除伊州刺史，不行，尋爲國子祭酒。卒官。謚曰肅。撰周易講疏十三卷，孝經義疏三卷，莊子義疏四卷，及與沈重等撰三十六科鬼神感應等大義九卷，封禪書一卷，樂要一卷，文集十卷，並行於世。

蕭該

蘭陵蕭該者，梁鄱陽王恢之孫也。少封攸侯。梁荆州陷，與何妥同至長安。性篤學，詩、書、春秋、禮記並通大義，尤精漢書，甚爲貴遊所禮。開皇初，賜爵山陰縣公，拜國子博士。奉詔書與妥正定經史，然各執所見，遞相是非，久而不能就，上譴而罷之。該後撰漢書及文選音義，咸爲當時所貴。

包愷

東海包愷，字和樂。其兄愉，明五經，愷悉傳其業。又從王仲通受史記、漢書，尤稱精究。大業中，爲國子助教。于時漢書學者，以蕭、包二人爲宗匠。聚徒教授，著錄者數千人。卒，門人爲起墳立碣焉。

房暉遠

房暉遠字崇儒，恒山眞定人也。世傳儒學。暉遠幼有志行，治三禮、春秋三傳、詩、書、周易，兼善圖緯，恒以教授爲務。遠方負笈而從者，動以千計。齊南陽王綽爲定州刺史，聞其名，召爲博士。周武帝平齊，搜訪儒俊，暉遠首應辟命，授小學下士。及高祖受禪，遷太常博士。太常卿牛弘每稱爲五經庫。吏部尚書韋世康薦之，爲太學博士。尋與沛公鄭譯修正樂章。丁母憂解任。後數歲，授殄寇將軍，復爲太常博士。未幾，擢爲國子博士。會上令國子生通一經者，並悉薦擧，將擢用之。旣策問訖，博士不能時定臧否。祭酒元善怪問之，暉遠曰：「江南、河北，義例不同，博士不能徧涉。學生皆持其所短，稱己所長，博士各各自疑，所以久而不決也。」祭酒因令暉遠考定之，暉遠覽筆便下，初無疑滯。或有不服者，暉遠問其所傳義疏，輒爲始末誦之，然後出其所短，自是無敢飾非者。所試四五百人，數日便決，諸儒莫不推其通博，皆自以爲不能測也。尋奉詔預修令式。高祖嘗謂羣臣曰：「自古天子有女樂乎？」楊素以下莫知所出，遂言無女樂。暉遠進曰：「臣聞『窈窕淑女，鍾鼓樂之』，此卽王者房中之樂，著於雅頌，不得言無。」高祖大悅。仁壽中卒官，時年七十二，朝廷嗟惜焉，賵賻甚厚，贈員外散騎常侍。

馬光

馬光字榮伯，武安人也。少好學，從師數十年，晝夜不息，圖書讖緯，莫不畢覽，尤明三禮，爲儒者所宗。開皇初，高祖徵山東義學之士，光與張仲讓、孔籠、竇士榮、張黑奴、劉祖仁等俱至，並授太學博士，時人號爲六儒。然皆鄙野，無儀範，朝廷不之貴也。士榮尋病死。仲讓未幾告歸鄉里，著書十卷，自云此書若奏，我必爲宰相。又數言玄象事。州縣列上其狀，竟坐誅。孔籠、張黑奴、劉祖仁未幾亦被譴去。唯光獨存。嘗因釋奠，高祖親幸國子學，王公以下畢集。光升座講禮，啓發章門。已而諸儒生以次論難者十餘人，皆當時碩學，光剖析疑滯，雖辭非俊辨，而理義弘贍，論者莫測其淺深，咸共推服，上嘉而勞焉。山東三禮學者，自熊安生後，唯宗光一人。初，教授瀛、博間，門徒千數，至是多負笈從入長安。後數年，丁母憂歸鄉里，遂有終焉之志。以疾卒於家，時年七十三。

劉焯

劉焯字士元，信都昌亭人也。父洽，郡功曹。焯犀額龜背，望高視遠，聰敏沈深，弱不好弄。少與河間劉炫結盟爲友，同受詩於同郡劉軌思，〔五〕受左傳於廣平郭懋當，問禮於阜城熊安生，皆不卒業而去。武强交津橋劉智海家素多墳籍，焯與炫就之讀書，向經十載，雖衣食不繼，晏如也。遂以儒學知名，爲州博士。刺史趙煚引爲從事，舉秀才，射策甲科。與著作郎王劭同修國史，兼參議律曆，仍直門下省，以待顧問。俄除員外將軍。後與諸儒於祕書省考定羣言，因假還鄉里，縣令韋之業引爲功曹。尋復入京，與左僕射楊素、吏部尚書牛弘、國子祭酒蘇威、國子祭酒元善、博士蕭該、何妥、太學博士房暉遠、崔崇德、晉王文學崔賾等於國子共論古今滯義，前賢所不通者。每升座，論難鋒起，皆不能屈，楊素等莫不服其精博。六年，運洛陽石經至京師，文字磨滅，莫能知者，奉敕與劉炫等考定。

後因國子釋奠，與炫二人論義，深挫諸儒，咸懷妬恨，遂爲飛章所謗，除名爲民。於是優遊鄉里，專以教授著述爲務，孜孜不倦。賈、馬、王、鄭所傳章句，多所是非。九章算術、周髀、七曜曆書十餘部，推步日月之經，量度山海之術，莫不覈其根本，窮其祕奧。著稽極十卷，曆書十卷，五經述議，並行於世。劉炫聰明博學，名亞於焯，故時人稱二劉焉。天下名儒後進，質疑受業，不遠千里而至者，不可勝數。論者以爲數百年已來，博學通儒，無能出其右者。然懷抱不曠，又嗇於財，不行束脩者，未嘗有所教誨，時人以此少之。廢太子勇聞而召之，未及進謁，詔令事蜀王，非其好也，久之不至。王聞而大怒，遣人枷送於蜀，配之軍防。其後典校書籍。王以罪廢，焯又與諸儒修定禮律，除雲騎尉。煬帝卽位，遷太學博士，俄以疾去職。數年，復被徵以待顧問，因上所著曆書，與太史令張胄玄多不同，被駁不用。大業六年卒，時年六十七。劉炫爲之請諡，朝廷不許。

劉炫

劉炫字光伯，河間景城人也。少以聰敏見稱，與信都劉焯閉戶讀書，十年不出。炫眸子精明，視日不眩，强記默識，莫與爲儔。左畫方，右畫圓，口誦，目數，耳聽，五事同舉，無有遺失。周武帝平齊，瀛州刺史宇文亢引爲戶曹從事。後刺史李繪署禮曹從事，以吏幹知名。歲餘，奉勑與著作郎王劭同修國史。俄直門下省，以待顧問。又與諸術者修天文律曆，兼於內史省考定羣言，內史令博陵李德林甚禮之。炫雖徧直三省，竟不得官，爲縣司責其賦役。茲自陳於內史，內史送詣吏部，吏部尚書韋世康問其所能。炫自爲狀曰：「周禮、禮記、毛詩、尚書、公羊、左傳、孝經、論語孔、鄭、王、何、服、杜等注，凡十三家，雖義有精粗，並堪講授。周易、儀禮、穀梁，用功差少。史子文集，嘉言美事，咸誦於心。天文律曆，窮覈微妙。至於公私文翰，未嘗假手。」吏部竟不詳試，然在朝知名之士十餘人，保明炫所陳不謬，於是除殿內將軍。

時牛弘奏請購求天下遺逸之書，炫遂僞造書百餘卷，題爲連山易、魯史記等，錄上送官，取賞而去。後有人訟之，經赦免死，坐除名，歸于家，以教授爲務。太子勇聞而召之，既至京師，勑令事蜀王秀，遷延不往。蜀王大怒，枷送益州。既而配爲帳內，每使執杖爲門衞。俄而釋之，典校書史。炫因擬屈原卜居，爲筮塗以自寄。及蜀王廢，與諸儒修定五禮，授旅騎尉。吏部尚書牛弘建議，以爲禮諸侯絕傍朞，大夫降一等。今之上柱國，雖不同古諸侯，比大夫可也。官在第二品，宜降傍親一等。議者多以爲然。炫駁之曰：「古之仕者，宗一人而已，庶子不得進。由是先王重適，其宗子有分祿之義。族人與宗子雖疎遠，猶服縗三月，良由受其恩也。今之仕者，位以才升，不限適庶，與古既異，何降之有。今之貴者，多忽近親，若或降之，民德之疎，自此始矣。」遂寢其事。

開皇二十年，廢國子四門及州縣學，唯置太學博士二人，學生七十二人。炫上表言學校不宜廢，情理甚切，高祖不納。開皇之末，國家殷盛，朝野皆以遼東爲意。炫以爲遼東不可伐，作撫夷論以諷焉，當時莫有悟者。及大業之季，三征不克，炫言方驗。

煬帝即位，牛弘引炫修律令。高祖之世，以刀筆吏類多小人，年久長姦，勢使然也。又以風俗陵遲，婦人無節。於是立格，州縣佐史，三年而代之，九品妻無得再醮。炫著論以爲不可，弘竟從之。諸郡置學官，及流外給廪，皆發自於炫。弘嘗從容問炫曰：「案周禮士多而府史少，今令史百倍於前，判官減則不濟，其故何也？」炫對曰：「古人委任責成，歲終考其殿最，案不重校，文不繁悉，府史之任，掌要目而已。今之文簿，恒慮覆治，鍛鍊若其不密，萬里追證百年舊案，故諺云『老吏抱案死』。古今不同，若此之相懸也，事繁政弊，職此之由。」弘又問：「魏、齊之時，令史從容而已，今則不遑寧舍，其事何由？」炫對曰：「齊氏立州不過數十，三府行臺，遞相統領，文書行下，不過十條。今州三百，其繁一也。往者州唯置綱紀，郡置守丞，縣唯令而已。其所具僚，則長官自辟，受詔赴任，每州不過數十。今則不然，大小之官，悉由吏部，纖介之迹，皆屬考功，其繁二也。省官不如省事，省事不如清心。官事不省而望從容，其可得乎？」弘甚善其言而不能用。納言楊達舉炫博學有文章，射策高第，除太學博士。歲餘，以品卑去任，還至長平，奉勑追詣行在所。或言其無行，帝遂罷之，歸于河間。

于時羣盜蜂起，穀食踊貴，經籍道息，教授不行。炫與妻子相去百里，聲問斷絕，鬱鬱不得志，乃自爲贊曰：

通人司馬相如、揚子雲、馬季長、鄭康成等，皆自敍風徽，傳芳來葉。余豈敢仰均先達，貽笑從昆。徒以日迫桑榆，大命將近，故友飄零，門徒雨散，溘死朝露，埋魂朔野，親故莫照其心，後人不見其迹，殆及餘喘，薄言胸臆，貽及行邁，傳示州里，使夫將來俊哲知余鄙志耳。

余從綰髮以來，迄於白首，嬰孩爲慈親所恕，棰楚未嘗加，從學爲明師所矜，榎楚弗之及。暨乎敦敍邦族，交結等夷，重物輕身，先人後己。昔在幼弱，樂參長者，爰及耆艾，數接後生。學則服而不厭，誨則勞而不倦，幽情寡適，心事方違。內省生平，顧循終始，其大幸有四，其深恨有一。性本愚蔽，家業貧窶，爲父兄所饒，廁縉紳之末，遂得博覽典誥，窺涉今古，小善著於丘園，虛名聞於邦國，其幸一也。隱顯人間，沈浮世俗，數忝徒勞之職，久執城旦之書，名不挂於白簡，事不染於丹筆，立身立行，慚恧實多，啓手啓足，庶幾可免，其幸二也。以此庸虛，屢動神眷，以此卑賤，每升天府，齊鑣驥騄，比翼鵷鴻，整緗素於鳳池，記言動於麟閣，參謁宰輔，造請羣公，厚禮殊恩，增榮改價，其幸三也。晝漏方盡，大耋已嗟，退反初服，歸骸故里，玩文史以怡神，閱魚鳥以散慮，觀省野物，登臨園沼，緩步代車，無罪爲貴，其幸四也。仰休明之盛世，慨道教之陵遲，蹈先儒之逸軌，傷羣言之蕪穢，馳騖墳典，釐改僻謬，修撰始畢，圖事適成，天違人願，途不我與。世路未夷，學校盡廢，道不備於當時，業不傳於身後。銜恨泉壤，實在茲乎？其深恨一也。

時在郡城，糧餉斷絕，其門人多隨盜賊，哀炫窮乏，詣郡城下索炫，郡官乃出炫與之。炫爲賊所將，過城下堡。未幾，賊爲官軍所破，炫飢餓無所依，復投縣城。長吏意炫與賊相知，恐爲後變，遂閉門不納。是時夜冰寒，因此凍餒而死，時年六十八。其後門人謚曰宣德先生。

炫性躁競，頗俳諧，多自矜伐，好輕侮當世，爲執政所醜，由是宦塗不遂。著論語述議十卷，春秋攻昧十卷，五經正名十二卷，孝經述議五卷，春秋述議四十卷，尚書述議二十卷，毛詩述議四十卷，注詩序一卷，算術一卷，並行於世。

褚輝

吳郡褚輝字高明，以三禮學稱於江南。煬帝時，徵天下儒術之士，悉集內史省，相次講論。輝博辯，無能屈者，由是擢爲太學博士。撰禮疏一百卷。

顧彪

餘杭顧彪字仲文，明尚書、春秋。煬帝時爲祕書學士，撰古文尚書疏二十卷。

魯世達

餘杭魯世達，煬帝時爲國子助敎，撰毛詩章句義疏四十二卷，行於世。

張沖

吳郡張沖，字叔玄。仕陳爲左中郎將，非其好也，乃覃思經典，撰春秋義略，異於杜氏七十餘事，喪服義三卷，孝經義三卷，論語義十卷，前漢音義十二卷。官至漢王侍讀。

王孝籍

平原王孝籍，少好學，博覽羣言，徧治五經，頗有文翰。與河間劉炫同志友善。開皇中，召入祕書，助王劭修國史。劭不之禮，在省多年，而不免輸稅。孝籍鬱鬱不得志，奏記於吏部尚書牛弘曰：

竊以毒螫癠膚，則申旦不寐，飢寒切體，亦卒歲無聊。何則？痛苦難以安，貧窮易爲蹙。況懷抱之內，冰火鑠脂膏，腠理之間，風霜侵骨髓，安可齰舌緘脣，呑聲飲氣，惡呻吟之響，忍酸辛之酷哉！

伏惟明尚書公動哀矜之色，開寬裕之懷，咳唾足以活枯鱗，吹噓可用飛窮羽。芬椒蘭之氣，暖布帛之詞，許小人之請，聞大君之聽。雖復山川不遠，鬼神在茲，信而有徵，言無不履，猶恐拯溺遲於援手，救經緩於扶足，待越人之舟檝，求魯匠之雲梯，則必懸於槁樹之枝，沒於深淵之底矣。夫以一介貧人，七年直省，課役不免，慶賞不霑。賣貢禹之田，供釋之之費，有弱子之累，乏强兄之產。加以老母在堂，光陰遲暮，寒暑違闕，關山超遠，齧臂爲期，前塗逾邈，倚閭之望，朝夕已勤。謝相如之病，無官可以免，發梅福之狂，非仙所能避。愁疾甚乎厲鬼，人生異夫金石，營魂且散，恐筮予無徵，賫恨入冥，則虛緣恩顧，此乃王稽所以致言，應侯爲之不樂也。潛鬢髮之內，居眉睫之間，子野未曾聞，離朱所不見，沈淪東觀，留滯南史，終無薦引，永同埋殯。三世不移，雖由寂寞，十年不調，實乏知己。

夫不世出者，聖明之君也，不萬一者，誠賢之臣也。以夫不世出而逢不萬一，此小人所以爲明尚書幸也。坐人物之源，運銓衡之柄，反披狐白，不好緇衣，此小人爲明尚書不取也。昔荊玉未剖，刖卞和之足，百里未用，碎禽息之首。居得言之地，有能用之資，增耳目之明，無手足之蹙，憚而弗爲，孰知其解！夫官或不稱其能，士或未申其屈，一夫竊議，語流天下。勞不見圖，安能無望！儻病未及死，狂還克念，汗窮愁之簡，屬離憂之詞，記志於前修，通心於來哲，使千載之下哀其不遇，追咎執事，有點淸塵，則不肖之軀，死生爲累，小人之罪，方且未刊。願少加憐愍，留心無忽！

弘亦知其有學業，而竟不得調。後歸鄉里，以教授爲業，終于家。注尙書及詩，遭亂零落。

史臣曰：古語云：「容體不足觀，勇力不足恃，族姓不足道，先祖不足稱。然而顯聞四方，流聲後胤者，其唯學乎？」信哉斯言也。暉遠、榮伯之徒，篤志不倦，自求諸己，遂能聞道下風，稱珍席上。或聚徒千百，或服冕乘軒，見重明時，實惟稽古之力也。江陽從容雅望，風韻閑遠，淸談高論，籍甚當年。彥之敦經悅史，砥身礪行，志存典制，動蹈規矩。何妥通涉儁爽，神情警悟，雅有口才，兼擅詞筆，然訐以爲直，失儒者之風焉。劉焯道冠縉紳，數窮天象，既精且博，洞幽究微，鉤深致遠，源流不測，數百年來，斯人而已。劉炫學實通儒，才堪成務，九流、七略，無不該覽。雖探賾索隱，不逮於焯，裁成義說，文雅過之。並道亞生知，時不我與，或纔登於下士，或餒棄於溝壑，惜矣。子夏有言：「死生有命，富貴在天。」天之所與者聰明，所不與者貴仕，上聖且猶不免，焯、炫其如命何！

校勘記

〔一〕攘奪之心　「奪」，各本作「寇」，宋小字本作「敓」。「敓」卽古「奪」字。今據改。

〔二〕父羅　按：魏書及北史元叉傳、元羅傳，元羅是元叉之弟，非父子。叉本名夜叉，羅本名羅剎。此處有誤。

〔三〕父細胡　北史本傳，「胡」上有「脚」字。

〔四〕夫姦聲感人而逆氣應之〔逆氣成象而淫樂興焉正聲感人而順氣應之〕順氣成象〔而和樂興焉〕方括號內的文字，據册府五六八補。

〔五〕同受詩於同郡劉軌思　「受」原作「授」，據北史本傳改。

隋書卷七十六

列傳第四十一

文學

易曰：「觀乎天文，以察時變，觀乎人文，以化成天下。」傳曰：「言，身之文也，言而不文，行之不遠。」故堯曰則天，表文明之稱，周云盛德，著煥乎之美。然則文之爲用，其大矣哉！上所以敷德教於下，下所以達情志於上，大則經緯天地，作訓垂範，次則風謠歌頌，匡主和民。或離讒放逐之臣，塗窮後門之士，道轗軻而未遇，志鬱抑而不申，憤激委約之中，飛文魏闕之下，奮迅泥滓，自致青雲，振沈溺於一朝，流風聲於千載，往往而有。是以凡百君子，莫不用心焉。

自漢、魏以來，迄乎晉、宋，其體屢變，前哲論之詳矣。暨永明、天監之際，太和、天保之間，洛陽、江左，文雅尤盛。于時作者，濟陽江淹、吳郡沈約、樂安任昉、濟陰溫子昇、河間邢子才、鉅鹿魏伯起等，並學窮書圃，思極人文，縟綵鬱於雲霞，逸響振於金石。英華秀發，波瀾浩蕩，筆有餘力，詞無竭源。方諸張、蔡、曹、王，亦各一時之選也。聞其風者，聲馳景慕，然彼此好尚，互有異同。江左宮商發越，貴於清綺，河朔詞義貞剛，重乎氣質。氣質則理勝其詞，淸綺則文過其意，理深者便於時用，文華者宜於詠歌，此其南北詞人得失之大較也。若能掇彼清音，簡茲累句，各去所短，合其兩長，則文質斌斌，盡善盡美矣。梁自大同之後，雅道淪缺，漸乖典則，爭馳新巧。簡文、湘東，啓其淫放，徐陵、庾信，分路揚鑣。其意淺而繁，其文匿而彩，詞尚輕險，情多哀思。格以延陵之聽，蓋亦亡國之音乎！周氏呑併梁、荆，此風扇於關右，狂簡斐然成俗，流宕忘反，無所取裁。

高祖初統萬機，每念斲彫爲樸，發號施令，咸去浮華。然時俗詞藻，猶多淫麗，故憲臺執法，屢飛霜簡。煬帝初習藝文，有非輕側之論，曁乎即位，一變其風。其與越公書、建東都詔、冬至受朝詩及擬飮馬長城窟，並存雅體，歸於典制。雖意在驕淫，而詞無浮蕩，故當時綴文之士，遂得依而取正焉。所謂能言者未必能行，蓋亦君子不以人廢言也。

爰自東帝歸秦，逮乎靑蓋入洛，四隩咸曁，九州攸同，江、漢英靈，燕、趙奇俊，並該天網之中，俱爲大國之寶。言刈其楚，片善無遺，潤木圓流，不能十數，才之難也，不其然乎！時之文人，見稱當世，則范陽盧思道、安平李德林、河東薛道衡、趙郡李元操、鉅鹿魏澹、會稽虞世基、河東柳䛒、高陽許善心等，或鷹揚河朔，或獨步漢南，俱騁龍光，並驅雲路，各有本傳，論而敍之。其潘徽、萬壽之徒，或學優而不切，或才高而無貴仕，其位可得而卑，其名不可堙沒。今總之於此，爲文學傳云。

劉臻

劉臻字宣摯，沛國相人也。父顯，梁尋陽太守。臻年十八，舉秀才，爲邵陵王東閣祭酒。元帝時，遷中書舍人。江陵陷沒，復歸蕭詧，以爲中書侍郎。周冢宰宇文護辟爲中外府記室，軍書羽檄，多成其手。後爲露門學士，授大都督，封饒陽縣子，歷藍田令、畿伯下大夫。高祖受禪，進位儀同三司。左僕射高熲之伐陳也，以臻隨軍，典文翰，進爵爲伯。皇太子勇引爲學士，甚褻狎之。臻無吏幹，又性恍惚，耽悅經史，終日覃思，至於世事，多所遺忘。有劉訥者，亦任儀同，俱爲太子學士，情好甚密。臻住城南，訥住城東，臻嘗欲尋訥，謂從者曰：「汝知劉儀同家乎？」從者不知尋訥，謂臻還家，答曰：「知。」於是引之而去，旣扣門，臻尙未悟，謂至訥家。乃據鞍大呼曰：「劉儀同可出矣。」其子迎門，臻驚曰：「此汝亦來耶？」其子答曰：「此是大人家。」於是顧盼，久之乃悟，叱從者曰：「汝大無意，吾欲造劉訥耳。」性好噉蜆，以音同父諱，呼爲扁螺。其疎放多此類也。精於兩漢書，時人稱爲漢聖。開皇十八年卒，年七十二。有集十卷行於世。

王頍

王頍字景文，齊州刺史頒之弟也。年數歲，値江陵陷，隨諸兄入關。少好遊俠，年二十，尙不知書。爲其兄顒所責怒，於是感激，始讀孝經、論語，晝夜不倦。遂讀左傳、禮、易、詩、書，乃歎曰：「書無不可讀者！」勤學累載，遂遍通五經，究其旨趣，大爲儒者所稱。解綴文，善談論。年二十二，周武帝引爲露門學士。每有疑決，多頍所爲。而頍性識甄明，精力不倦，好讀諸子，偏記異書，當代稱爲博物。又曉兵法，益有縱橫之志，每歎不逢時，常以將相自許。

開皇五年，授著作佐郞。尋令於國子講授。會高祖親臨釋奠，國子祭酒元善講孝經，頍與相論難，詞義鋒起，善往往見屈。高祖大奇之，超授國子博士。〔一〕後坐事解職，配防嶺南。數載，授漢王諒府諮議參軍，王甚禮之。時諒見房陵及秦、蜀二王相次廢黜，潛有異志。頍遂陰勸諒繕治兵甲。及高祖崩，諒遂擧兵反，多頍之計也。頍後數進奇策，諒不能用。楊素至蒿澤，將戰，頍謂其子曰：「氣候殊不佳，兵必敗。汝可隨從我。」既而兵敗，頍將歸突厥，至山中，徑路斷絕，知必不免，謂其子曰：「吾之計數，不減楊素，但坐言不見從，遂至於此。不能坐受擒執，以成豎子名也。吾死之後，汝愼勿過親故。」於是自殺，瘞之石窟中。其子數日不得食，遂過其故人，竟爲所擒。楊素求頍屍，得之，斬首，梟於太原。時年五十四。撰五經大義三十卷，有集十卷，並因兵亂，無復存者。

崔儦

崔儦字岐叔，清河武城人也。祖休，魏青州刺史。父仲文，齊高陽太守。世爲著姓。儦年十六，太守請爲功曹，不就。少與范陽盧思道、隴西辛德源同志友善。每以讀書爲務，負恃才地，忽略世人。大署其戶曰：「不讀五千卷書者，無得入此室。」數年之間，遂博覽羣言，多所通涉。解屬文，在齊舉秀才，爲員外散騎侍郎，遷殿中侍御史。尋與熊安生、馬敬德等議五禮，兼修律令。尋兼散騎侍郎，聘于陳。使還，待詔文林館。歷殿中、膳部、員外三曹郎中。儦與頓丘李若俱見稱重，時人爲之語曰：「京師灼灼，崔儦、李若。」齊亡，歸鄉里，仕郡爲功曹，州補主簿。

開皇四年，徵授給事郎，尋兼內史舍人。後數年，兼通直散騎侍郎，聘于陳，還授員外散騎侍郎。越國公楊素時方貴倖，重儦門地，爲子玄縱娶其女爲妻。聘禮甚厚。親迎之始，公卿滿座，素令騎迎儦，儦故敝其衣冠，騎驢而至。素推令上座，儦有輕素之色，禮甚倨，言又不遜。素忿然拂衣而起，竟罷座。後數日，儦方來謝，素待之如初。仁壽中，卒於京師，時年七十二。子世濟。

諸葛潁

諸葛潁字漢，丹陽建康人也。祖銓，梁零陵太守。父規，義陽太守。潁年八歲，能屬文，起家梁邵陵王參軍事，轉記室。侯景之亂，奔齊，待詔文林館。歷太學博士、太子舍人。周武平齊，不得調，杜門不出者十餘年。習周易、圖緯、倉、雅、莊、老，頗得其要。

清辯有俊才，晉王廣素聞其名，引爲參軍事，轉記室。及王爲太子，除藥藏監。煬帝卽位，遷著作郎，甚見親倖。出入卧內，帝每賜之曲宴，輒與皇后嬪御連席共榻。潁因間隙，多所譖毁，是以時人謂之「冶葛」。後錄恩舊，授朝散大夫。帝常賜潁詩，其卒章曰：「參翰長洲苑，侍講肅成門。名理窮研覈，英華恣討論。實錄資平允，傳芳導後昆。」其見待遇如此。從征吐谷渾，加正議大夫。後從駕北巡，卒於道，年七十七。

潁性褊急，與柳䛒每相忿鬩，帝屢責怒之，而猶不止。於後帝亦薄之。有集二十卷，撰鑾駕北巡記三卷，幸江都道里記一卷，洛陽古今記一卷，馬名錄二卷，並行於世。有子嘉會。

孫萬壽

孫萬壽字仙期，信都武强人也。祖寶，魏散騎常侍。父靈暉，齊國子博士。萬壽年十四，就阜城熊安生受五經，略通大義，兼博涉子史。善屬文，美談笑，博陵李德林見而奇之。在齊，年十七，奉朝請。

高祖受禪，滕穆王引爲文學，坐衣冠不整，配防江南。行軍總管宇文述召典軍書。萬壽本自書生，從容文雅，一旦從軍，鬱鬱不得志，爲五言詩贈京邑知友曰：

賈誼長沙國，屈平湘水濱，江南瘴癘地，從來多逐臣。粤余非巧宦，少小拙謀身。欲飛無假翼，思鳴不值晨。如何載筆士，翻作負戈人！飄飄如木偶，棄置同芻狗。失路乃西浮，非狂亦東走。晚歲出函關，方春度京口。石城臨獸據，天津望牛斗。牛斗盛妖氛，梟獍已成羣。郗超初入幕，王粲始從軍。裹糧楚山際，被甲吳江濆。吳江一浩蕩，楚山何糾紛。驚波上濺日，喬木下臨雲。繫越恒資辯，喻蜀幾飛文。魯連唯救患，吾彥不爭勳。羇遊歲月久，歸思常搔首。非關不樹萱，豈爲無杯酒！數載辭鄉縣，三秋別親友。壯志後風雲，衰鬢先蒲柳。

心緒亂如絲，空懷疇昔時。昔時遊帝里，弱歲逢知己。旅食南館中，飛蓋西園裏。

河間本好書，東平唯愛士。英辯接天人，淸言洞名理。鳳池時寓直，麟閣常遊止。勝地盛賓僚，麗景相攜招。舟汎昆明水，騎指渭津橋。祓除臨灞岸，供帳出東郊。宜城醞始熟，陽翟曲新調。繞樹烏啼夜，雊麥雉飛朝。細塵梁下落，長袖掌中嬌。歡娛三樂至，懷抱百憂銷。夢想猶如昨，尋思久寂寥。一朝牽世網，萬里逐波潮。廻輪常自轉，懸旆不堪搖。

登高視衿帶，鄉關白雲外。廻首望孤城，愁人益不平。華亭宵鶴唳，幽谷早鶯鳴。斷絕心難續，惝怳魂屢驚。羣、紀通家好，鄒、魯故鄉情。若值南飛雁，時能訪死生。

此詩至京，盛爲當時之所吟誦，天下好事者多書壁而玩之。

後歸鄉里，十餘年不得調。仁壽初，徵拜豫章王長史，非其好也。王轉封于齊，卽爲齊王文學。當時諸王官屬多被夷滅，由是彌不自安，因謝病免。久之，授大理司直，卒於官，時年五十二。有集十卷行於世。

王貞

王貞字孝逸，梁郡陳留人也。少聰敏，七歲好學，善毛詩、禮記、左氏傳、周易，諸子百家，無不畢覽。善屬文詞，不治產業，每以諷讀爲娛。開皇初，汴州刺史樊叔略引爲主簿，後舉秀才，授縣尉，非其好也，謝病于家。

煬帝卽位，齊王暕鎭江都，聞其名，以書召之曰：

夫山藏美玉，光照廊廡之間，地蘊神劍，氣浮星漢之表。是知毛遂穎脫，義感平原，孫慧文詞，來遷東海。顧循寡薄，有懷髦彥，籍甚淸風，爲日久矣，未獲披覿，良深佇遲。比高天流火，早應涼飆，陵雲仙掌，方承淸露，想攝衞攸宜，與時休適。前園後圃，從容丘壑之情，左琴右書，蕭散煙霞之外。茂陵謝病，非無封禪之文，彭澤遺榮，先有歸來之作。優游儒雅，何樂如之！

余屬當藩屛，宣條揚、越，坐棠聽訟，事絕詠歌，攀桂摛詞，眷言高遁。至於揚旌北渚，飛蓋西園，託乘乏應、劉，置醴闕申、穆，背淮之賓，徒聞其語，趨燕之客，罕值其人。卿道冠鷹揚，聲高鳳擧，儒、墨泉海，詞章苑囿，棲遲衡泌，懷寶迷邦，徇茲獨善，良以於邑。今遣行人，具宣往意，側望起予，甚於飢渴，想便輕擧，副此虛心。無信投石之談，空慕鑿坏之逸，書不盡言，更慚詞費。

及貞至，王以客禮待之，朝夕遺問安不。又索文集，貞啓謝曰：

屬賀德仁宣敎，須少來所有拙文。昔公旦之才藝，能事鬼神，夫子之文章，性與天道，雅志傳於游、夏，餘波鼓於屈、宋，雕龍之迹，具在風騷，而前賢後聖，代相師祖。賞逐時移，出門分路，變淸音於正始，體高致於元康，咸言坐握蛇珠，誰許獨爲麟角。孝逸生於戰爭之季，長於風塵之世，學無半古，才不逮人。往屬休明，寸陰已昃，雖居可封之屋，每懷貧賤之恥。適鄢郢而迷塗，入邯鄲而失步，歸來反覆，心灰遂寒。豈謂橫議過實，虛塵睿覽，枉高車以載鼷，費明珠以彈雀，遂得裹糧三月，重高門之餘地，背淮千里，望章臺之後塵。與懸黎而並肆，將駿驥而同阜，終朝擊缶，匪黃鍾之所諧，日暮却行，何前人之能及！顧想平生，觸塗多感，但以積年沈痼，遺忘日久，拙思所存，纔成三十三卷。仰而不至，方見學仙之遠，窺而不覩，始知游聖之難。咫尺天人，周章不暇，怖甚眞龍之降，慚過白豕之歸，伏紙陳情，形神悚越。

齊王覽所上集，善之，賜良馬四匹。貞復上江都賦，王賜錢十萬貫，馬二匹。未幾，以疾甚還鄉里，終于家。

虞綽　辛大德

虞綽字士裕，會稽餘姚人也。父孝曾，陳始興王諮議。綽身長八尺，姿儀甚偉，博學有俊才，尤工草隸。陳左衞將軍傅縡有盛名於世，見綽詞賦，歎謂人曰：「虞郎之文，無以尙也！」仕陳，爲太學博士，遷永陽王記室。

及陳亡，晉王廣引爲學士。大業初，轉爲祕書學士，奉詔與祕書郎虞世南、著作佐郎庾自直等撰長洲玉鏡等書十餘部。綽所筆削，帝未嘗不稱善，而官竟不遷。初爲校書郎，以藩邸左右，加宣惠尉。遷著作佐郎，與虞世南、庾自直、蔡允恭等四人常居禁中，以文翰待詔，恩盼隆洽。

從征遼東，帝舍臨海頓，見大鳥，異之，詔綽爲銘。其辭曰：

維大業八年，歲在壬申，夏四月丙子，皇帝底定遼碣，班師振旅，龍駕南轅，鑾旗西邁，行宮次于柳城縣之臨海頓焉。山川明秀，實仙都也。旌門外設，款跨重阜，帳殿周施，降望大壑。息淸蹕，下輕輿，警百靈，綏萬福，踐素砂，步碧沚。同軒皇之襄野，邁漢宗於河上，想汾射以開襟，望蓬瀛而載佇。窅然齊肅，藐屬殊庭，兼以聖德遐宣，息別風與淮雨，休符潛感，表重潤於夷波。璧日曬光，卿雲舒采，六合開朗，十洲澄鏡。少選之間，儵焉靈感，忽有祥禽，皎同鶴鷺，出自霄漢，翻然雙下。高逾一丈，長乃盈尋，靡霜暉於羽翮，激丹華於觜距。鸞翔鳳跱，鵠起鴻騫，或蹶或啄，載飛載止，徘徊馴擾，咫尺乘輿。不藉揮琴，非因拊石，樂我君德，是用來儀。斯固類仙人之騏驥，冠羽族之宗長，西王靑鳥，東海赤雁，豈可同年而語哉！竊以銘基華岳，事乖靈異，紀迹鄒山，義非盡美，猶方册不泯，遺文可觀。況盛德成功，若斯懿鑠，懷眞味道，加此感通，不鐫名山，安用銘異！臣拜稽首，敢勒銘云：

來蘇輿怨，帝自東征，言復禹績，乃御軒營。六師薄伐，三韓肅淸，龔行天罰，赫赫明明。文德上暢，靈武外薄，車徒不擾，苛慝靡作。凱歌載路，成功允鑠，反旆還軒，遵林並壑。停輿海澨，駐蹕巖阯，窅想遐凝，藐屬千里。金臺銀闕，雲浮岳峙，有感斯應，靈禽效祉。飛來淸漢，俱集華泉，好音玉響，皓質氷鮮。狎仁馴德，習習翩翩，絕迹無泯，於萬斯年。

帝覽而善之，命有司勒於海上。以渡遼功，授建節尉。

綽恃才任氣，無所降下。著作郎諸葛潁以學業倖於帝，綽每輕侮之，由是有隙。帝嘗問綽於潁，潁曰：「虞綽粗人也。」帝頷之。時禮部尚書楊玄感稱爲貴倨，虛襟禮之，與結布衣之友。綽數從之遊。其族人虞世南誡之曰：「上性猜忌，而君過厚玄感。若與絕交者，帝知君改悔，可以無咎；不然，終當見禍。」綽不從。尋有告綽以禁內兵書借玄感，帝甚銜之。及玄感敗後，籍沒其家，妓妾並入宮。帝因問之，玄感平常時與何人交往，其妾以虞綽對。帝令大理卿鄭善果窮治其事，綽曰：「羈旅薄遊，與玄感文酒談款，實無他謀。」帝怒不解，徙綽且末。綽至長安而亡，吏逮之急，於是潛渡江，變姓名，自稱吳卓。遊東陽，抵信安令天水辛大德，大德舍之。歲餘，綽與人爭田相訟，因有識綽者而告之，竟爲吏所執，坐斬江都，時年五十四。所有詞賦，並行於世。

大德爲令，誅翦羣盜，甚得民和。與綽俱爲使者所執，其妻泣曰：「每諫君無匿學士，今日之事，豈不哀哉！」大德笑曰：「我本圖脫長者，反爲人告之，吾罪也。當死以謝綽。」會有詔，死罪得以擊賊自効。信安吏民詣使者叩頭曰：「辛君人命所懸，辛君若去，亦無信安矣。」使者留之以討賊。帝怒，斬使者，大德獲全。

王胄

王胄字承基，琅邪臨沂人也。祖筠，梁太子詹事。父祥，陳黃門侍郎。胄少有逸才，仕陳，起家鄱陽王法曹參軍，歷太子舍人、東陽王文學。

及陳滅，晉王廣引爲學士。仁壽末，從劉方擊林邑，以功授帥都督。大業初，爲著作佐郎，以文詞爲煬帝所重。帝常自東都還京師，賜天下大酺，因爲五言詩，詔胄和之。其詞曰：「河、洛稱朝市，崤、函實奧區。周營曲阜作，漢建奉春謨。大君苞二代，皇居盛兩都。招搖正東指，天駟廼西驅。展軨齊玉軑，式道耀金吾。千門駐罕罼，四達儼車徒。是節春之暮，神皋華實敷。皇情感時物，睿思屬枌楡。詔問百年老，恩隆五日酺。小人荷鎔鑄，何由答大鑪。」帝覽而善之，因謂侍臣曰：「氣高致遠，歸之於胄；詞清體潤，其在世基；意密理新，推庾自直。過此者，未可以言詩也。」帝所有篇什，多令繼和。與虞綽齊名，同志友善，于時後進之士咸以二人爲准的。從征遼東，進授朝散大夫。

胄性踈率不倫，自恃才大，鬱鬱於薄宦，每負氣陵傲，忽略時人。爲諸葛穎所嫉，屢譖之於帝，帝愛其才而不罪。禮部尚書楊玄感虛襟與交，數遊其第。及玄感敗，與虞綽俱徙邊。胄遂亡匿，潛還江左，爲吏所捕，坐誅，時年五十六。所著詞賦，多行於世。

胄兄昚，字元恭，博學多通。少有盛名於江左。仕陳，歷太子洗馬、中舍人。陳亡，與胄俱爲學士。煬帝即位，授祕書郎，卒官。

庾自直

庾自直，潁川人也。父持，陳羽林監。自直少好學，沉靜寡欲。仕陳，歷豫章王府外兵參軍、宣惠記室。

陳亡，入關，不得調。晉王廣聞之，引爲學士。大業初，授著作佐郎。自直解屬文，於五言詩尤善。性恭慎，不妄交遊，特爲帝所愛。帝有篇章，必先示自直，令其詆訶。自直所難，帝輒改之，或至於再三，俟其稱善，然後方出。其見親禮如此。後以本官知起居舍人事。化及作逆，以之北上，自載露車中，感激發病卒。有文集十卷行於世。

潘徽

潘徽字伯彥，吳郡人也。性聰敏，少受禮於鄭灼，受毛詩於施公，受書於張沖，講莊、老於張譏，並通大義。尤精三史。善屬文，能持論。陳尚書令江總引致文儒之士，徽一詣總，總甚敬之。釋褐新蔡王國侍郎，選爲客館令。隋遣魏澹聘于陳，陳人使徽接對之。澹將返命，爲啓於陳主曰：「敬奉弘慈，曲垂餞送。」徽以爲「伏奉」爲重，「敬奉」爲輕，却其啓而不奏。澹立議曰：「曲禮注曰：『禮主於敬。』詩曰：『維桑與梓，必恭敬止。』孝經曰：『宗廟致敬。』又云：『不敬其親，謂之悖禮。』孔子敬天之怒，成湯聖敬日躋。宗廟極重，上天極高，父極尊，君極貴，四者咸同一敬，五經未有異文，不知以敬爲輕，竟何所據？」徽難之曰：「向所論敬字，本不全以爲輕，但施用處殊，義成通別。禮主於敬，此是通言，猶如男子『冠而字之』，注云『成人敬其名也』。春秋有冀缺，夫妻亦云『相敬』。既於子則有敬名之義，在夫亦有敬妻之說，此可復並謂極重乎？至若『敬謝諸公』，固非尊地，『公子敬愛』，止施賓友，『敬問』『敬報』，彌見雷同，『敬聽』『敬酬』，何關貴隔！當知敬之爲義，雖是不輕，但敬之於語，則有時混漫。今云『敬奉』，所以成疑。聊舉一隅，未爲深據。」澹不能對，遂從而改焉。

及陳滅，爲州博士，秦孝王俊聞其名，召爲學士。嘗從俊朝京師，在塗，令徽於馬上爲賦，行一驛而成，名曰述恩賦。俊覽而善之。復令爲萬字文，并遣撰集字書，名爲韻纂。徽爲序曰：

文字之來尚矣。初則羲皇出震，觀象緯以法天，次則史頡佐軒，察蹄迹而取地。於是八卦爰始，爻文斯作，繩用既息，墳籍生焉。至如龍策授河，龜威出洛，綠綈白檢，述勛、華之運，金繩玉字，表殷、夏之符，銜甲示於姬壇，吐卷徵於孔室，莫不理包遠邇，迹會幽明，仰協神功，俯照人事。其制作也如彼，其祥瑞也如此，故能宣流萬代，正名百物，爲生民之耳目，作後王之模範，頌美形容，垂芬篆素。

曁大隋之受命也，追蹤三、五，並曜參辰，外振武功，內修文德。飛英聲而勒嵩、岱，彰大定而銘鍾鼎，春干秋羽，盛禮樂於膠庠，省俗觀風，採歌謠於唐、衞。我秦王殿下，降靈霄極，稟秀天機，質潤珪璋，文兼黼黻。楚詩早習，頗屬懷於言志，沛易先通，每留神於索隱。尊儒好古，三雍之對已遒，博物多能，百家之工彌洽。遨遊必名敎，漁獵唯圖史。加以降情引汲，擇善芻微，築館招賢，攀枝佇異。剖連城於井里，賁束帛於丘園，薄技無遺，片言便賞。所以人加脂粉，物競琢磨，俱報稻粱，各施鳴吠。

于時歲次鶉火，月躔夷則，驂駕務隙，靈光意靜。前臨竹沼，却倚桂巖，泉石瑩仁智之心，煙霞發文彩之致，賓僚霧集，敎義風靡。乃討論羣藝，商略衆書，以爲小學之家，尤多舛雜，雖復周禮、漢律，務在貫通，而巧說邪辭，遞生同異。且文訛篆隸，音謬楚、夏，三蒼、急就之流，微存章句，說文、字林之屬，唯別體形。至於尋聲推韻，良爲疑混，酌古會今，未臻功要。末有李登聲類、呂靜韻集，始判清濁，纔分宮羽，而全無引據，過傷淺局，詩賦所須，卒難爲用。遂躬紆睿旨，摽摘是非，撮舉宏綱，裁斷篇部。總會舊轍，創立新意，聲別相從，卽隨注釋。詳之詁訓，證以經史，備包騷雅，博牽子集，汗簡云畢，題爲韻纂，凡三十卷，勒成一家。方可藏彼名山，副諸石室，見羣玉之爲淺，鄙懸金之不定。爰命末學，製其都序。徽業術已寡，思理彌殫，心若死灰，文慚生氣。徒以犬馬識養，飛走懷仁，敢執顚沛之辭，遂操狂簡之筆。而齊、魯富經學，楚、鄭多良士，西河之彥，幸不誚於索居，東里之才，請能加於潤色。

未幾，俊薨，晉王廣復引爲揚州博士，令與諸儒撰江都集禮一部。復令徽作序曰：

禮之爲用至矣。大與天地同節，明與日月齊照，源開三本，體合四端。巢居穴處之前，卽萌其理，龜文鳥迹以後，稍顯其事。雖情存簡易，意非玉帛，而夏造殷因，可得知也。至如秩宗三禮之職，司徒五禮之官，邦國以和，人神惟敬，道德仁義，非此莫成，進退俯仰，去兹安適！若璽印塗，猶防止水，豈直譬彼耕耨，均斯粉澤而已哉！

自世屬坑焚，時移漢、魏，叔孫通之碩解，高堂隆之博識，專門者霧集，制作者風馳，節文頗備，枝條互起。皇帝負扆垂旒，辨方正位，纂勛、華之曆象，綴文、武之憲章。車書之所會通，觸境斯應，雲雨之所霑潤，無思不韙。東探石簀之符，西盡羽陵之策，鳴鑾太室，偃伯靈臺，樂備五常，禮兼八代。

上柱國、太尉、揚州總管、晉王握珪璋之寶，履神明之德，隆化讚傑，藏用顯仁。地居周、邵，業冠河、楚，允文允武，多才多藝。戎衣而籠關塞，朝服而掃江湖，收杞梓之才，闢康莊之館。加以佃漁六學，網羅百氏，繼稷下之絕軌，弘泗上之淪風，賾無隱而不探，事有難而必綜。至於采標綠錯，華垂丹篆，刑名長短，儒、墨是非，書圃翰林之域，理窟談叢之內，謁者所求之餘，侍醫所校之逸，莫不澄涇辨渭，拾珠棄蚌。以爲質文遞改，損益不同，明堂、曲臺之記，南宮、東觀之說，鄭、王、徐、賀之答，崔、譙、何、庾之論，簡牒雖盈，菁華蓋鮮。乃以宣條暇日，聽訟餘晨，娛情窺寶之鄉，凝相觀濤之岸，總括油素，躬披緗縹，芟蕪刈楚，振領提綱，去其繁雜，撮其指要，勒成一家，名曰江都集禮。凡十二帙，一百二十卷，取方月數，用比星周，軍國之義存焉，人倫之紀備矣。昔者龜、蒙令后，睢、渙名藩，誠復出警入蹕，擬乘輿之制度，建䡾載旂，用天子之禮樂。求諸述作，未聞茲典。方可韜之頻水，副彼名山，見刻石之非工，嗤懸金之已陋。是知沛王通論，不獨擅於前修，寧朔新書，更追慚於往冊。徽幸棲仁岳，忝遊聖海，謬承恩獎，敢叙該博之致云。

煬帝嗣位，詔徽與著作佐郎陸從典、太常博士褚亮、歐陽詢等助越公楊素撰魏書，會素薨而止。授京兆郡博士。楊玄感兄弟甚重之，數相來往。及玄感敗，凡交關多罹其患。徽以玄感故人，爲帝所不悅，有司希旨，出徽爲西海郡威定縣主簿。意甚不平，行至隴西，發病卒。

杜正玄 弟正藏

杜正玄字愼徽，其先本京兆人，八世祖曼，爲石趙從事中郎，因家於鄴。自曼至正玄，世以文學相授。正玄尤聰敏，博涉多通。兄弟數人，俱未弱冠，並以文章才辯籍甚三河之間。開皇末，舉秀才，尙書試方略，正玄應對如響，下筆成章。僕射楊素負才傲物，正玄抗辭酬對，無所屈撓，素甚不悅。久之，會林邑獻白鸚鵡，素促召正玄，使者相望。及至，卽令作賦。正玄倉卒之際，援筆立成。素見文不加點，始異之。因令更擬諸雜文筆十餘條，又皆立成，而辭理華贍，素乃嘆曰：「此眞秀才，吾不及也！」授晉王行參軍，轉豫章王記室，卒官。弟正藏。

正藏字爲善，尤好學，善屬文。弱冠舉秀才，授純州行參軍，歷下邑正。大業中，學業該通，應詔舉秀才，兄弟三人俱以文章一時詣闕，論者榮之。著碑誄銘頌詩賦百餘篇。又著文章體式，大爲後進所寶，時人號爲文軌，乃至海外高麗、百濟，亦共傳習，稱爲杜家新書。

常得志

京兆常得志，博學善屬文，官至秦王記室。及王薨，過故宮，爲五言詩，辭理悲壯，甚爲時人所重。復爲兄弟論，義理可稱。

尹式

河間尹式，博學解屬文，少有令問。仁壽中，官至漢王記室，王甚重之。及漢王敗，式自殺。其族人正卿、彥卿俱有儁才，名顯於世

劉善經

河間劉善經，博物洽聞，尤善詞筆。歷仕著作佐郎、太子舍人。著酬德傳三十卷，諸劉譜三十卷，四聲指歸一卷，行於世。

祖君彥

范陽祖君彥，齊尚書僕射孝徵之子也。〔三〕容貌短小，言辭訥澀，有才學。大業末，官至東平郡書佐。郡陷於翟讓，因爲李密所得。密甚禮之，署爲記室，軍書羽檄，皆成於其手。及密敗，爲王世充所殺。

孔德紹

會稽孔德紹，有淸才，官至景城縣丞。竇建德稱王，署爲中書令，專典書檄。及建德敗，伏誅。

劉斌

南陽劉斌，頗有詞藻，官至信都郡司功書佐。竇建德署爲中書舍人。建德敗，復爲劉闥中書侍郎，與劉闥亡歸突厥，不知所終。

史臣曰：魏文有言「古今文人，類不護細行，鮮能以名節自立」，信矣！王冑、虞綽之輩，崔儦、孝逸之倫，或矜氣負才，遺落世事，或學優命薄，調高位下，心鬱抑而孤憤，志盤桓而不定，嘯傲當世，脫略公卿。是知跅弛見遺，嫉邪忤物，不獨漢陽趙壹、平原禰衡而已。故多離咎悔，鮮克有終。然其學涉稽古，文詞辨麗，並鄧林之一枝，崐山之片玉矣。有隋總一寰宇，得人為盛，秀異之貢，不過十數。正玄昆季三人預焉，華萼相耀，亦為難兄弟矣。

校勘記

〔一〕超授國子博士　「超」原作「起」，據北史本傳及御覽二三六改。

〔二〕孝徵之子也　「徵」原作「徽」，據北齊書及北史祖珽傳改。君彥父祖珽字孝徵。

隋書卷七十七

列傳第四十二

隱逸

自肇有書契，綿歷百王，雖時有盛衰，未嘗無隱逸之士。故易稱「遁世無悶」，又曰「不事王侯」；詩云「皎皎白駒，在彼空谷」；禮云「儒有上不臣天子，下不事王侯」；語曰「舉逸民，天下之人歸心焉」。雖出處殊途，語默異用，各言其志，皆君子之道也。洪崖兆其始，箕山扇其風，七人作乎周年，四皓光乎漢日，魏、晉以降，其流逾廣。其大者則輕天下，細萬物，其小者則安苦節，甘賤貧。或與世同塵，隨波瀾以俱逝，或違時矯俗，望江湖而獨往，狎玩魚鳥，左右琴書，拾遺粒而織落毛，飲石泉而蔭松柏。放情宇宙之外，自足懷抱之中，然皆欣欣於獨善，鮮汲汲於兼濟。而受命哲王，守文令主，莫不束帛交馳，蒲輪結轍，奔走巖谷，唯恐不逮者，何哉？以其道雖未弘，志不可奪，縱無舟楫之功，終有賢貞之操。足以立儒夫之志，息貪競之風，與夫苟得之徒，不可同年共日。所謂無用以爲用，無爲而無不爲者也。故敍其人，列其行，以備隱逸篇云。

李士謙

李士謙字子約，趙郡平棘人也。髫齔喪父，事母以孝聞。母曾嘔吐，疑爲中毒，因跪而嘗之。伯父魏岐州刺史瑒，深所嗟尙，每稱曰：「此兒吾家之顏子也。」年十二，魏廣平王贊辟開府參軍事。後丁母憂，居喪骨立。有姊適宋氏，不勝哀而死。士謙服闋，捨宅爲伽藍，脫身而出。詣學請業，研精不倦，遂博覽羣籍，兼善天文術數。齊吏部尙書辛術召署員外郎，趙郡王叡舉德行，皆稱疾不就。和士開亦重其名，將諷朝廷，擢爲國子祭酒。士謙知而固辭，得免。隋有天下，畢志不仕。

自以少孤，未嘗飲酒食肉，口無殺害之言。至於親賓來萃，輒陳樽俎，對之危坐，終日不倦。李氏宗黨豪盛，每至春秋二社，必高會極歡，無不沉醉諠亂。嘗集士謙所，盛饌盈前，而先爲設黍，謂羣從曰：「孔子稱黍爲五穀之長，荀卿亦云食先黍稷，古人所尙，容可違乎？」少長肅然，不敢弛惰，退而相謂曰：「旣見君子，方覺吾徒之不德也。」士謙聞而自責曰：「何乃爲人所疎，頓至於此！」家富於財，躬處節儉，每以振施爲務。州里有喪事不辦者，士謙輒奔走赴之，隨乏供濟。有兄弟分財不均，至相鬩訟，士謙聞而出財，補其少者，令與多者相埒。兄弟愧懼，更相推讓，卒爲善士。有牛犯其田者，士謙牽置涼處飼之，過於本主。望見盜刈其禾黍者，默而避之。其家僮嘗執盜粟者，士謙慰諭之曰：「窮困所致，義無相責。」遽令放之。其奴嘗與鄉人董震因醉角力，震扼其喉，斃於手下。震惶懼請罪，士謙謂之曰：「卿本無殺心，何爲相謝！然可遠去，無爲吏之所拘。」性寬厚，皆此類也。

其後出粟數千石，以貸鄉人，値年穀不登，債家無以償，皆來致謝。士謙曰：「吾家餘粟，本圖振贍，豈求利哉！」於是悉召債家，爲設酒食，對之燔契，曰：「債了矣，幸勿爲念也。」各令罷去。明年大熟，債家爭來償謙，謙拒之，一無所受。他年又大饑，多有死者，士謙罄竭家資，爲之糜粥，賴以全活者將萬計。收埋骸骨，所見無遺。至春，又出糧種，分給貧乏。趙郡農民德之，撫其子孫曰：「此乃李參軍遺惠也。」或謂士謙曰：「子多陰德。」士謙曰：「所謂陰德者何？猶耳鳴，己獨聞之，人無知者。今吾所作，吾子皆知，何陰德之有！」

士謙善談玄理，嘗有一客在坐，不信佛家應報之義，以爲外典無聞焉。士謙喻之曰：「積善餘慶，積惡餘殃，高門待封，掃墓望喪，豈非休咎之應邪？佛經云輪轉五道，無復窮已，此則賈誼所言，千變萬化，未始有極，忽然爲人之謂也。佛道未東，而賢者已知其然矣。至若鯀爲黃熊，杜宇爲鷤鴂，褒君爲龍，牛哀爲獸，君子爲鵠，小人爲猿，彭生爲豕，如意爲犬，黃母爲黿，宣武爲鼈，鄧艾爲牛，徐伯爲魚，鈴下爲烏，書生爲蛇，羊祜前身，李氏之子，此非佛家變受異形之謂邪？」客曰：「邢子才云，豈有松柏後身化爲樗櫟，僕以爲然。」士謙曰：「此不類之談也。變化皆由心而作，木豈有心乎？」客又問三教優劣，士謙曰：「佛，日也；道，月也；儒，五星也。」客亦不能難而止。

士謙平生時爲詠懷詩，輒毀棄其本，不以示人。又嘗論刑罰，遺文不具，其略曰：「帝王制法，沿革不同，自可損益，無爲頓改。今之贓重者死，是酷而不懲也。語曰：『人不畏死，不可以死恐之。』愚謂此罪宜從肉刑，刖其一趾，再犯者斷其右腕。流刑刖去右手三指，又犯者下其腕。小盜宜黥，又犯則落其所用三指，又不悛下其腕，無不止也。無賴之人，竄之邊裔，職爲亂階，適所以召戎矣，非求治之道也。博弈淫遊，盜之萌也，禁而不止，黥之則可。」有識者頗以爲得治體。

開皇八年，終於家，時年六十六。趙郡士女聞之，莫不流涕曰：「我曹不死，而令李參軍死乎！」會葬者萬餘人。鄉人李景伯等以士謙道著丘園，條其行狀，詣尚書省請先生之謚，事寢不行，遂相與樹碑於墓。

其妻范陽盧氏，亦有婦德，及夫終後，所有賻贈，一無所受，謂州里父老曰：「參軍平生好施，今雖殞歿，安可奪其志哉！」於是散粟五百石以賑窮乏。

崔廓 子賾

崔廓字士玄，博陵安平人也。父子元，齊燕州司馬。廓少孤貧而母賤，由是不爲邦族所齒。初爲里佐，屢逢屈辱，於是感激，逃入山中。遂博覽書籍，多所通涉，山東學者皆宗之。既還鄉里，不應辟命。與趙郡李士謙爲忘言之友，〔一〕每相往來，時稱崔、李。及士謙死，廓哭之慟，爲之作傳，輸之秘府。士謙妻盧氏寡居，每有家事，輒令人諮廓取定。廓嘗著論，言刑名之理，其義甚精，文多不載。大業中，終于家，時年八十。有子曰賾。

賾字祖濬，七歲能屬文，容貌短小，有口才。開皇初，秦孝王薦之，射策高第，詔與諸儒定禮樂，授校書郎。尋轉協律郎，太常卿蘇威雅重之。母憂去職，性至孝，水漿不入口者五日。徵爲河南、豫章二王侍讀，每更日來往二王之第。及河南爲晉王，轉記室參軍，自此去豫章。王重之不已，遺賾書曰：

昔漢氏西京，梁王建國，平臺、東苑，慕義如林。馬卿辭武騎之官，枚乘罷弘農之守。每覽史傳，嘗切怪之，何乃脫略官榮，棲遲藩邸？以今望古，方知雅志。彼二子者，豈徒然哉！

足下博聞强記，鈎深致遠，視漢臣之三篋，似涉蒙山，對梁相之五車，若吞雲夢。吾兄欽賢重士，敬愛忘疲，先築郭隗之宮，常置穆生之醴。今者重開土宇，更誓山河，地方七百，牢籠曲阜，城兼七十，包舉臨淄，大啓南陽，方開東閤。想得奉飛蓋，曳長裾，藉玳筵，躡珠履，歌山桂之偃蹇，賦池竹之檀欒。其崇貴也如彼，其風流也如此，幸甚幸甚，何樂如之！高視上京，有懷德祖，才謝天人，多慚子建，書不盡意，寧俟繁辭。

賾答曰：

一昨伏奉教書，榮貺非恒，心靈自失。若乃理高象、繫，管輅思而不解，事富山海，郭璞注而未詳。至於五色相宣，八音繁會，鳳鳴不足喻，龍章莫之比。吳札之論周頌，詎盡揄揚，郢客之奏陽春，誰堪赴節！伏惟令王殿下，稟潤天潢，承輝日觀，雅道貴於東平，文藝高於北海。漢則馬遷、蕭望，晉則裴楷、張華，雞樹騰聲，鵷池播美，望我清塵，悠然路絕。

祖濬燕南贅客，河朔惰遊，本無意於希顏，豈有心於慕藺！未嘗聚螢映雪，懸頭刺股，讀論唯取一篇，披莊不過盈尺。復況桑榆漸暮，藜藿屢空，舉燭無成，穿楊盡棄。但以燕求馬首，薛養雞鳴，謬齒鴻儀，虛班驥阜。挾太山而超北海，比報德而非難，堙崐崘以爲池，匹酬恩而反易。忽屬周桐錫瑞，唐水承家，門有將相，樹宜桃李。眞龍將下，誰好有名，濫吹先逃，何須別聽！但慈旨抑揚，損上益下，江海所以稱王，丘陵爲之不逮。曹植儻預聞高論，則不隕令名，楊修若切在下風，亦詎虧淳德。無任荷戴之至，謹奉啓以聞。

像章得書，賚米五十石，幷衣服錢帛。

時晉邸文翰，多成其手。王入東宮，除太子齋帥，俄遷舍人。及元德太子薨，以疾歸于家。後徵授起居舍人。

大業四年，從駕汾陽宮，次河陽鎭。藍田令王曇於藍田山得一玉人，長三尺四寸，著大領衣，冠幘，奏之。詔問羣臣，莫有識者，蹟答曰：「謹按漢文已前，未有冠幘，卽是文帝以來所制作也。臣見魏大司農盧元明撰嵩高山廟記云，有神人，以玉爲形，像長數寸，或出或隱，出則令世延長。伏惟陛下應天順民，定鼎嵩、洛，岳神自見。臣敢稱慶。」因再拜，百官畢賀，天子大悅，賜縑二百匹。從駕登太行山，詔問蹟曰：「何處有羊腸坂？」蹟對曰：「臣按漢書地理志，上黨壺關縣有羊腸坂。」帝曰：「不是。」又答曰：「臣按皇甫士安撰地書云，太原北九十里有羊腸坂。」帝曰：「是也。」因謂牛弘曰：「崔祖濬所謂問一知二。」五年，受詔與諸儒撰區宇圖志二百五十卷，奏之。帝不善之，更令虞世基、許善心衍爲六百卷。以父憂去職，尋起令視事。遼東之役，授鷹揚長史，置遼東郡縣名，皆蹟之議也。奉詔作東征記。九年，除越王長史。于時山東盜賊蜂起，帝令撫慰高陽、襄國，歸首者八百餘人。十二年，從駕江都。宇文化及之弒帝也，引爲著作郎，稱疾不起。在路發疾，卒於彭城，時年六十九。

賾與洛陽元善、河東柳䛒、太原王劭、吳興姚察、琅邪諸葛潁、信都劉焯、河間劉炫相善，每因休假，清談竟日。所著詞賦碑誌十餘萬言，撰洽聞志七卷，八代四科志三十卷，未及施行，江都傾覆，咸爲煨燼。

徐則

徐則，東海郯人也。幼沈靜，寡嗜欲。受業於周弘正，善三玄，精於議論，聲擅都邑。則歎曰：「名者實之賓，吾其爲賓乎！」遂懷棲隱之操，杖策入縉雲山。後學數百人，苦請教授，則謝而遣之。不娶妻，常服巾褐。陳太建時，應召來憩於至眞觀。朞月，又辭入天台山，因絕穀養性，所資唯松水而已，雖隆冬沍寒，不服綿絮。太傅徐陵爲之刊山立頌。

初在縉雲山，太極眞人徐君降之曰：「汝年出八十，當爲王者師，然後得道也。」晉王廣鎭揚州，知其名，手書召之曰：「夫道得衆妙，法體自然，包涵二儀，混成萬物，人能弘道，道不虛行。先生履德養空，宗玄齊物，深明義味，曉達法門。悅性冲玄，怡神虛白，餐松餌朮，棲息煙霞。望赤城而待風雲，遊玉堂而駕龍鳳，雖復藏名台岳，猶且騰實江淮，藉甚嘉猷，有勞寤寐。欽承素道，久積虛襟，側席幽人，夢想巖穴。霜風已冷，海氣將寒，偃息茂林，道體休悆。昔商山四皓，輕舉漢庭，淮南八公，來儀藩邸。古今雖異，山谷不殊，市朝之隱，前賢已說，導凡述聖，非先生而誰！故遣使人往彼延請，想無勞束帶，賁然來思，不待蒲輪，去彼空谷。希能屈己，竚望披雲。」則謂門人曰：「吾今年八十一，王來召我，徐君之旨，信而有徵。」於是遂詣揚州。晉王將請受道法，則辭以時日不便。其後夕中，命侍者取香火，如平常朝禮之儀。至于五更而死，支體柔弱如生，停留數旬，顏色無變。

晉王下書曰：「天台眞隱東海徐先生，虛確居宗，沖玄成德，齊物處外，檢行安身。草褐蒲衣，餐松餌朮，棲隱靈岳，五十餘年。卓矣仙才，飄然勝氣，千尋萬頃，莫測其涯。寡人欽承道風，久餐德素，頻遣使乎，遠此延屈，冀得虔受上法，式建良緣。至止甫爾，未淹旬日，厭塵羽化，反眞靈府。身體柔軟，顏色不變，經方所謂屍解地仙者哉！誠復師禮未申，而心許有在，雖忘怛化，猶愴于懷，喪事所資，隨須供給。霓裳羽蓋，既且騰雲，空椁餘衣，詎藉墳壟！但杖舄猶存，示同俗法，宜遣使人送還天台定葬。」是時自江都至於天台，在道多見則徒步，云得放還。至其舊居，取經書道法分遣弟子，仍令淨掃一房，曰：「若有客至，宜延之於此。」然後跨石梁而去，不知所之。須臾，屍柩至，方知其靈化。時年八十二。晉王聞而益異之，賵物千段，遣畫工圖其狀貌，令柳䛒爲之讚曰：「可道非道，常道無名。上德不德，至德無盈。玄風扇矣，而有先生。夙鍊金液，怡神玉清。石髓方軟，雲丹欲成。言追葛稚，將侶茅嬴。我王遙屬，爰感靈誠。柱下暫啓，河上沉精。留符告信，化杖飛聲。永思靈迹，曷用攄情？時披素繪，如臨赤城。」

時有建安宋玉泉、會稽孔道茂、丹陽王遠知等，亦行辟穀，以松水自給，皆為煬帝所重。

張文詡

張文詡，河東人也。父琚，開皇中為洹水令，以清正聞。有書數千卷，教訓子姪，皆以明經自達。文詡博覽文籍，特精三禮，其周易、詩、書及春秋三傳，並皆通習。每好鄭玄注解，以為通博，其諸儒異說，亦皆詳究焉。高祖引致天下名儒碩學之士，其房暉遠、張仲讓、孔籠之徒，並延之於博士之位。文詡時遊太學，暉遠等莫不推伏之，學內翕然，咸共宗仰。其門生多詣文詡，請質凝滯，文詡輒博引證據，辨說無窮，唯其所擇。治書侍御史皇甫誕一時朝彥，恒執弟子之禮。適至南臺，遽飾所乘馬，就學邀屈。文詡每牽馬步進，意在不因人以自致也。右僕射蘇威聞其名而召之，與語，大悅，勸令從官。文詡意不在仕，固辭焉。仁壽末，學廢，文詡策杖而歸，灌園為業。州郡頻舉，皆不應命。事母以孝聞。每以德化人，鄉黨頗移風俗。嘗有人夜中竊刈其麥者，見而避之，盜因感悟，棄麥而謝。文詡慰諭之，自誓不言，固令持去。經數年，盜者向鄉人說之，始爲遠近所悉。鄰家築牆，心有不直，文詡因毀舊堵以應之。文詡嘗有腰疾，會醫者自言善禁，文詡令禁之，遂爲刃所傷，至於頓伏牀枕。醫者叩頭請罪，文詡遽遣之，因爲其隱，謂妻子曰：「吾昨風眩，落坑所致。」其掩人之短，皆此類也。州縣以其貧素，將加振貤，輒辭不受。每閑居無事，從容長歎曰：「老冉冉而將至，恐修名之不立！」以如意擊几，皆有處所，時人方之閔子騫、原憲焉。終於家，年四十。鄉人爲立碑頌，號曰張先生。

史臣曰：古之所謂隱逸者，非伏其身而不見也，非閉其言而不出也，非藏其智而不發也。蓋以恬淡爲心，不皦不昧，安時處順，與物無私者也。士謙等忘懷纓冕，畢志丘園，隱不違親，貞不絕俗，不教而勸，虛往實歸，愛之如父母，懷之如親戚，非有自然之純德，其孰能至於斯乎？然士謙聞譽不喜，文詡見傷無慍，徐則志在沉冥，不可親疎，莫能貴賤，皆抱樸之士矣。崔廓感於屈辱，遂以肥遁見稱，祖濬文籍之美，足以克隆先構，父子雖動靜殊方，其於成名一也，美哉！

校勘記

〔一〕忘言之友　「言」原作「年」，據北史崔廓傳及御覽五〇六改。崔廓與李士謙年紀相差不大，說不上是「忘年之友」，應是「忘言之友」。莊子外物：「言者所以在意，得意而忘言。」此處「忘言」是說兩人友誼之深。

隋書卷七十八

列傳第四十三

藝術

夫陰陽所以正時日，順氣序者也；卜筮所以決嫌疑，定猶豫者也；醫巫所以禦妖邪，養性命者也；音律所以和人神，節哀樂者也；相術所以辯貴賤，明分理者也；技巧所以利器用，濟艱難者也。此皆聖人無心，因民設教，救恤災患，禁止淫邪。自三、五哲王，其所由來久矣。

然昔之言陰陽者，則有箕子、裨竈、梓愼、子韋；曉音律者，則師曠、師摯、伯牙、杜夔；敍卜筮，則史扁、史蘇、嚴君平、司馬季主；論相術，則內史叔服、姑布子卿、唐舉、許負；語醫，則文摯、扁鵲、季咸、華佗；其巧思，則奚仲、墨翟、張平子、馬德衡。凡此諸君者，仰觀俯察，探賾索隱，咸詣幽微，思侔造化，通靈入妙，殊才絕技。或弘道以濟時，或隱身以利物，深不可測，固無得而稱焉。近古涉乎斯術者，鮮有存夫貞一，多肆其淫僻，厚誣天道。或變亂陰陽，曲成君欲，或假託神怪，熒惑民心。遂令時俗妖訛，不獲返其眞性，身罹災毒，莫得壽終而死。藝成而下，意在茲乎？

歷觀經史百家之言，無不存夫藝術，或敍其玄妙，或記其迂誕，非徒用廣異聞，將以明乎勸戒。是以後來作者，或相祖述，故今亦採其尤著者，列爲藝術篇云。

庾季才 子質

庾季才字叔奕，新野人也。八世祖滔，隨晉元帝過江，官至散騎常侍，封遂昌侯，因家于南郡江陵縣。祖詵，梁處士，與宗人易齊名。父曼倩，光祿卿。季才幼穎悟，八歲誦尚書，十二通周易，好占玄象。居喪以孝聞。梁廬陵王績辟荊州主簿，湘東王繹重其術藝，引授外兵參軍。西臺建，累遷中書郎，領太史，封宜昌縣伯。季才固辭太史，元帝曰：「漢司馬遷歷世尸掌，魏高堂隆猶領此職，不無前例，卿何憚焉。」帝亦頗明星曆，因共仰觀，從容謂季才曰：「朕猶慮禍起蕭牆，何方可息？」季才曰：「頃天象告變，秦將入郢，陛下宜留重臣，作鎮荊陝，整旆還都，以避其患。假令羯寇侵蹙，止失荊湘，在於社稷，可得無慮。必久停留，恐非天意也。」帝初然之，後與吏部尚書宗懍等議，乃止。俄而江陵陷滅，竟如其言。

周太祖一見季才，深加優禮，令參掌太史。每有征討，恒預侍從。賜宅一區，水田十頃，幷奴婢牛羊什物等，謂季才曰：「卿是南人，未安北土，故有此賜者，欲絕卿南望之心。宜盡誠事我，當以富貴相答。」初，郢都之陷也，衣冠士人多沒爲賤。季才散所賜物，購求親故。文帝問：「何能若此？」季才曰：「僕聞魏克襄陽，先昭異度，晉平建業，喜得士衡。伐國求賢，古之道也。今郢都覆敗，君信有罪，搢紳何咎，皆爲賤隸！鄙人羈旅，不敢獻言，誠切哀之，故贖購耳。」太祖乃悟曰：「吾之過也。微君遂失天下之望！」因出令免梁俘爲奴婢者數千口。

武成二年，與王褒、庾信同補麟趾學士。累遷稍伯大夫、車騎大將軍、儀同三司。其後大冢宰宇文護執政，謂季才曰：「比日天道，有何徵祥？」季才對曰：「荷恩深厚，若不盡言，便同木石。頃上台有變，不利宰輔，公宜歸政天子，請老私門。此則自享期頤，而受旦、奭之美，子孫藩屏，終保維城之固。不然者，非復所知。」護沈吟久之，謂季才曰：「吾本意如此，但辭未獲免耳。公旣王官，可依朝例，無煩別參寡人也。」自是漸疏，不復別見。及護滅之後，閱其書記，武帝親自臨檢，有假託符命，妄造異端者，皆致誅戮。唯得季才書兩紙，盛言緯候災祥，宜反政歸權。帝謂少宗伯斛斯徵曰：「庾季才至誠謹愨，甚得人臣之禮。」因賜粟三百石，帛二百段。遷太史中大夫，詔撰靈臺祕苑，加上儀同，封臨潁伯，邑六百戶。宣帝嗣位，加驃騎大將軍、開府儀同三司，增邑三百戶。

及高祖爲丞相，嘗夜召季才而問曰：「吾以庸虛，受茲顧命，天時人事，卿以爲何如？」季才曰：「天道精微，難可意察，切以人事卜之，符兆已定。季才縱言不可，公豈復得爲箕、潁之事乎？」高祖默然久之，因舉首曰：「吾今譬猶騎獸，誠不得下矣。」因賜雜綵五十匹，絹二百段，曰：「愧公此意，宜善爲思之。」大定元年正月，季才言曰：「今月戊戌平旦，青氣如樓闕，見於國城之上，俄而變紫，逆風西行。氣經云：『天不能無雲而雨，皇王不能無氣而立。』今王氣已見，須卽應之。二月日出卯入酉，居天之正位，謂之二八之門。日者，人君之象，人君正位，宜用二月。其月十三日甲子，甲爲六甲之始，子爲十二辰之初，甲數九，子數又九，九爲天數。其日卽是驚蟄，陽氣壯發之時。昔周武王以二月甲子定天下，享年八百，漢高帝以二月甲午卽帝位，享年四百，故知甲子、甲午爲得天數。今二月甲子，宜應天受命。」上從之。

開皇元年，授通直散騎常侍。高祖將遷都，夜與高熲、蘇威二人定議，季才旦而奏曰：「臣仰觀玄象，俯察圖記，龜兆允襲，必有遷都。且堯都平陽，舜都冀土，是知帝王居止，世代不同。且漢營此城，經今將八百歲，水皆鹹鹵，不甚宜人。願陛下協天人之心，爲遷徙之計。」高祖愕然，謂熲等曰：「是何神也！」遂發詔施行，賜絹三百段，馬兩匹，進爵爲公。謂季才曰：「朕自今已後，信有天道矣。」於是令季才與其子質撰垂象、地形等志，上謂季才曰：

「天地祕奥，推測多途，執見不同，或致差舛。朕不欲外人干預此事，故使公父子共爲之也。」及書成奏之，賜米千石，絹六百段。

九年，出爲均州刺史。策書始降，將就藩，時議以季才術藝精通，有詔還委舊任。季才以年老，頻表去職，每降優旨不許。會張胄玄曆行，及袁充言日影長。上以問季才，季才因言充謬。上大怒，由是免職，給半祿歸第。所有祥異，常使人就家訪焉。仁壽三年卒，時年八十八。

季才局量寬弘，術業優博，篤於信義，志好賓遊。常吉日良辰，與琅琊王褒、彭城劉瑴、河東裴政及宗人信等，爲文酒之會。次有劉臻、明克讓、柳䛒之徒，雖爲後進，亦申遊欵。撰靈臺祕苑一百二十卷，垂象志一百四十二卷，地形志八十七卷，並行於世。

庾質字行修，少而明敏，早有志尚。八歲誦梁世祖玄覽、言志等十賦，拜童子郎。仕周齊煬王記室。開皇元年，除奉朝請，歷鄢陵令，遷隴州司馬。大業初，授太史令。操履貞慤，立言忠鯁，每有災異，必指事面陳。而煬帝性多忌刻，齊王暕亦被猜嫌。質子儉時爲齊王屬，帝謂質曰：「汝不能一心事我，乃使兒事齊王，何向背如此邪？」質曰：「臣事陛下，子事齊王，實是一心，不敢有二。」帝怒不解，由是出爲合水令。

八年，帝親伐遼東，徵詣行在所。至臨渝謁見，帝謂質曰：「朕承先旨，親事高麗，度其土地人民，纔當我一郡，卿以爲剋不？」質對曰：「以臣管窺，伐之可剋，切有愚見，不願陛下親行。」帝作色曰：「朕今總兵至此，豈可未見賊而自退也？」質又曰：「陛下若行，慮損軍威。臣猶願安駕住此，命驍將勇士指授規模，倍道兼行，出其不意。事宜在速，緩必無功。」帝不悅曰：「汝既難行，可住此也。」及師還，授太史令。九年，復征高麗，又問質曰：「今段復何如？」對曰：「臣實愚迷，猶執前見。陛下若親動萬乘，糜費實多。」帝怒曰：「我自行尚不能剋，直遣人去，豈有成功也！」帝遂行。既而禮部尚書楊玄感據黎陽反，兵部侍郎斛斯政奔高麗，帝大懼，遽而西還，謂質曰：「卿前不許我行，當爲此耳。今者玄感其成事乎？」質曰：「玄感地勢雖隆，德望非素，因百姓之勞苦，冀僥倖而成功。今天下一家，未易可動。」帝曰：「熒惑入斗如何？」對曰：「斗，楚之分，玄感之所封也。今火色衰謝，終必無成。」

十年，帝自西京將往東都，質諫曰：「比歲伐遼，民實勞敝，陛下宜鎮撫關內，使百姓畢力歸農。三五年間，令四海少得豐實，然後巡省，於事爲宜。陛下思之。」帝不悅，質辭疾不從。帝聞之，怒，遣使馳傳，鎖質詣行在所。至東都，詔令下獄，竟死獄中。

子儉，亦傳父業，兼有學識。仕歷襄武令、元德太子學士、齊王屬。義寧初，爲太史令。

時有盧太翼、耿詢，並以星曆知名。

盧太翼

盧太翼字協昭，河間人也，本姓章仇氏。七歲詣學，日誦數千言，州里號曰神童。及長，閑居味道，不求榮利。博綜羣書，爰及佛道，皆得其精微。尤善占候筭曆之術。隱於白鹿山，數年徙居林慮山茱萸𡼖，請業者自遠而至，初無所拒，後憚其煩，逃於五臺山。地多藥物，與弟子數人廬於巖下，蕭然絕世，以爲神仙可致。皇太子勇聞而召之，太翼知太子必不爲嗣，謂所親曰：「吾拘逼而來，不知所稅駕也！」及太子廢，坐法當死，高祖惜其才而不害，配爲官奴。久之，乃釋。其後目盲，以手摸書而知其字。

仁壽末，高祖將避暑仁壽宮，太翼固諫不納，至于再三。太翼曰：「臣愚豈敢飾詞，但恐是行鑾輿不反。」高祖大怒，繫之長安獄，期還而斬之。高祖至宮寢疾，臨崩，謂皇太子曰：「章仇翼，非常人也，前後言事，未嘗不中。吾來日道當不反，今果至此，爾宜釋之。」

及煬帝卽位，漢王諒反，帝以問之。答曰：「上稽玄象，下參人事，何所能爲？」未幾，諒果敗。帝常從容言及天下氏族，謂太翼曰：「卿姓章仇，四岳之胄，與盧同源。」於是賜姓爲盧氏。大業九年，從駕至遼東，太翼言於帝曰：「黎陽有兵氣。」後數日而玄感反書聞，帝甚異之，數加賞賜。太翼所言天文之事，不可稱數，關諸祕密，世莫得聞。後數載，卒於洛陽。

耿詢

耿詢字敦信，丹陽人也。滑稽辯給，伎巧絕人。陳後主之世，以客從東衡州刺史王勇於嶺南。勇卒，詢不歸，遂與諸越相結，皆得其歡心。會郡俚反叛，推詢爲主。柱國王世積討擒之，罪當誅。自言有巧思，世積釋之，以爲家奴。久之，見其故人高智寶以玄象直太史，詢從之受天文算術。詢創意造渾天儀，不假人力，以水轉之，施於闇室中，使智寶外候天時，合如符契。世積知而奏之，高祖配詢爲官奴，給使太史局。後賜蜀王秀，從往益州，秀甚信之。及秀廢，復當誅，何稠言於高祖曰：「耿詢之巧，思若有神，臣誠爲朝廷惜之。」上於是特原其罪。詢作馬上刻漏，世稱其妙。

煬帝卽位，進欹器，帝善之，放爲良民。歲餘，授右尙方署監事。七年，車駕東征，詢上書曰：「遼東不可討，師必無功。」帝大怒，命左右斬之，何稠苦諫得免。及平壤之敗，帝以詢言爲中，以詢守太史丞。宇文化及弑逆之後，從至黎陽，謂其妻曰：「近觀人事，遠察天文，宇文必敗，李氏當王，吾知所歸矣。」詢欲去之，爲化及所殺。著鳥情占一卷，行於世。

韋鼎

韋鼎字超盛，京兆杜陵人也。高祖玄，隱於商山，因而歸宋。祖叡，梁開府儀同三司。父正，黃門侍郎。鼎少通侻，博涉經史，明陰陽逆刺，尤善相術。仕梁，起家湘東王法曹參軍。遭父憂，水漿不入口者五日，哀毀過禮，殆將滅性。服闋，爲邵陵王主簿。侯景之亂，鼎兄昂卒於京城，鼎負屍出，寄于中興寺。求棺無所得，鼎哀憤慟哭，忽見江中有物，流至鼎所，鼎切異之。往見，乃新棺也，因以充殮。元帝聞之，以爲精誠所感。侯景平，司徒王僧辯以爲戶曹屬，歷太尉掾、大司馬從事、中書侍郎。

陳武帝在南徐州，鼎望氣知其當王，遂寄孥焉。因謂陳武帝曰：「明年有大臣誅死，後四歲，梁其代終，天之曆數當歸舜後。昔周滅殷氏，封嬀滿于宛丘，其裔子孫因爲陳氏。僕觀明公天縱神武，繼絕統者，無乃是乎！」武帝陰有圖僧辯意，聞其言，大喜，因而定策。及受禪，拜黃門侍郎，俄遷司農卿、司徒右長史、貞威將軍、領安右晉安王長史、行府國事，轉廷尉卿。太建中，爲聘周主使，加散騎常侍。尋爲祕書監、宣遠將軍，轉臨海王長史，行吳興郡事。入爲太府卿。至德初，鼎盡質貨田宅，寓居僧寺。友人大匠卿毛彪問其故，答曰：「江東王氣盡於此矣。吾與爾當葬長安。期運將及，故破產耳。」

初，鼎之聘周也，嘗與高祖相遇，鼎謂高祖曰：「觀公容貌，故非常人，而神監深遠，亦非羣賢所逮也。不久必大貴，貴則天下一家，歲一周天，老夫當委質。公相不可言，願深自愛。」及陳平，上馳召之，授上儀同三司，待遇甚厚。上每與公王宴賞，鼎恒預焉。高祖嘗從容謂之曰：「韋世康與公相去遠近？」鼎對曰：「臣宗族分派，南北孤絕，自生以來，未嘗訪問。」帝曰：「公百世卿族，何得爾也。」乃命官給酒肴，遣世康與鼎還杜陵，樂飲十餘日。鼎乃考校昭穆，自楚太傅孟以下二十餘世，作韋氏譜七卷。時蘭陵公主寡，上爲之求夫，選親衞柳述及蕭瑒等以示於鼎。鼎曰：「瑒當封侯，而無貴妻之相，述亦通顯，而守位不終。」上曰：「位由我耳。」遂以主降述。上又問鼎：「諸兒誰得嗣？」答曰：「至尊、皇后所最愛者，卽當與之，非臣敢預知也。」上笑曰：「不肯顯言乎？」

開皇十二年，除光州刺史，以仁義教導，務弘清靜。州中有土豪，外修邊幅，而內行不軌，常爲劫盜。鼎於都會時謂之曰：「卿是好人，那忽作賊？」因條其徒黨謀議逗留，其人驚懼，卽自首伏。又有人客遊，通主家之妾，及其還去，妾盜珍物，於夜亡，尋於草中爲人所殺。主家知客與妾通，因告客殺之。縣司鞫問，具得姦狀，因斷客死。獄成，上於鼎，鼎覽之曰：「此客實姦，而殺非也。乃某寺僧詃妾盜物，令奴殺之，贓在某處。」卽放此客，遣掩僧，幷獲贓物。自是部內肅然不言，咸稱其有神，道無拾遺。尋追入京，以年老多病，累加優賜。頃之，卒，年七十九。

來和

來和字弘順，京兆長安人也。少好相術，所言多驗。大冢宰宇文護引之左右，由是出入公卿之門。初爲夏官府下士，累遷少卜上士，賜爵安定鄉男。遷畿伯下大夫，進封洹水縣男。

高祖微時，來詣和相，和待人去，謂高祖曰：「公當王有四海。」及爲丞相，拜儀同，既受禪，進爵爲子。開皇末，和上表自陳曰：

臣早奉龍顏，自周代天和三年已來，數蒙陛下顧問，當時具言至尊膺圖受命，光宅區宇。此乃天授，非由人事所及。臣無勞效，坐致五品，二十餘年。臣是何人，敢不慚懼！愚臣不任區區之至，謹錄陛下龍潛之時，臣有所言一得，書之祕府，死無所恨。

昔陛下在周，嘗與永富公竇榮定語臣曰：「我聞有行聲，卽識其人。」臣當時卽言公眼如曙星，無所不照，當王有天下，願忍誅殺。建德四年五月，周武帝在雲陽宮，謂臣曰：「諸公皆汝所識，隋公相祿何如？」臣報武帝曰：「隋公止是守節人，可鎭一方。若爲將領，陣無不破。」臣卽於宮東南奏聞。陛下謂臣，此語不忘。明年，烏丸軌言於武帝曰：「隋公非人臣。」帝尋以問臣，臣知帝有疑，臣詭報曰：「是節臣，更無異相。」于時王誼、梁彥光等知臣此語。大象二年五月，至尊從永巷東門入，臣在永巷門東，北面立，陛下問臣曰：「我無災障不？」臣奏陛下曰：「公骨法氣色相應，天命已有付屬。」未幾，遂總百揆。

上覽之大悅，進位開府，賜物五百段，米三百石，地十頃。

和同郡韓則，嘗詣和相，和謂之曰：「後四五當得大官。」人初不知所謂。則至開皇十五年五月而終，人問其故，和曰：「十五年爲三五，加以五月爲四五。大官，椁也。」和言多此類。著相經四十卷。

道士張賓、焦子順、雁門人董子華，〔一〕此三人，當高祖龍潛時，並私謂高祖曰：「公當爲天子，善自愛。」及踐阼，以賓爲華州刺史，子順爲開府，子華爲上儀同。

蕭吉

蕭吉字文休，梁武帝兄長沙宣武王懿之孫也。博學多通，尤精陰陽算術。江陵陷，遂歸于周，爲儀同。宣帝時，吉以朝政日亂，上書切諫，帝不納。及隋受禪，進上儀同，以本官太常考定古今陰陽書。

吉性孤峭，不與公卿相沉浮，又與楊素不協，由是擯落於世，鬱鬱不得志。見上好徵祥之說，欲乾沒自進，遂矯其迹爲悅媚焉。開皇十四年上書曰：「今年歲在甲寅，十一月朔旦，以辛酉爲冬至。來年乙卯，正月朔旦，以庚申爲元日，冬至之日，卽在朔旦。樂汁圖徵云：『天元十一月朔旦冬至，聖王受享祚。』今聖主在位，居天元之首，而朔旦冬至，此慶一也。辛酉之日，卽是至尊本命，辛德在丙，此十一月建丙子。酉德在寅，正月建寅爲本命，與月德合，而居元朔之首，此慶二也。庚申之日，卽是行年，乙德在庚，卯德在申，來年乙卯，是行年與歲合德，而在元旦之朝，此慶三也。陰陽書云：『年命與歲月合德者，必有福慶。』洪範傳云：『歲之朝，月之朝，日之朝，主王者。』經書並謂三長應之者，延年福吉。況乃甲寅蔀首，十一月陽之始，朔旦冬至，是聖王上元。正月是正陽之月，歲之首，月之先。朔旦是歲之元，月之朝，日之先，嘉辰之會。而本命爲九元之先，行年爲三長之首，並與歲月合德。所以靈寶經云：『角音龍精，其祚日强。』來歲年命納音俱角，曆之與經，如合符契。又甲寅、乙卯，天地合也，甲寅之年，以辛酉冬至，來年乙卯，以甲子夏至。冬至陽始，郊天之日，卽是至尊本命，此慶四也。夏至陰始，祀地之辰，卽是皇后本命，此慶五也。至尊德並乾之覆育，皇后仁同地之載養，所以二儀元氣，並會本辰。」上覽之大悅，賜物五百段。

房陵王時爲太子，言東宮多鬼魅，鼠妖數見。上令吉詣東宮，禳邪氣。於宣慈殿設神坐，有迴風從艮地鬼門來，掃太子坐。吉以桃湯葦火驅逐之，風出宮門而止。又謝土，於未地設壇，爲四門，置五帝坐。于時至寒，有蝦蟇從西南來，入人門，升赤帝坐，還從人門而出。行數步，忽然不見。上大異之，賞賜優洽。又上言，太子當不安位，時上陰欲廢立，得其言是之。由此每被顧問。

及獻皇后崩，上令吉卜擇葬所，吉歷筮山原，至一處，云「卜年二千，卜世二百」，具圖而奏之。上曰：「吉凶由人，不在於地。高緯父葬，豈不卜乎？國尋滅亡。正如我家墓田，若云不吉，朕不當爲天子；若云不凶，我弟不當戰沒。」然竟從吉言。吉表曰：「去月十六日，皇后山陵西北，鷄未鳴前，有黑雲方圓五六百步，從地屬天。東南又有旌旗車馬帳幕，布滿七八里，幷有人往來檢校，部伍甚整，日出乃滅，同見者十餘人。謹案葬書云：『氣王與姓相生，大吉。』今黑氣當冬王，與姓相生，是大吉利，子孫無疆之候也。」上大悅。其後上將親臨發殯，吉復奏上曰：「至尊本命辛酉，今歲斗魁及天岡，臨卯酉，謹按陰陽書，不得臨喪。」上不納。退而告族人蕭平仲曰：「皇太子遣宇文左率深謝余云：『公前稱我當爲太子，竟有其驗，終不忘也。今卜山陵，務令我早立。我立之後，當以富貴相報。』吾記之曰：『後四載，太子御天下。』今山陵氣應，上又臨喪，兆益見矣。且太子得政，隋其亡乎！當有眞人出治之矣。吾前紿云卜年二千者，是三十字也；卜世二百者，取三十二運也。吾言信矣，汝其誌之。」

及煬帝嗣位，拜太府少卿，加位開府。嘗行經華陰，見楊素冢上有白氣屬天，密言於帝。

帝問其故，吉曰：「其候素家當有兵禍，滅門之象。改葬者，庶可免乎！」帝後從容謂楊玄感曰：「公家宜早改葬。」玄感亦微知其故，以爲吉祥，託以遼東未滅，不遑私門之事。未幾而玄感以反族滅，帝彌信之。後歲餘，卒官。著金海三十卷，相經要錄一卷，宅經八卷，葬經六卷，樂譜二十卷及帝王養生方二卷，相手版要決一卷，太一立成一卷，並行於世。

時有楊伯醜、臨孝恭、劉祐，俱以陰陽術數知名。

楊伯醜

楊伯醜，馮翊武鄉人也。好讀易，隱於華山。開皇初，被徵入朝，見公卿不爲禮，無貴賤皆汝之。人不能測也。高祖召與語，竟無所答。上賜之衣服，至朝堂捨之而去。於是被髮陽狂，遊行市里，形體垢穢，未嘗櫛沐。

嘗有張永樂者，賣卜京師，伯醜每從之遊。永樂爲卦有不能決者，伯醜輒爲分析爻象，尋幽入微。永樂嗟服，自以爲非所及也。

伯醜亦開肆賣卜。有人嘗失子，就伯醜筮者。卦成，伯醜曰：「汝子在懷遠坊南門道東北壁上，有青裙女子抱之，可往取也。」如言果得。或者有金數兩，夫妻共藏之，於後失金，其夫意妻有異志，將逐之。其妻稱寃，以詣伯醜，爲筮之曰：「金在矣。」悉呼其家人，指一人曰：「可取金來！」其人赧然，應聲而取之。道士韋知常詣伯醜問吉凶，伯醜曰：「汝勿東北行，必不得已，當早還。不然者，楊素斬汝頭。」未幾，上令知常事漢王諒。俄而上崩，諒舉兵反，知常逃歸京師。知常先與楊素有隙，及素平并州，先訪知常，將斬之，賴此獲免。又人有失馬，來詣伯醜卜者。時伯醜爲皇太子所召，在塗遇之，立爲作卦，卦成，曰：「我不遑爲卿占之，卿且向西市東壁門南第三店，爲我買魚作膾，當得馬矣。」其人如此言，須臾，有一人牽所失馬而至，遂擒之。崖州嘗獻徑寸珠，其使者陰易之，上心疑焉，召伯醜令筮。伯醜曰：「有物出自水中，質圓而色光，是大珠也。今爲人所隱。」具言隱者姓名容狀。上如言簿責之，果得本珠。上奇之，賜帛二十匹。國子祭酒何妥嘗詣之論易，聞妥之言，倏然而笑曰：「何用鄭玄、王弼之言乎！」久之，微有辯答，所說辭義，皆異先儒之旨，而思理玄妙，故論者以爲天然獨得，非常人所及也。竟以壽終。

臨孝恭

臨孝恭，京兆人也。明天文算術，高祖甚親遇之。每言災祥之事，未嘗不中，上因令考定陰陽。官至上儀同。著欹器圖三卷，地動銅儀經一卷，九宮五墓一卷，遁甲月令十卷，元辰經十卷，元辰厄一百九卷，百怪書十八卷，祿命書二十卷，九宮龜經一百一十卷，太一式經三十卷，孔子馬頭易卜書一卷，並行於世。

劉祐

劉祐，滎陽人也。開皇初，爲大都督，封索盧縣公。其所占候，合如符契，高祖甚親之。初與張賓、劉暉、馬顯定曆。後奉詔撰兵書十卷，名曰金韜，上善之。復著陰策二十卷，觀臺飛候六卷，玄象要記五卷，律曆術文一卷，婚姻志三卷，產乳志二卷，式經四卷，四時立成法一卷，安曆志十二卷，歸正易十卷，並行於世。

張冑玄

張冑玄，渤海蓨人也。博學多通，尤精術數。冀州刺史趙煚薦之，高祖徵授雲騎尉，直太史，參議律曆事。時輩多出其下，由是太史令劉暉等甚忌之。然暉言多不中，冑玄所推步甚精密，上異之。令楊素與術數人立議六十一事，皆舊法久難通者，令暉與冑玄等辯析之。暉杜口一無所答，冑玄通者五十四焉。由是擢拜員外散騎侍郎，兼太史令，賜物千段，暉及黨與八人皆斥逐之。改定新曆，言前曆差一日。內史通事顏敏楚上言曰：「漢時落下閎改顓頊曆作太初曆，云後當差一日。八百年當有聖者定之。計今相去七百一十年，術者舉其成數，聖者之謂，其在今乎！」上大悅，漸見親用。

胄玄所爲曆法，與古不同者有三事：

其一，宋祖沖之於歲周之末，創設差分，冬至漸移，不循舊軌。每四十六年，却差一度。至梁虞劆曆法，嫌沖之所差太多，因以一百八十六年冬至移一度。胄玄以此二術，年限懸隔，追檢古注，所失極多，遂折中兩家，以爲度法。冬至所宿，歲別漸移，八十三年却行一度，則上合堯時日永星火，次符漢曆宿起牛初。明其前後，並皆密當。

其二，周馬顯造丙寅元曆，有陰陽轉法，加減章分，進退蝕餘，乃推定日，創開此數。當時術者，多不能曉。張賓因而用之，莫能考正。胄玄以爲加時先後，逐氣參差，就月爲斷，於理未可。乃因二十四氣列其盈縮所出，實由日行遲則月逐日易及，令合朔加時早，日行速則月逐日少遲，令合朔加時晚。檢前代加時早晚，以爲損益之率。日行自秋分已後至春分，其勢速，計一百八十二日而行一百八十度。自春分已後至秋分，日行遲，計一百八十二日而行一百七十六度。每氣之下，卽其率也。

其三，自古諸曆，朔望值交，不問內外，入限便食。張賓立法，創有外限，應食不食，猶未能明。胄玄以日行黃道，歲一周天，月行月道，二十七日有餘一周天。月道交絡黃道，每行黃道內十三日有奇而出，又行黃道外十三日有奇而入，終而復始，月經黃道，謂之交。朔望去交前後各十五度已下，卽爲當食。若月行內道，則在黃道之北，食多有驗。月行外道，在黃道之南也，雖遇正交，無由掩映，食多不驗。遂因前法，别立定限，隨交遠近，逐氣求差，損益食分，事皆明著。

其超古獨異者有七事：

其一，古曆五星行度皆守恒率，見伏盈縮，悉無格准。胄玄推之，各得其眞率，合見之數，與古不同。其差多者，至加減三十許日。卽如熒惑平見在雨水氣，卽均加二十九日，見在小雪氣，則均減二十五日。加減平見，以爲定見。諸星各有盈縮之數，皆如此例，但差數不同。特其積候所知，時人不能原其意旨。

其二，辰星舊率，一終再見，凡諸古曆，皆以爲然，應見不見，人未能測。胄玄積候，知辰星一終之中，有時一見，及同類感召，相隨而出。卽如辰星平晨見在雨水氣者，應見卽不見，若平晨見在啓蟄氣者，去日十八度外，三十六度內，晨有木火土金一星者，亦相隨見。

其三，古曆步術，行有定限，自見已後，依率而推。進退之期，莫知多少。胄玄積候，知五星遲速留退眞數皆與古法不同，多者至差八十餘日，留廻所在亦差八十餘度。卽如熒惑前疾初見在立冬初，則二百五十日行一百七十七度，定見在夏至初，則一百七十日行九十二度。追步天驗，今古皆密。

其四，古曆食分，依平卽用，推驗多少，實數罕符。冑玄積候，知月從木、火、土、金四星行有向背。月向四星卽速，背之則遲，皆十五度外，乃循本率。遂於交分，限其多少。

其五，古曆加時，朔望同術。冑玄積候，知日食所在，隨方改變，傍正高下，每處不同。交有淺深，遲速亦異，約時立差，皆會天象。

其六，古曆交分卽爲食數，去交十四度者食一分，去交十三度食二分，去交十度食三分。每近一度，食益一分，當交卽食既。其應少反多，應多反少，自古諸曆，未悉其原。冑玄積候，知當交之中，月掩日不能畢盡，其食反少，去交五六時，月在日內，掩日便盡，故食乃既。自此已後，更遠者其食又少。交之前後在冬至皆爾。若近夏至，其率又差。所立食分，最爲詳密。

其七，古曆二分，晝夜皆等。冑玄積候，知其有差，春秋二分，晝多夜漏半刻，皆由日行遲疾盈縮使其然也。

凡此冑玄獨得於心，論者服其精密。大業中卒官。

許智藏

許智藏，高陽人也。祖道幼，嘗以母疾，遂覽醫方，因而究極，世號名醫。誡其諸子曰：

「爲人子者，嘗膳視藥，不知方術，豈謂孝乎？」由是世相傳授。仕梁，官至員外散騎侍郎。父景，武陵王諮議參軍。

智藏少以醫術自達，仕陳爲散騎侍郎。及陳滅，高祖以爲員外散騎侍郎，使詣揚州。會秦孝王俊有疾，上馳召之。俊夜中夢其亡妃崔氏泣曰：〔二〕「本來相迎，如聞許智藏將至，其人若到，當必相苦，爲之奈何？」明夜，俊又夢崔氏曰：「妾得計矣，當入靈府中以避之。」及智藏至，爲俊診脉，曰：「疾已入心，郎當發癇，不可救也。」果如言，俊數日而薨。上奇其妙，賚物百段。煬帝卽位，智藏時致仕于家，帝每有所苦，輒令中使就詢訪，或以輦迎入殿，扶登御牀。智藏爲方奏之，用無不效。年八十，卒于家。

宗人許澄，亦以醫術顯。父奭，仕梁太常丞、中軍長史。隨柳仲禮入長安，與姚僧垣齊名，〔三〕拜上儀同三司。澄有學識，傳父業，尤盡其妙。歷尚藥典御、諫議大夫，封賀川縣伯。父子俱以藝術名重於周、隋二代。史失事，故附見云。

萬寶常 王令言

萬寶常，不知何許人也。父大通，從梁將王琳歸于齊。後復謀還江南，事泄，伏誅。由是寶常被配爲樂戶，因而妙達鍾律，遍工八音。造玉磬以獻于齊。又嘗與人方食，論及聲調。時無樂器，寶常因取前食器及雜物，以箸扣之，品其高下，宮商畢備，諧於絲竹，大爲時人所賞。然歷周洎隋，俱不得調。

開皇初，沛國公鄭譯等定樂，初爲黃鍾調。寶常雖爲伶人，譯等每召與議，然言多不用。後譯樂成奏之，上召寶常，問其可不，寶常曰：「此亡國之音，豈陛下之所宜聞！」上不悅。寶常因極言樂聲哀怨淫放，非雅正之音，請以水尺爲律，以調樂器。上從之。寶常奉詔，遂造諸樂器，其聲率下鄭譯調二律。并撰樂譜六十四卷，具論八音旋相爲宮之法，改絃移柱之變。爲八十四調，一百四十四律，變化終於一千八百聲。時人以周禮有旋宮之義，自漢、魏已來，知音者皆不能通，見寶常特創其事，皆哂之。至是，試令爲之，應手成曲，無所凝滯，見者莫不嗟異。於是損益樂器，不可勝紀，其聲雅淡，不爲時人所好，太常善聲者多排毀之。

又太子洗馬蘇夔以鍾律自命，尤忌寶常。夔父威，方用事，凡言樂者，皆附之而短寶常。數詣公卿怨望，蘇威因詰寶常，所爲何所傳受。有一沙門謂寶常曰：「上雅好符瑞，有言徵祥者，上皆悅之。先生當言就胡僧受學，云是佛家菩薩所傳音律，則上必悅。先生所爲，可以行矣。」寶常然之，遂如其言以答威。威怒曰：「胡僧所傳，乃是四夷之樂，非中國所宜行也。」其事竟寢。寶常嘗聽太常所奏樂，泫然而泣。人問其故，寶常曰：「樂聲淫厲而哀，天下不久相殺將盡。」時四海全盛，聞其言者皆謂爲不然。大業之末，其言卒驗。

寶常貧無子，其妻因其臥疾，遂竊其資物而逃。寶常飢餒，無人贍遺，竟餓而死。將死也，取其所著書而焚之，曰：「何用此爲？」見者於火中探得數卷，見行於世，時論哀之。開皇之世，有鄭譯、何妥、盧賁、蘇夔、蕭吉，並討論墳籍，撰著樂書，皆爲當世所用。至於天然識樂，不及寶常遠矣。安馬駒、曹妙達、王長通、郭令樂等，〔四〕能造曲，爲一時之妙，又習鄭聲，而寶常所爲，皆歸於雅。此輩雖公議不附寶常，然皆心服，謂以爲神。

時有樂人王令言，亦妙達音律。大業末，煬帝將幸江都，令言之子嘗從，於戶外彈胡琵琶，作翻調安公子曲。令言時臥室中，聞之大驚，蹶然而起曰：「變，變！」急呼其子曰：「此曲興自早晚？」其子對曰：「頃來有之。」令言遂歔欷流涕，謂其子曰：「汝慎無從行，帝必不返。」子問其故，令言曰：「此曲宮聲往而不反，宮者君也，吾所以知之。」帝竟被殺於江都。

史臣曰：陰陽卜祝之事，聖人之教在焉，雖不可以專行，亦不可得而廢也。人能弘道，則博利時俗，行非其義，則咎悔及身，故昔之君子所以戒乎妄作。今韋、來之骨法氣色，庾、張之推步盈虛，雖落下、高堂、許負、朱建，不能尚也。伯醜龜策，近知鬼神之情，耿詢渾儀，不差辰象之度，寶常聲律，動應宮商之和，雖不足遠擬古人，皆一時之妙也。許氏之運鍼石，世載可稱，蕭吉之言陰陽，近於誣誕矣。

校勘記

〔一〕鴈門　「鴈」原作「應」，據通志一八三改。

〔二〕俊夜中夢其亡妃崔氏泣曰　「俊」原作「後」，據北史許智藏傳及御覽七二三改。

〔三〕姚僧垣　「垣」原作「坦」，據北史本傳改。

〔四〕郭令樂　本書音樂志下、御覽五六四作「郭金樂」。

隋書卷七十九

列傳第四十四

外戚

歷觀前代外戚之家，乘母后之權以取高位厚秩者多矣，然而鮮有克終之美，必罹顛覆之患，何哉？皆由乎無德而尊，不知紀極，忽於滿盈之戒，罔念高危之咎，故鬼瞰其室，憂必及之。夫其誠著艱難，功宣社稷，不以謙沖自牧，未免顛蹶之禍。而況道不足以濟時，仁不足以利物，自矜於己，以富貴驕人者乎！此呂、霍、上官、閻、梁、竇、鄧所以繼踵而亡滅者也。

昔文皇潛躍之際，獻后便相推轂，煬帝大横方兆，蕭妃密勿經綸，是以恩禮綢繆，始終不易。然內外親戚，莫預朝權，昆弟在位，亦無殊寵。至於居擅玉堂，家稱金穴，暉光戚里，重灼四方，將三司以比儀，命五侯而同拜者，終始一代，寂無聞焉。考之前王，可謂矯其弊矣。故雖時經擾攘，無有陷於不義，市朝遷貿，而皆得以保全。比夫憑藉寵私，階緣恩澤，乘其非據，旋就顛隕者，豈可同日而言哉！此所謂愛之以禮，能改覆車。輒敍其事，爲外戚傳云。

高祖外家呂氏

高祖外家呂氏，其族蓋微，平齊之後，求訪不知所在。至開皇初，濟南郡上言，有男子呂永吉，自稱有姑字苦桃，爲楊忠妻。〔一〕勘驗知是舅子，始追贈外祖雙周爲上柱國、太尉、八州諸軍事、青州刺史，封齊郡公，謚曰敬，外祖母姚氏爲齊敬公夫人。詔並改葬，於齊州立廟，置守冢十家。以永吉襲爵，留在京師。大業中，授上黨郡太守，性識庸劣，職務不理。後去官，不知所終。

永吉從父道貴，性尤頑騃，言詞鄙陋。初自鄉里徵入長安，上見之悲泣。道貴略無戚容，但連呼高祖名，云：「種末定不可偷，大似苦桃姊。」是後數犯忌諱，動致違忤，上甚恥之。乃命高熲厚加供給，不許接對朝士。拜上儀同三司，出爲濟南太守，令卽之任，斷其入朝。道貴還至本郡，高自崇重，每與人言，自稱皇舅。數將儀衞出入閭里，從故人遊宴，官民咸苦之。後郡廢，終於家，子孫無聞焉。

獨孤羅 弟陁

獨孤羅字羅仁，雲中人也。父信，初仕魏爲荆州刺史。武帝之入關也，信棄父母妻子西歸長安，歷職顯貴，羅由是遂爲高氏所囚。信後仕周爲大司馬。及信爲宇文護所誅，羅始見釋，寓居中山，孤貧無以自給。齊將獨孤永業以宗族之故，見而哀之，爲買田宅，遺以資畜。初，信入關之後，復娶二妻，郭氏生子六人，善、穆、藏、順、陁、整，崔氏生獻皇后。及齊亡，高祖爲定州總管，獻皇后遣人尋羅，得之，相見悲不自勝，侍御者皆泣。於是厚遺車馬財物。未幾，周武帝以羅功臣子，久淪異域，徵拜楚安郡太守。以疾去官，歸于京師。諸弟見羅少長貧賤，每輕侮之，不以兄禮事也。然性長者，亦不與諸弟校競長短，后由是重之。

及高祖爲丞相，拜儀同，常置左右。既受禪，下詔追贈羅父信官爵曰：「褒德累行，往代通規，追遠愼終，前王盛典。故柱國信，風宇高曠，獨秀生民，叡哲居宗，清猷映世。宏謀長策，道著於弼諧，緯義經仁，事深於拯濟。方當宣風廊廟，亮采台階，而運屬艱危，功高弗賞，眷言令範，事切於心。今景運初開，椒閳肅建，載懷塗山之義，無忘褒、紀之典。可贈太師、上柱國、冀定等十州刺史、趙國公，邑萬戶。」其諸弟以羅母沒齊，先無夫人之號，不當承襲。上以問后，后曰：「羅誠嫡長，不可誣也。」於是襲爵趙國公。以其弟善爲河內郡公，穆爲金泉縣公，藏爲武平縣公，陁爲武喜縣公，整爲千牛備身。擢拜羅爲左領左右將軍，尋遷左衞將軍，前後賞賜不可勝計。久而出爲涼州總管，進位上柱國。仁壽中，徵拜左武衞大將軍。煬帝嗣位，改封蜀國公。未幾，卒官，謚曰恭。

子纂嗣，仕至河陽郡尉。纂弟武都，大業末，亦爲河陽郡尉。庶長子開遠，宇文化及之弒逆也，裴虔通率賊入成象殿，宿衞兵士皆從逆，開遠時爲千牛，與獨孤盛力戰於閤下，爲賊所執，賊義而捨之。善後官至柱國。卒，子覽嗣，仕至左候衞將軍，大業末卒。

獨孤陁字黎邪。仕周胥附上士，坐父徙蜀郡十餘年。宇文護被誅，始歸長安。高祖受禪，拜上開府、右領左右將軍。久之，出爲郢州刺史，進位上大將軍，累轉延州刺史。好左道。其妻母先事猫鬼，〔三〕因轉入其家。上微聞而不之信也。會獻皇后及楊素妻鄭氏俱有疾，召醫者視之，皆曰：「此猫鬼疾也。」上以陁后之異母弟，陁妻楊素之異母妹，由是意陁所爲，陰令其兄穆以情喩之。上又避左右諷陁，陁言無有。上不悅，左轉遷州刺史。出怨言。上令左僕射高熲、納言蘇威、大理正皇甫孝緒、大理丞楊遠等雜治之。陁婢徐阿尼言，本從陁母家來，常事猫鬼。每以子日夜祀之。言子者鼠也。其猫鬼每殺人者，所死家財物潛移於畜猫鬼家。陁嘗從家中索酒，其妻曰：「無錢可酤。」陁因謂阿尼曰：「可令猫鬼向越公家，使我足錢也。」阿尼便呪之歸。數日，猫鬼向素家。十一年，上初從幷州還，陁於園中謂阿尼曰：「可令猫鬼向皇后所，使多賜吾物。」阿尼復呪之，遂入宮中。楊遠乃於門下外省遣阿尼呼猫鬼。阿尼於是夜中置香粥一盆，以匙扣而呼之曰：「猫女可來，無住宮中。」久之，阿尼色正青，若被牽曳者，云猫鬼已至。上以其事下公卿，奇章公牛弘曰：「妖由人興，殺其人可以絕矣。」上令以犢車載陁夫妻，將賜死於其家。陁弟司勳侍中整詣闕求哀，於是免陁死，除名爲民，以其妻楊氏爲尼。先是，有人訟其母爲人猫鬼所殺者，上以爲妖妄，怒而遣之。及此，詔誅被訟行猫鬼家。陁未幾而卒。

煬帝卽位，追念舅氏，聽以禮葬，乃下詔曰：「外氏衰禍，獨孤陁不幸早世，遷卜有期。言念渭陽之情，追懷傷切，宜加禮命，允備哀榮。可贈正議大夫。」帝意猶不已，復下詔曰：「舅氏之尊，戚屬斯重，而降年弗永，凋落相繼。緬惟先往，宜崇徽秩。復贈銀青光祿大夫。」有二子：延福、延壽。

陁弟整，官至幽州刺史，大業初卒，贈金紫光祿大夫、平鄉侯。

蕭巋 子琮 琮弟瓛

蕭巋字仁遠，梁昭明太子統之孫也。父詧，初封岳陽王，鎭襄陽。侯景之亂，其兄河東王詧與其叔父湘東王繹不協，爲繹所害。及繹嗣位，詧稱藩于西魏，乞師請討繹。周太祖以詧爲梁主，遣柱國于謹等率騎五萬襲繹，滅之。詧遂都江陵，有荆郡、其西平州延袤三百里之地，稱皇帝於其國，車服節文一同王者。仍置江陵總管，以兵戍之。詧薨，巋嗣立，年號天保。巋俊辯，有才學，兼好內典。周武帝平齊之後，巋來賀，帝享之甚歡。親彈琵琶，令巋起舞，巋曰：「陛下親御五絃，臣敢不同百獸！」

高祖受禪，恩禮彌厚，遣使賜金五百兩，銀千兩，布帛萬匹，馬五百匹。巋來朝，上甚敬焉，詔巋位在王公之上。巋被服端麗，進退閑雅，天子矚目，百僚傾慕。賞賜以億計。月餘歸藩，帝親餞於滻水之上。後備禮納其女爲晉王妃，又欲以其子瑒尙蘭陵公主。由是漸見親待。獻皇后言於上曰：「梁主通家，腹心所寄，何勞猜防也。」上然之，於是罷江陵總管，巋專制其國。歲餘，巋又來朝，賜縑萬匹，珍玩稱是。及還，上親執手曰：「梁主久滯荆楚，未復舊都，故鄉之念，良軫懷抱。朕當振旅長江，相送旋反耳。」巋拜謝而去。其年五月，寢疾，臨終上表曰：「臣以庸闇，曲荷天慈，寵冠外藩，恩踰連山，爰及子女，尙主婚王。每願躬擐甲冑，身先士卒，掃蕩逋寇，上報明時。而攝生乖舛，遽罹痾疾，屬纊在辰，顧陰待謝。長違聖世，感戀嗚咽，遺嗣孤藐，特乞降慈。伏願聖躬與山岳同固，皇基等天日俱永，臣雖九泉，實無遺恨。」幷獻所服金裝劍，上覽而嗟悼焉。巋在位二十三年，年四十四薨，梁之臣子謚曰孝明皇帝，廟號世宗。子琮嗣。歸著孝經、周易義記及大小乘幽微十四卷，行於世。

琮字溫文，性寬仁，有大度，倜儻不羈，博學有文義。兼善弓馬，遣人伏地著帖，琮馳馬射之，十發十中，持帖者亦不懼。初封東陽王，尋立爲梁太子。及嗣位，上賜璽書曰：「負荷堂構，其事甚重，雖窮憂勞，常須自力。輯諧內外，親任才良，聿遵世業，是所望也。彼之疆守，咫尺陳人，水潦之時，特宜警備。陳氏比日雖復朝聘相尋，疆埸之間猶未淸肅，唯當恃我必不可干，勿得輕人而不設備。朕與梁國積世相知，重以親姻，情義彌厚。江陵之地，朝寄非輕，爲國爲民，深宜抑割，恒加饘粥，以禮自存。」又賜梁之大臣璽書，誡勉之。時琮年號廣運，有識者曰：「運之爲字軍走也，吾君將奔走乎？」其年，琮遣大將軍戚昕以舟師襲陳公安，不克而還。徵琮叔父岑入朝，拜爲大將軍，封懷義公，因留不遣。復置江陵總管以監之。琮所署大將軍許世武密以城召陳將宜黃侯陳紀，謀洩，琮誅之。後二歲，上徵琮入朝，率其臣下二百餘人朝于京師，江陵父老莫不隕涕相謂曰：「吾君其不反矣！」上以琮來朝，遣武鄉公崔弘度將兵戍之。軍至鄀州，琮叔父巖及弟瓛等懼弘度掩襲之，遂引陳人至城下，虜居民而叛。於是廢梁國。上遣左僕射高熲安集之，曲赦江陵死罪，給民復十年。梁二主各給守墓十戶。拜琮爲柱國，賜爵莒國公。

煬帝嗣位，以皇后之故，甚見親重。拜內史令，改封梁公。琮之宗族，緦麻以上，並隨才擢用，於是諸蕭昆弟布列朝廷。琮性澹雅，不以職務自嬰，退朝縱酒而已。內史令楊約與琮同列，帝令約宣旨誡勵，約復以私情喻之。琮答曰：「琮若復事事，則何異於公哉！」約笑而退。約兄素，時爲尙書令，見琮嫁從父妹於鉗耳氏，因謂琮曰：「公，帝王之族，望高戚美，何乃適妹鉗耳氏乎？」琮曰：「前已嫁妹於侯莫陳氏，此復何疑！」素曰：「鉗耳，羌也，侯莫陳，虜也，何得相比！」素意以虜優羌劣。琮曰：「以羌異虜，未之前聞。」素慚而止。琮雖羈旅，見北間豪貴，無所降下。嘗與賀若弼深相友善，弼旣被誅，復有童謠曰：「蕭蕭亦復起。」帝由是忌之，遂廢於家，未幾而卒。贈左光祿大夫。子鉉，襄城通守。復以琮弟子鉅爲梁公。鉅小名藏，煬帝甚昵之，以爲千牛，與宇文皛出入宮掖，伺察內外。帝每有遊宴，鉅未嘗不從焉，遂於宮中多行淫穢。江都之變，爲宇文化及所殺。

瓛字欽文，少聰敏，解屬文。在梁爲荆州刺史，頗有能名。崔弘度以兵至鄀州，瓛懼，與其叔父巖奔于陳。陳主以爲侍中、安東將軍、吳州刺史，甚得物情，三吳父老皆曰：「吾君子也。」及陳亡，吳人推瓛爲主。吳人見梁武、簡文及詧、巋等兄弟並第三而踐尊位，瓛自以巋之第三子也，深自矜負。有謝異者，頗知廢興，梁、陳之際，言無不驗，江南人甚敬信之。

及陳主被擒，異奔於瓛，由是益爲衆所歸。褒國公宇文述以兵討之，瓛遣王哀守吳州，自將拒述。述遣兵別道襲吳州，哀懼，衣道士服，棄城而遁。瓛衆聞之，悉無鬬志，與述一戰而敗。瓛將左右數人逃于太湖，匿於民家，爲人所執，送於述所，斬之長安，時年二十一。

弟瑒，爲朝請大夫、尚衣奉御。瑒，歷衞尉卿、祕書監、陶丘侯。瑀，歷內史侍郎、河池太守。

史臣曰：三、五哲王，防深慮遠，舅甥之國，罕執鈞衡，母后之家，無聞傾敗。爰及漢、晉，顚覆繼軌，皆由乎進不以禮，故其斃亦速。若使獨孤權侔呂、霍，必敗於仁壽之前，蕭氏勢均梁、竇，豈全於大業之後！今或不隕舊基，或更隆先構，豈非處之以道，不預權寵之所致乎！

校勘記

〔一〕楊忠妻　「忠」原爲空格，各本多作「諱」，今補「忠」字。

〔二〕其妻母先事猫鬼　「其妻母」，北史獨孤陁傳作「其外祖母高氏」。

隋書卷八十

列傳第四十五

列女

自昔貞專淑媛，布在方策者多矣。婦人之德，雖在於溫柔，立節垂名，咸資於貞烈。溫柔，仁之本也；貞烈，義之資也。非溫柔無以成其仁，非貞烈無以顯其義。是以詩書所記，風俗所在，圖像丹青，流聲竹素，莫不守約以居正，殺身以成仁者也。若文伯、王陵之母，白公、杞植之妻，魯之義姑，梁之高行，衞君靈主之妾，夏侯文寧之女，或抱信以含貞，或蹈忠而踐義，不以存亡易心，不以盛衰改節，其修名彰於既往，徽音傳於不朽，不亦休乎！或有王公大人之妃偶，肆情於淫僻之俗，雖衣繡衣，食珍膳，坐金屋，乘玉輦，不入彤管之書，不霑良史之筆，將草木以俱落，與麋鹿而同死，可勝道哉！永言載思，實庶姬之恥也。觀夫今之靜女，各勵松筠之操，甘於玉折蘭摧，足以無絕今古。故述其雅志，以纂前代之列女云。

蘭陵公主

蘭陵公主字阿五，高祖第五女也。美姿儀，性婉順，好讀書，高祖於諸女中特所鍾愛。初嫁儀同王奉孝，卒，適河東柳述，時年十八。諸姊並驕貴，主獨折節遵於婦道，事舅姑甚謹，遇有疾病，必親奉湯藥。高祖聞之大悅。由是述漸見寵遇。

初，晉王廣欲以主配其妃弟蕭瑒，高祖初許之，後遂適述，晉王因不悅。及述用事，彌惡之。高祖既崩，述徙嶺表。煬帝令主與述離絕，將改嫁之。公主以死自誓，不復朝謁，上表請免主號，與述同徙。帝大怒曰：「天下豈無男子，欲與述同徙耶？」主曰：「先帝以妾適于柳家，今其有罪，妾當從坐，不願陛下屈法申恩。」帝不從，主憂憤而卒，時年三十二。臨終上表曰：「昔共姜自誓，著美前詩，鄎嬀不言，傳芳往誥。妾雖負罪，竊慕古人。生既不得從夫，死乞葬於柳氏。」帝覽之愈怒，竟不哭，乃葬主於洪瀆川，資送甚薄。朝野傷之。

南陽公主

南陽公主者，煬帝之長女也。美風儀，有志節，造次必以禮。年十四，嫁於許國公宇文述子士及，以謹肅聞。及述病且卒，主親調飲食，手自奉上，世以此稱之。

及宇文化及殺逆，主隨至聊城，而化及爲竇建德所敗，士及自濟北西歸大唐。時隋代衣冠並在其所，建德引見之，莫不惶懼失常，唯主神色自若。建德與語，主自陳國破家亡，不能報怨雪恥，淚下盈襟，聲辭不輟，情理切至。建德及觀聽者莫不爲之動容隕涕，咸肅然敬異焉。及建德誅化及，時主有一子，名禪師，年且十歲。建德遣武賁郎將於士澄謂主曰：「宇文化及躬行殺逆，人神所不容。今將族滅其家，公主之子，法當從坐，若不能割愛，亦聽留之。」主泣曰：「武賁既是隋室貴臣，此事何須見問！」建德竟殺之。主尋請建德削髮爲尼。及建德敗，將歸西京，復與士及遇於東都之下，主不與相見。士及就之，立於戶外，請復爲夫妻。主拒之曰：「我與君讎家。今恨不能手刃君者，但謀逆之日察君不預知耳。」因與告絕，訶令速去。士及固請之，主怒曰：「必欲就死，可相見也。」士及見其言切，知不可屈，乃拜辭而去。

襄城王恪妃

襄城王恪妃者，河東柳氏女也。父旦，循州刺史。妃姿儀端麗，年十餘，以良家子合法相，嫂以爲妃。未幾而恪被廢，妃修婦道，事之愈敬。煬帝嗣位，恪復徙邊，帝令使者殺之於道。恪與辭訣，妃曰：「若王死，妾誓不獨生。」於是相對慟哭。恪既死，棺斂訖，妃謂使者曰：「妾誓與楊氏同穴。若身死之後得不別埋，君之惠也。」遂撫棺號慟，自經而卒。見者莫不爲之涕流。

華陽王楷妃

華陽王楷妃者，河南元氏之女也。父巖，性明敏，有氣幹。仁壽中，爲黃門侍郎，封龍涸縣公。煬帝嗣位，坐與柳述連事，除名爲民，徙南海。後會赦，還長安。有人譖巖逃歸，收而殺之。妃有姿色，性婉順，初以選爲妃。未幾而楷被幽廢，妃事楷踰謹，每見楷有憂懼之色，輒陳義理以慰諭之，楷甚敬焉。及江都之亂，楷遇宇文化及之逆，以妃賜其黨元武達。武達初以宗族之禮，置之別舍，後因醉而逼之。妃自誓不屈，武達怒，撻之百餘，辭色彌厲。因取甓自毀其面，血淚交下，武達釋之。妃謂其徒曰：「我不能早死，致令將見侵辱，我之罪也。」因不食而卒。

譙國夫人

譙國夫人者，高涼洗氏之女也。世爲南越首領，跨據山洞，部落十餘萬家。夫人幼賢明，多籌略，在父母家，撫循部衆，能行軍用師，壓服諸越。每勸親族爲善，由是信義結於本鄉。越人之俗，好相攻擊，夫人兄南梁州刺史挺，恃其富强，侵掠傍郡，嶺表苦之。夫人多所規諫，由是怨隙止息，海南、儋耳歸附者千餘洞。梁大同初，羅州刺史馮融聞夫人有志行，爲其子高涼太守寶娉以爲妻。融本北燕苗裔。初，馮弘之投高麗也，遣融大父業以三百人浮海歸宋，因留于新會。自業及融，三世爲守牧，他鄉羈旅，號令不行。至是，夫人誡約本宗，使從民禮。每共寶參決辭訟，首領有犯法者，雖是親族，無所舍縱。自此政令有序，人莫敢違。

遇侯景反，廣州都督蕭勃徵兵援臺。高州刺史李遷仕據大皐口，遣召寶。寶欲往，夫人止之曰：「刺史無故不合召太守，必欲詐君共爲反耳。」寶曰：「何以知之？」夫人曰：「刺史被召援臺，乃稱有疾，鑄兵聚衆，而後喚君。今者若往，必留質，追君兵衆。此意可見，願且無行，以觀其勢。」數日，遷仕果反，遣主帥杜平虜率兵入灨石。寶知之，遽告，夫人曰：「平虜，驍將也，領兵入灨石，卽與官兵相拒，勢未得還。遷仕在州，無能爲也。若君自往，必有戰鬬。宜遣使詐之，卑辭厚禮，云身未敢出，欲遣婦往參。彼聞之喜，必無防慮。於是我將千餘人，步擔雜物，唱言輸賧，得至柵下，賊必可圖。」寶從之，遷仕果大喜，覘夫人衆皆擔物，不設備。夫人擊之，大捷。遷仕遂走，保于寧都。夫人總兵與長城侯陳霸先會于灨石。還謂寶曰：「陳都督大可畏，極得衆心。我觀此人必能平賊，君宜厚資之。」

及寶卒，嶺表大亂，夫人懷集百越，數州晏然。至陳永定二年，其子僕年九歲，遣帥諸首領朝于丹陽，起家拜陽春郡守。後廣州刺史歐陽紇謀反，召僕至高安，誘與爲亂。僕遣使歸告夫人，夫人曰：「我爲忠貞，經今兩代，不能惜汝輒負國家。」遂發兵拒境，帥百越酋長迎章昭達。內外逼之，紇徒潰散。僕以夫人之功，封信都侯，加平越中郎將，轉石龍太守。詔使持節册夫人爲中郎將、石龍太夫人，賚繡幰油絡駟馬安車一乘，給鼓吹一部，幷麾幢旌節，其鹵簿一如刺史之儀。至德中，僕卒。後遇陳國亡，嶺南未有所附，數郡共奉夫人，號爲聖母，保境安民。

高祖遣總管韋洸安撫嶺外，陳將徐璒以南康拒守。洸至嶺下，逡巡不敢進。初，夫人以扶南犀杖獻于陳主，至此，晉王廣遣陳主遺夫人書，諭以國亡，令其歸化，幷以犀杖及兵符爲信。夫人見杖，驗知陳亡，集首領數千，盡日慟哭。遣其孫魂帥衆迎洸，入至廣州，嶺南悉定。表魂爲儀同三司，册夫人爲宋康郡夫人。

未幾，番禺人王仲宣反，首領皆應之，圍洸於州城，進兵屯衡嶺。夫人遣孫暄帥師救洸。暄與逆黨陳佛智素相友善，故遲留不進。夫人知之，大怒，遣使執暄，繫於州獄。又遣孫盎出討佛智，戰剋，斬之。進兵至南海，與鹿愿軍會，共敗仲宣。夫人親被甲，乘介馬，張錦傘，領彀騎，衞詔使裴矩巡撫諸州，其蒼梧首領陳坦、岡州馮岑翁、梁化鄧馬頭、藤州李光略、羅州龐靖等皆來參謁。還令統其部落，嶺表遂定。高祖異之，拜盎爲高州刺史，仍赦出暄，拜羅州刺史。追贈寶爲廣州總管、譙國公，册夫人爲譙國夫人。以宋康邑廻授僕妾洗氏。仍開譙國夫人幕府，置長史以下官屬，給印章，聽發部落六州兵馬，若有機急，便宜行事。降勑書曰：「朕撫育蒼生，情均父母，欲使率土清淨，兆庶安樂。而王仲宣等輒相聚結，擾亂彼民，所以遣往誅翦，爲百姓除害。夫人情在奉國，深識正理，遂令孫盎斬獲佛智，竟破羣賊，甚有大功。今賜夫人物五千段。暄不進愆，誠合罪責，以夫人立此誠效，故特原免。夫人宜訓導子孫，敦崇禮教，遵奉朝化，以副朕心。」皇后以首飾及宴服一襲賜之，夫人並盛於金篋，并梁、陳賜物各藏于一庫。每歲時大會，皆陳于庭，以示子孫，曰：「汝等宜盡赤心向天子。我事三代主，唯用一好心。今賜物具存，此忠孝之報也，願汝皆思念之。」

時番州總管趙訥貪虐，諸俚獠多有亡叛。夫人遣長史張融上封事，論安撫之宜，并言訥罪狀，不可以招懷遠人。上遣推訥，得其贓賄，竟致於法。降勑委夫人招慰亡叛。夫人親載詔書，自稱使者，歷十餘州，宣述上意，諭諸俚獠，所至皆降。高祖嘉之，賜夫人臨振縣湯沐邑，一千五百戶。贈僕爲崖州總管、平原郡公。仁壽初，卒，賻物一千段，謚爲誠敬夫人。

鄭善果母

鄭善果母者，清河崔氏之女也。年十三，出適鄭誠，生善果。而誠討尉迥，力戰死于陣。母年二十而寡，父彥穆欲奪其志，母抱善果謂彥穆曰：「婦人無再見男子之義。且鄭君雖死，幸有此兒。棄兒爲不慈，背死爲無禮。寧當割耳截髮以明素心，違禮滅慈，非敢聞命。」善果以父死王事，年數歲，拜使持節、大將軍，襲爵開封縣公，邑一千戶。開皇初，進封武德郡公。年十四，授沂州刺史，轉景州刺史，尋爲魯郡太守。

母性賢明，有節操，博涉書史，通曉治方。每善果出聽事，母恒坐胡牀，於鄣後察之。聞其剖斷合理，歸則大悅，卽賜之坐，相對談笑。若行事不允，或妄瞋怒，母乃還堂，蒙被而泣，終日不食。善果伏於牀前，亦不敢起。母方起謂之曰：「吾非怒汝，乃愧汝家耳。吾爲汝家婦，獲奉灑掃，如汝先君，忠勤之士也，在官淸恪，未嘗問私，以身徇國，繼之以死，吾亦望汝副其此心。汝既年小而孤，吾寡婦耳，有慈無威，使汝不知禮訓，何可負荷忠臣之業乎？汝自童子承襲茅土，位至方伯，豈汝身致之邪？安可不思此事而妄加瞋怒，心緣驕樂，墮於公政！內則墜爾家風，或亡失官爵，外則虧天子之法，以取罪戾。吾死之日，亦何面目見汝先人於地下乎？」

母恒自紡績，夜分而寐。善果曰：「兒封侯開國，位居三品，秩俸幸足，母何自勤如是邪？」答曰：「嗚呼！汝年已長，吾謂汝知天下之理，今聞此言，故猶未也。至於公事，何由濟乎？今此秩俸，乃是天子報爾先人之徇命也。當須散贍六姻，爲先君之惠，妻子奈何獨擅其利，以爲富貴哉！又絲枲紡織，婦人之務，上自王后，下至大夫士妻，各有所製。若墮業者，是爲驕逸。吾雖不知禮，其可自敗名乎？」

自初寡，便不御脂粉，常服大練。性又節儉，非祭祀賓客之事，酒肉不妄陳於前。靜室端居，未嘗輒出門閤。內外姻戚有吉凶事，但厚加贈遺，皆不詣其家。非自手作及莊園祿賜所得，雖親族禮遺，悉不許入門。

善果歷任州郡，唯內自出饌，於衙中食之，公廨所供，皆不許受，悉用修治廨宇及分給僚佐。善果亦由此克己，號爲清吏。煬帝遣御史大夫張衡勞之，考爲天下最。徵授光祿卿。其母卒後，善果爲大理卿，漸驕姿，清公平允遂不如疇昔焉。

孝女王舜

孝女王舜者，趙郡王子春之女也。子春與從兄長忻不協，屬齊滅之際，長忻與其妻同謀殺子春。舜時年七歲，有二妹，粲年五歲，璠年二歲，並孤苦，寄食親戚。舜撫育二妹，恩義甚篤。而舜陰有復讎之心，長忻殊不爲備。姊妹俱長，親戚欲嫁之，輒拒不從。乃密謂其二妹曰：「我無兄弟，致使父讎不復。吾輩雖是女子，何用生爲？我欲共汝報復，汝意如何？」二妹皆垂泣曰：「唯姊所命。」是夜，姊妹各持刀踰牆而入，手殺長忻夫妻，以告父墓。因詣縣請罪，姊妹爭爲謀首，州縣不能決。高祖聞而嘉歎，特原其罪。

韓覬妻

韓覬妻者，洛陽于氏女也，字茂德。父實，周大左輔。于氏年十四，適于覬。雖生長膏腴，家門鼎盛，而動遵禮度，躬自儉約，宗黨敬之。年十八，覬從軍戰沒，于氏哀毁骨立，慟感行路。每至朝夕奠祭，皆手自捧持。及免喪，其父以其幼少無子，將嫁之。誓無異志。復令家人敦喻，于氏晝夜涕泣，截髮自誓。其父喟然傷感，遂不奪其志焉。因養夫之孽子世隆爲嗣，身自撫育，愛同己生，訓導有方，卒能成立。自孀居已後，唯時或歸寧，至於親族之家，絶不來往。有尊卑就省謁者，送迎皆不出戶庭。蔬食布衣，不聽聲樂，以此終身。高祖聞而嘉歎，下詔褒美，表其門閭，長安中號爲節婦闕。終于家，年七十二。

陸讓母

陸讓母者，上黨馮氏女也。性仁愛，有母儀，讓即其孽子也。仁壽中，爲番州刺史，數有聚斂，贓貨狼籍，爲司馬所奏。上遣使按之皆驗，於是囚詣長安，親臨問。讓稱寃，上復令治書侍御史撫按之，狀不易前。乃命公卿百僚議之，咸曰「讓罪當死」。詔可其奏。

讓將就刑，馮氏蓬頭垢面詣朝堂數讓曰：「無汗馬之勞，致位刺史，不能盡誠奉國，以答鴻恩，而反違犯憲章，贓貨狼籍。若言司馬誣汝，百姓百官不應亦皆誣汝。若言至尊不憐愍汝，何故治書覆汝？豈誠臣？豈孝子？不誠不孝，何以爲人！」於是流涕嗚咽，親持盃粥勸讓令食。既而上表求哀，詞情甚切，上愍然爲之改容。獻皇后甚奇其意，致請於上。治書侍御史柳彧進曰：「馮氏母德之至，有感行路。如或殺之，何以爲勸？」上於是集京城士庶於朱雀門，遣舍人宣詔曰：「馮氏以嫡母之德，足爲世範，慈愛之道，義感人神，特宜矜免，用獎風俗。讓可減死，除名爲民。」復下詔曰：「馮氏體備仁慈，夙閑禮度。孽讓非其所生，往犯憲章，宜從極法，躬自詣闕，爲之請命，匍匐頓顙。朕哀其義，特免死辜。使天下婦人皆如馮者，豈不閨門雍睦，風俗和平！朕每嘉歎不能已。宜標揚優賞，用章有德。可賜物五百段。」集諸命婦，與馮相識，以寵異之。

劉昶女

劉昶女者，河南長孫氏之婦也。昶在周，尙公主，官至柱國、彭國公，數爲將帥，位望隆顯。與高祖有舊。及受禪，甚親任，歷左武衞大將軍、慶州總管。其子居士，爲太子千牛備身，聚徒任俠，不遵法度，數得罪。上以昶故，每輒原之。居士轉恣，每大言曰：「男兒要當辮頭反縛，籧篨上作獠儛。」取公卿子弟膂力雄健者，輒將至家，以車輪括其頸而棒之。殆死能不屈者，稱爲壯士，釋而與交。黨與三百人，其趫捷者號爲餓鶻隊，武力者號爲蓬轉隊。每韝鷹紲犬，連騎道中，毆擊路人，多所侵奪。長安市里無貴賤，見之者皆辟易，至於公卿妃主，莫敢與校者。其女則居士之姊也，每垂泣誨之，殷勤懇惻。居士不改，至破家產。昶年老，奉養甚薄。其女時寡居，哀昶如此，每歸寧于家，躬勤紡績，以致其甘脆。

有人告居士與其徒遊長安城，登故未央殿基，南向坐，前後列隊，意有不遜，每相約曰：「當爲一死耳。」又時有人言居士遣使引突厥令南寇，當於京師應之。上謂昶曰：「今日之事，當復如何？」昶猶恃舊恩，不自引咎，直前曰：「黑白在于至尊。」上大怒，下昶獄，捕居士黨與，治之甚急。憲司又奏昶事母不孝。其女知昶必不免，不食者數日，每親調飲食，手自捧持，詣大理餉其父。見獄卒，長跪以進，歔欷嗚咽，見者傷之。居士坐斬，昶竟賜死于家。詔百僚臨視。時其女絶而復蘇者數矣，公卿慰諭之。其女言父無罪，坐子以及於禍。詞情哀切，人皆不忍聞見。遂布衣蔬食以終其身。上聞而歎曰：「吾聞衰門之女，興門之男，固不虛也！」

鍾士雄母

鍾士雄母者，臨賀蔣氏女也。士雄仕陳，爲伏波將軍。陳主以士雄嶺南酋帥，慮其反覆，每質蔣氏於都下。及晉王廣平江南，以士雄在嶺表，欲以恩義致之，遣蔣氏歸臨賀。既而同郡虞子茂、鍾文華等作亂，舉兵攻城，遣人召士雄，士雄將應之。蔣氏謂士雄曰：「我前在揚都，備嘗辛苦。今逢聖化，母子聚集，沒身不能上報，焉得爲逆哉！汝若禽獸其心，背德忘義者，我當自殺於汝前。」士雄於是遂止。蔣氏復爲書與子茂等，諭以禍福。子茂不從，尋爲官軍所敗。上聞蔣氏，甚異之，封爲安樂縣君。

時尹州寡婦胡氏者，不知何氏妻也。甚有志節，爲邦族所重。當江南之亂，諷諭宗黨，皆守險不從叛逆，封爲密陵郡君。

孝婦覃氏

孝婦覃氏者，上郡鍾氏婦也。與其夫相見未幾而夫死，時年十八。事後姑以孝聞。數年之間，姑及伯叔皆相繼而死，覃氏家貧，無以葬。於是躬自節儉，晝夜紡績，蓄財十年，而葬八喪，爲州里所敬。上聞而賜米百石，表其門閭。

元務光母

元務光母者，范陽盧氏女也。少好讀書，造次以禮。盛年寡居，諸子幼弱，家貧不能就學，盧氏每親自教授，勖以義方，世以此稱之。仁壽末，漢王諒舉兵反，遣將綦良往山東略地。良以務光爲記室。及良敗，慈州刺史上官政簿籍務光之家，見盧氏，悅而逼之，盧氏以死自誓。政爲人凶悍，怒甚，以燭燒其身。盧氏執志彌固，竟不屈節。

裴倫妻

裴倫妻，河東柳氏女也，少有風訓。大業末，倫爲渭源令。屬薛舉之亂，縣城爲賊所陷，倫遇害。柳時年四十，有二女及兒婦三人，皆有美色。柳氏謂之曰：「我輩遭逢禍亂，汝父已死，我自念不能全汝。我門風有素，義不受辱於羣賊，我將與汝等同死，如何？」其女等皆垂泣曰：「唯母所命。」柳氏遂自投于井，其女及婦相繼而下，皆重死於井中。

趙元楷妻

趙元楷妻者，淸河崔氏之女也。父儦，在文學傳。家有素範，子女皆遵禮度。元楷父爲僕射，家富於財，重其門望，厚禮以聘之。元楷甚敬崔氏，雖在宴私，不妄言笑，進止容服，動合禮儀。

化及之反也，元楷隨至河北，將歸長安。至滏口，遇盜攻掠，元楷僅以身免。崔氏爲賊所拘，賊請以爲妻，崔氏謂賊曰：「我士大夫女，爲僕射子妻，今日破亡，自可卽死。遣爲賊婦，終必不能。」羣賊毁裂其衣，形體悉露，縛於牀簀之上，將凌之。崔氏懼爲所辱，詐之曰：「今力已屈，當聽處分，不敢相違，請解縛。」賊遽釋之。崔因著衣，取賊佩刀，倚樹而立曰：「欲殺我，任加刀鋸。若覓死，可來相逼！」賊大怒，亂射殺之。元楷後得殺妻者，支解之，以祭崔氏之柩。

史臣曰：夫稱婦人之德，皆以柔順爲先，斯乃舉其中庸，未臻其極者也。至於明識遠圖，貞心峻節，志不可奪，唯義所在，考之圖史，亦何世而無哉。蘭陵主質邁寒松，南陽主心踰匪石，洗嫗、孝女之忠壯，崔、馮二母之誠懇，足使義勇慚其志烈，蘭玉謝其貞芳。襄城、華陽之妃，裴倫、元楷之婦，時逢艱阻，事乖好合，甘心同穴，顚沛靡它。志勵冰霜，言踰皎日，雖詩詠共姜之自誓，傳述伯姬之守死，其將復何以加焉！

隋書卷八十一

列傳第四十六

東夷

高麗

高麗之先，出自夫餘。夫餘王嘗得河伯女，因閉於室內，爲日光隨而照之，感而遂孕，生一大卵，有一男子破殼而出，名曰朱蒙。夫餘之臣以朱蒙非人所生，咸請殺之，王不聽。及壯，因從獵，所獲居多，又請殺之。其母以告朱蒙，朱蒙棄夫餘東南走。遇一大水，深不可越。朱蒙曰：「我是河伯外孫，日之子也。今有難，而追兵且及，如何得渡？」於是魚鼈積而成橋，朱蒙遂渡。追騎不得濟而還。朱蒙建國，自號高句麗，以高爲氏。朱蒙死，子閭達嗣。至其孫莫來興兵，遂幷夫餘。至裔孫位宮，以魏正始中入寇西安平，毌丘儉拒破之。位宮玄孫之子曰昭列帝，爲慕容氏所破，遂入丸都，焚其宮室，大掠而還。昭列帝後爲百濟所殺。其曾孫璉，遣使後魏。璉六世孫湯，〔一〕在周遣使朝貢，武帝拜湯上開府、遼東郡公、遼東王。高祖受禪，湯復遣使詣闕，進授大將軍，改封高麗王。歲遣使朝貢不絕。

其國東西二千里，南北千餘里。都於平壤城，亦曰長安城，東西六里，隨山屈曲，南臨浿水。復有國內城、漢城，並其都會之所，其國中呼爲「三京」。與新羅每相侵奪，戰爭不息。官有太大兄，次大兄，次小兄，次對盧，次意侯奢，〔二〕次烏拙，次太大使者，次大使者，次小使者，次褥奢，次翳屬，次仙人，凡十二等。復有內評、外評、五部褥薩。人皆皮冠，使人加插鳥羽。貴者冠用紫羅，飾以金銀。服大袖衫，大口袴，素皮帶，黃革屨。婦人裙襦加襈。兵器與中國略同。每春秋校獵，王親臨之。人稅布五匹，穀五石。遊人則三年一稅，十人共細布一匹。租戶一石，次七斗，下五斗。反逆者縛之於柱，爇而斬之，籍沒其家。盜則償十倍。用刑既峻，罕有犯者。樂有五絃、琴、箏、篳篥、橫吹、簫、鼓之屬，吹蘆以和曲。每年初，聚戲於浿水之上，王乘腰輿，列羽儀以觀之。事畢，王以衣服入水，分左右爲二部，以水石相濺擲，諠呼馳逐，再三而止。俗好蹲踞，潔淨自喜，以趨走爲敬，拜則曳一脚，立各反拱，行必搖手。性多詭伏。父子同川而浴，共室而寢。婦人淫奔，俗多遊女。有婚嫁者，取男女相悅，然卽爲之，男家送猪酒而已，無財聘之禮。或有受財者，人共恥之。死者殯於屋內，經三年，擇吉日而葬。居父母及夫之喪，服皆三年，兄弟三月。初終哭泣，葬則鼓儛作樂以送之。埋訖，悉取死者生時服玩車馬置於墓側，會葬者爭取而去。敬鬼神，多淫祠。

開皇初，頻有使入朝。及平陳之後，湯大懼，治兵積穀，爲守拒之策。十七年，上賜湯璽書曰：

朕受天命，愛育率土，委王海隅，宣揚朝化，欲使圓首方足各遂其心。王每遣使人，歲常朝貢，雖稱藩附，誠節未盡。王既人臣，須同朕德，而乃驅逼靺鞨，固禁契丹。諸藩頓顙，爲我臣妾，忿善人之慕義，何毒害之情深乎？太府工人，其數不少，王必須之，自可聞奏。昔年潛行財貨，利動小人，私將弩手逃竄下國。豈非修理兵器，意欲不臧，恐有外聞，故爲盜竊？時命使者，撫慰王藩，本欲問彼人情，敎彼政術。王乃坐之空館，嚴加防守，使其閉目塞耳，永無聞見。有何陰惡，弗欲人知，禁制官司，畏其訪察？又數遣馬騎，殺害邊人，屢騁姦謀，動作邪說，心在不賓。

朕於蒼生悉如赤子，賜王土宇，授王官爵，深恩殊澤，彰著遐邇。王專懷不信，恒自猜疑，常遣使人密覘消息，純臣之義豈若是也？蓋當由朕訓導不明，王之愆違，一已寬恕，今日以後，必須改革。守藩臣之節，奉朝正之典，自化爾藩，勿忤他國，則長享富貴，實稱朕心。彼之一方，雖地狹人少，然普天之下，皆爲朕臣。今若黜王，不可虛置，終須更選官屬，就彼安撫。王若洒心易行，率由憲章，卽是朕之良臣，何勞別遣才彥也？昔帝王作法，仁信爲先，有善必賞，有惡必罰，四海之內，具聞朕旨。王若無罪，朕忽加兵，自餘藩國謂朕何也！王必虛心納朕此意，愼勿疑惑，更懷異圖。

往者陳叔寶代在江陰，殘害人庶，驚動我烽候，抄掠我邊境。朕前後誡勑，經歷十年，彼則恃長江之外，聚一隅之衆，惽狂驕傲，不從朕言。故命將出師，除彼凶逆，來往不盈旬月，兵騎不過數千。歷代逋寇，一朝清蕩，遐邇乂安，人神胥悅。聞王歎恨，獨致悲傷，黜陟幽明，有司是職，罪王不爲陳滅，賞王不爲陳存，樂禍好亂，何爲爾也？王謂遼水之廣何如長江？高麗之人多少陳國？朕若不存含育，責王前愆，命一將軍，何待多力！慇懃曉示，許王自新耳。宜得朕懷，自求多福。

湯得書惶恐，將奉表陳謝，會病卒。子元嗣立。高祖使使拜元爲上開府、儀同三司，襲爵遼東郡公，賜衣一襲。元奉表謝恩，幷賀祥瑞，因請封王。高祖優册元爲王。

明年，元率靺鞨之衆萬餘騎寇遼西，營州總管韋沖擊走之。高祖聞而大怒，命漢王諒爲元帥，總水陸討之，下詔黜其爵位。時餽運不繼，六軍乏食，師出臨渝關，復遇疾疫，王師不振。及次遼水，元亦惶懼，遣使謝罪，上表稱「遼東糞土臣元」云云。上於是罷兵，待之如初，元亦歲遣朝貢。

煬帝嗣位，天下全盛，高昌王、突厥啓人可汗並親詣闕貢獻，於是徵元入朝。元懼，藩禮頗闕。大業七年，帝將討元之罪，車駕渡遼水，上營於遼東城，分道出師，各頓兵於其城下。高麗率兵出拒，戰多不利，於是皆嬰城固守。帝令諸軍攻之，又勑諸將：「高麗若降者，卽宜撫納，不得縱兵。」城將陷，賊輒言請降，諸將奉旨不敢赴機，先令馳奏。比報至，賊守禦亦備，隨出拒戰。如此者再三，帝不悟。由是食盡師老，轉輸不繼，諸軍多敗績，於是班師。是行也，唯於遼水西拔賊武厲邏，置遼東郡及通定鎭而還。

九年，帝復親征之，乃勑諸軍以便宜從事。諸將分道攻城，賊勢日蹙。會楊玄感作亂，反書至，帝大懼，卽日六軍並還。兵部侍郎斛斯政亡入高麗，高麗具知事實，悉銳來追，殿軍多敗。十年，又發天下兵，會盜賊蜂起，人多流亡，所在阻絕，軍多失期。至遼水，高麗亦困弊，遣使乞降，囚送斛斯政以贖罪。帝許之，頓於懷遠鎭，受其降款。仍以俘囚軍實歸。至京師，以高麗使者親告於太廟，因拘留之。仍徵元入朝，元竟不至。帝勑諸軍嚴裝，更圖後舉，會天下大亂，遂不克復行。

百濟

百濟之先，出自高麗國。其國王有一侍婢，忽懷孕，王欲殺之。婢云：「有物狀如雞子，來感於我，故有娠也。」王捨之。後遂生一男，棄之廁溷，久而不死，以爲神，命養之，名曰東明。及長，高麗王忌之，東明懼，逃至淹水，夫餘人共奉之。東明之後，有仇台者，篤於仁信，始立其國于帶方故地。漢遼東太守公孫度以女妻之，漸以昌盛，爲東夷强國。初以百家濟海，因號百濟。歷十餘代，代臣中國，前史載之詳矣。開皇初，其王餘昌遣使貢方物，拜昌爲上開府、帶方郡公、百濟王。

其國東西四百五十里，南北九百餘里，南接新羅，北拒高麗。其都曰居拔城。官有十六品：長曰左平，〔三〕次大率，次恩率，次德率，次杆率，次奈率，次將德，服紫帶；次施德，皂帶；次固德，赤帶；次李德，〔四〕青帶；次對德以下，皆黃帶；次文督，〔五〕次武督，次佐軍，次振武，次剋虞，皆用白帶。其冠制並同，唯奈率以上飾以銀花。長史三年一交代。畿內爲五部，部有五巷，士人居焉。五方各有方領一人，方佐貳之。方有十郡，郡有將。其人雜有新羅、高麗、倭等，〔六〕亦有中國人。其衣服與高麗略同。婦人不加粉黛，女辮髮垂後，已出嫁則分爲兩道，盤於頭上。俗尚騎射，讀書史，能吏事，亦知醫藥、蓍龜、占相之術。以兩手據地爲敬。有僧尼，多寺塔。有鼓角、箜篌、箏、竽、箎、笛之樂，投壺、圍棊、樗蒲、握槊、弄珠之戲。行宋元嘉曆，以建寅月爲歲首。國中大姓有八族，沙氏、燕氏、劦氏、解氏、貞氏、國氏、木氏、苩氏。〔七〕婚娶之禮，略同於華。喪制如高麗。有五穀、牛、猪、雞，多不火食。厥田下濕，人皆山居。有巨栗。每以四仲之月，王祭天及五帝之神。立其始祖仇台廟於國城，歲四祠之。國西南人島居者十五所，皆有城邑。

平陳之歲，有一戰船漂至海東𨈭牟羅國，其船得還，經于百濟，昌資送之甚厚，幷遣使奉表賀平陳。高祖善之，下詔曰：「百濟王既聞平陳，遠令奉表，往復至難，若逢風浪，便致傷損。百濟王心迹淳至，朕已委知。相去雖遠，事同言面，何必數遣使來相體悉。自今以後，不須年別入貢，朕亦不遣使往，王宜知之。」使者舞蹈而去。

開皇十八年，昌使其長史王辯那來獻方物，屬興遼東之役，遣使奉表，請爲軍導。帝下詔曰：「往歲爲高麗不供職貢，無人臣禮，故命將討之。高元君臣恐懼，畏服歸罪，朕已赦之，不可致伐。」厚其使而遣之。高麗頗知其事，以兵侵掠其境。

昌死，子餘宣立，死，子餘璋立。

大業三年，璋遣使者燕文進朝貢。其年，又遣使者王孝鄰入獻，請討高麗。煬帝許之，令覘高麗動靜。然璋內與高麗通和，挾詐以窺中國。七年，帝親征高麗，璋使其臣國智牟來請軍期。帝大悅，厚加賞錫，遣尚書起部郎席律詣百濟，與相知。明年，六軍渡遼，璋亦嚴兵於境，聲言助軍，實持兩端。尋與新羅有隙，每相戰爭。十年，復遣使朝貢。後天下亂，使命遂絕。

其南海行三月，有耼牟羅國，南北千餘里，東西數百里，土多麞鹿，附庸於百濟。百濟自西行三日，至貊國云。

新羅

新羅國，在高麗東南，居漢時樂浪之地，或稱斯羅。魏將毌丘儉討高麗，破之，奔沃沮。其後復歸故國，留者遂爲新羅焉。故其人雜有華夏、高麗、百濟之屬，兼有沃沮、不耐、韓、獩之地。其王本百濟人，自海逃入新羅，遂王其國。傳祚至金眞平，開皇十四年，遣使貢方物。高祖拜眞平爲上開府、樂浪郡公、新羅王。其先附庸於百濟，後因百濟征高麗，高麗人不堪戎役，相率歸之，遂致强盛，因襲百濟附庸於迦羅國。〔八〕

其官有十七等：其一曰伊罰干，貴如相國；次伊尺干，次迎干，次破彌干，次大阿尺干，次阿尺干，次乙吉干，次沙咄干，次及伏干，次大奈摩干，次奈摩，次大舍，次小舍，次吉士，〔九〕次大烏，次小烏，次造位。外有郡縣。其文字、甲兵同於中國。選人壯健者悉入軍，烽、戍、邏俱有屯管部伍。〔一〇〕風俗、刑政、衣服，略與高麗、百濟同。每正月旦相賀，王設宴會，班賚羣官。其日拜日月神。至八月十五日，設樂，令官人射，賞以馬布。其有大事，則聚羣官詳議而定之。服色尙素。婦人辮髮繞頭，以雜綵及珠爲飾。婚嫁之禮，唯酒食而已，輕重隨貧富。新婚之夕，女先拜舅姑，次卽拜夫。死有棺斂，葬起墳陵。王及父母妻子喪，持服一年。田甚良沃，水陸兼種。其五穀、果菜、鳥獸物產，略與華同。大業以來，歲遣朝貢。新羅地多山險，雖與百濟構隙，百濟亦不能圖之。

靺鞨

靺鞨，在高麗之北，邑落俱有酋長，不相總一。凡有七種：其一號粟末部，〔二〕與高麗相接，勝兵數千，多驍武，每寇高麗中。其二曰伯咄部，在粟末之北，勝兵七千。其三曰安車骨部，在伯咄東北。其四曰拂涅部，在伯咄東。其五曰號室部，在拂涅東。其六曰黑水部，在安車骨西北。其七曰白山部，在粟末東南。勝兵並不過三千，而黑水部尤爲勁健。自拂涅以東，矢皆石鏃，卽古之肅愼氏也。所居多依山水，渠帥曰大莫弗瞞咄，東夷中爲强國。有徒太山者，俗甚敬畏，上有熊羆豹狼，皆不害人，人亦不敢殺。地卑濕，築土如堤，鑿穴以居，開口向上，以梯出入。相與偶耕，土多粟麥穄。水氣鹹，生鹽於木皮之上。其畜多豬。嚼米爲酒，飲之亦醉。婦人服布，男子衣豬狗皮。俗以溺洗手面，於諸夷最爲不潔。其俗淫而妬，其妻外婬，人有告其夫者，夫輒殺妻，殺而後悔，必殺告者，由是姦婬之事終不發揚。人皆射獵爲業，角弓長三尺，箭長尺有二寸。常以七八月造毒藥，傅矢以射禽獸，中者立死。

開皇初，相率遣使貢獻。高祖詔其使曰：「朕聞彼土人庶多能勇捷，今來相見，實副朕懷。朕視爾等如子，爾等宜敬朕如父。」對曰：「臣等僻處一方，道路悠遠，聞內國有聖人，故來朝拜。旣蒙勞賜，親奉聖顏，下情不勝歡喜，願得長爲奴僕也。」其國西北與契丹相接，每相劫掠。後因其使來，高祖誡之曰：「我憐念契丹與爾無異，宜各守土境，豈不安樂？何爲輒相攻擊，甚乖我意！」使者謝罪。高祖因厚勞之，令宴飲於前。使者與其徒皆起舞，其曲折多戰鬪之容。上顧謂侍臣曰：「天地間乃有此物，常作用兵意，何其甚也！」然其國與隋懸隔，唯粟末、白山爲近。

煬帝初與高麗戰，頻敗其衆，渠帥度地稽率其部來降。拜爲右光祿大夫，居之柳城，與邊人來往。悅中國風俗，請被冠帶，帝嘉之，賜以錦綺而褒寵之。及遼東之役，度地稽率其徒以從，每有戰功，賞賜優厚。十三年，從帝幸江都，尋放歸柳城。在塗遇李密之亂，密遣兵邀之，前後十餘戰，僅而得免。至高陽，復沒於王須拔。未幾，遁歸羅藝。

流求國

流求國，居海島之中，當建安郡東，水行五日而至。土多山洞。其王姓歡斯氏，名渴剌兜，不知其由來有國代數也。彼土人呼之爲可老羊，妻曰多拔荼。所居曰波羅檀洞，塹柵三重，環以流水，樹棘爲藩。王所居舍，其大一十六間，琱刻禽獸。多鬭鏤樹，似橘而葉密，條纖如髮，然下垂。國有四五帥，統諸洞，洞有小王。往往有村，村有鳥了帥，並以善戰者爲之，自相樹立，理一村之事。男女皆以白紵繩纏髮，從項後盤繞至額。其男子用鳥羽爲冠，裝以珠貝，飾以赤毛，形製不同。婦人以羅紋白布爲帽，其形正方。織鬭鏤皮幷雜色紵及雜毛以爲衣，製裁不一。綴毛垂螺爲飾，雜色相間，下垂小貝，其聲如珮。綴鐺施釧，懸珠於頸。織藤爲笠，飾以毛羽。有刀、矟、弓、箭、劍、鈹之屬。其處少鐵，刃皆薄小，多以骨角輔助之。編紵爲甲，或用熊豹皮。王乘木獸，令左右輿之而行，導從不過數十人。小王乘机，鏤爲獸形。國人好相攻擊，人皆驍健善走，難死而耐創。諸洞各爲部隊，不相救助。兩陣相當，勇者三五人出前跳噪，交言相罵，因相擊射。如其不勝，一軍皆走，遣人致謝，卽共和解。收取鬭死者，共聚而食之，仍以髑髏將向王所。王則賜之以冠，使爲隊帥。無賦斂，有事則均稅。用刑亦無常准，皆臨事科決。犯罪皆斷於鳥了帥；不伏，則上請於王，王令臣下共議定之。獄無枷鎖，唯用繩縛。決死刑以鐵錐，大如筯，長尺餘，鑽頂而殺之。輕罪用杖。俗無文字，望月虧盈以紀時節，候草藥枯以爲年歲。

人深目長鼻，頗類於胡，亦有小慧。無君臣上下之節，拜伏之禮。父子同牀而寢。男子拔去髭鬢，身上有毛之處皆亦除去。婦人以墨黥手，爲蟲蛇之文。嫁娶以酒肴珠貝爲娉，或男女相悅，便相匹偶。婦人產乳，必食子衣，產後以火自炙，令汗出，五日便平復。以木槽中暴海水爲鹽，木汁爲酢，釀米麴爲酒，其味甚薄。食皆用手。偶得異味，先進尊者。凡有宴會，執酒者必待呼名而後飮。上王酒者，亦呼王名。銜杯共飮，頗同突厥。歌呼蹋蹄，一人唱，衆皆和，音頗哀怨。扶女子上膊，搖手而舞。其死者氣將絕，舉至庭，親賓哭泣相弔。浴其屍，以布帛纏之，裹以葦草，親土而殯，上不起墳。子爲父者，數月不食肉。南境風俗少異，人有死者，邑里共食之。

有熊羆豺狼，尤多猪雞，無牛羊驢馬。厥田良沃，先以火燒而引水灌之。持一插，以石爲刃，長尺餘，闊數寸，而墾之。土宜稻、粱、床黍、麻、豆、赤豆、胡豆、黑豆等，木有楓、栝、樟、松、楩、楠、杉、梓、竹、籐、果、藥，同於江表，風土氣候與嶺南相類。

俗事山海之神，祭以酒肴，鬭戰殺人，便將所殺人祭其神。或依茂樹起小屋，或懸髑髏於樹上，以箭射之，或累石繫幡以爲神主。王之所居，壁下多聚髑髏以爲佳。人間門戶上必安獸頭骨角。

大業元年，海師何蠻等，每春秋二時，天清風靜，東望依希，似有煙霧之氣，亦不知幾千里。三年，煬帝令羽騎尉朱寬入海求訪異俗，何蠻言之，遂與蠻俱往，因到流求國。言不相通，掠一人而返。明年，帝復令寬慰撫之，流求不從，寬取其布甲而還。時倭國使來朝，見之曰：「此夷邪久國人所用也。」帝遣武賁郎將陳稜、朝請大夫張鎮州率兵自義安浮海擊之。至高華嶼，又東行二日至鼅鼊嶼，又一日便至流求。初，稜將南方諸國人從軍，有崐崘人頗解其語，遣人慰諭之，流求不從，拒逆官軍。稜擊走之，進至其都，頻戰皆敗，焚其宮室，虜其男女數千人，載軍實而還。自爾遂絕。

倭國

倭國，在百濟、新羅東南，水陸三千里，於大海之中依山島而居。魏時，譯通中國。三十餘國，皆自稱王。夷人不知里數，但計以日。其國境東西五月行，南北三月行，各至於海。其地勢東高西下。都於邪靡堆，則魏志所謂邪馬臺者也。古云去樂浪郡境及帶方郡並一萬二千里，在會稽之東，與儋耳相近。漢光武時，遣使入朝，自稱大夫。安帝時，又遣使朝貢，謂之倭奴國。桓、靈之間，其國大亂，遞相攻伐，歷年無主。有女子名卑彌呼，能以鬼道惑衆，於是國人共立爲王。有男弟，佐卑彌理國。其王有侍婢千人，罕有見其面者，唯有男子二人給王飲食，通傳言語。其王有宮室樓觀，城柵皆持兵守衛，爲法甚嚴。自魏至于齊、梁，代與中國相通。

開皇二十年，倭王姓阿每，字多利思比孤，〔三〕號阿輩雞彌，遣使詣闕。上令所司訪其風俗。使者言倭王以天爲兄，以日爲弟，天未明時出聽政，跏趺坐，日出便停理務，云委我弟。高祖曰：「此太無義理。」於是訓令改之。王妻號雞彌，後宮有女六七百人。名太子爲利歌彌多弗利。無城郭。內官有十二等：一曰大德，次小德，次大仁，次小仁，次大義，次小義，次大禮，次小禮，次大智，次小智，次大信，次小信，員無定數。有軍尼一百二十人，猶中國牧宰。八十戶置一伊尼翼，如今里長也。十伊尼翼屬一軍尼。其服飾，男子衣裙襦，其袖微小，履如屨形，漆其上，繫之於脚。人庶多跣足。不得用金銀爲飾。故時衣橫幅，結束相連而無縫。頭亦無冠，但垂髮於兩耳上。至隋，其王始制冠，以錦綵爲之，以金銀鏤花爲飾。婦人束髮於後，亦衣裙襦，裳皆有襈。攕竹爲梳，編草爲薦，雜皮爲表，緣以文皮。有弓、矢、刀、矟、弩、䂎、斧，漆皮爲甲，骨爲矢鏑。雖有兵，無征戰。其王朝會，必陳設儀仗，奏其國樂。戶可十萬。

其俗殺人强盜及姦皆死，盜者計贓酬物，無財者沒身爲奴。自餘輕重，或流或杖。每訊究獄訟，不承引者，以木壓膝，或張强弓，以弦鋸其項。或置小石於沸湯中，令所競者探之，云理曲者卽手爛。或置蛇甕中，令取之，云曲者卽螫手矣。人頗恬靜，罕爭訟，少盜賊。樂有五弦、琴、笛。男女多黥臂點面文身，沒水捕魚。無文字，唯刻木結繩。敬佛法，於百濟求得佛經，始有文字。知卜筮，尤信巫覡。每至正月一日，必射戲飲酒，其餘節略與華同。好棊博、握槊、樗蒱之戲。氣候溫暖，草木冬青，土地膏腴，水多陸少。以小環挂鸕鷀項，令入水捕魚，日得百餘頭。俗無盤俎，藉以槲葉，食用手餔之。性質直，有雅風。女多男少，婚嫁不取同姓，男女相悅者卽爲婚。婦入夫家，必先跨犬，〔一三〕乃與夫相見。婦人不淫妒。死者斂以棺槨，親賓就屍歌舞，妻子兄弟以白布製服。貴人三年殯於外，庶人卜日而瘞。及葬，置屍船上，陸地牽之，或以小輿。有阿蘇山，其石無故火起接天者，俗以爲異，因行禱祭。有如意寶珠，其色青，大如雞卵，夜則有光，云魚眼精也。新羅、百濟皆以倭爲大國，多珍物，並敬仰之，恒通使往來。

大業三年，其王多利思比孤遣使朝貢。使者曰：「聞海西菩薩天子重興佛法，故遣朝拜，兼沙門數十人來學佛法。」其國書曰「日出處天子致書日沒處天子無恙」云云。帝覽之不悅，謂鴻臚卿曰：「蠻夷書有無禮者，勿復以聞。」明年，上遣文林郎裴淸使於倭國。〔一四〕度百濟，行至竹島，南望䐗羅國，經都斯麻國，迥在大海中。又東至一支國，又至竹斯國，又東至秦王國，其人同於華夏，以爲夷洲，疑不能明也。又經十餘國，達於海岸。自竹斯國以東，皆附庸於倭。倭王遣小德阿輩臺，從數百人，設儀仗，鳴鼓角來迎。後十日，又遣大禮哥多毗，從二百餘騎郊勞。既至彼都，其王與清相見，大悅，曰：「我聞海西有大隋，禮義之國，故遣朝貢。我夷人，僻在海隅，不聞禮義，是以稽留境內，不卽相見。今故清道飾館，以待大使，冀聞大國惟新之化。」清答曰：「皇帝德並二儀，澤流四海，以王慕化，故遣行人來此宣諭。」既而引清就館。其後清遣人謂其王曰：「朝命既達，請卽戒塗。」於是設宴享以遣清，復令使者隨清來貢方物。此後遂絕。

史臣曰：廣谷大川異制，人生其間異俗，嗜欲不同，言語不通，聖人因時設教，所以達其志而通其俗也。九夷所居，與中夏懸隔，然天性柔順，無獷暴之風，雖緜邈山海，而易以道御。夏、殷之代，時或來王。暨箕子避地朝鮮，始有八條之禁，疏而不漏，簡而可久，化之所感，千載不絕。今遼東諸國，或衣服參冠冕之容，或飲食有俎豆之器，好尚經術，愛樂文史，遊學於京都者，往來繼路，或亡沒不歸。非先哲之遺風，其孰能致於斯也？故孔子曰：「言忠信，行篤敬，雖蠻貊之邦行矣。」誠哉斯言。其俗之可採者，豈徒楛矢之貢而已乎？自高祖撫有周餘，惠此中國，開皇之末，方事遼左，天時不利，師遂無功。二代承基，志包宇宙，頻踐三韓之域，屢發千鈞之弩。小國懼亡，敢同困獸，兵連不戢，四海騷然，遂以土崩，喪身滅國。兵志有之曰：「務廣德者昌，務廣地者亡。」然遼東之地，不列於郡縣久矣。諸國朝正奉貢，無闕於歲時，二代震而矜之，以爲人莫若己，不能懷以文德，遽動干戈。內恃富强，外思廣地，以驕取怨，以怒興師。若此而不亡，自古未之聞也。然則四夷之戒，安可不深念哉！

校勘記

〔一〕璉六世孫湯　「湯」，本書高祖紀上作「陽」。

〔二〕意侯奢　「侯」，周書異域傳作「矦」。

〔三〕左平　通典一八五作「左率」。

〔四〕李德　北史百濟傳作「季德」。

〔五〕次對德以下皆黃帶次文督　北史百濟傳，「皆黃帶」在「次文督」下。

〔六〕其人雜有新羅高麗倭等　「倭」原作「俀」。按：古從「委」和從「妥」的字，有時可以通用。如「桵」或作「棲」，「綏」或作「緌」。「俀」應是「倭」字的別體。本書煬帝紀上作「倭」。本卷和他處作「俀」者，今一律改爲「倭」。

〔七〕苩氏　「苩」原作「苗」，據通典一八五改。

〔八〕因襲百濟附庸於迦羅國　通典一八五作「因襲加羅、任那諸國滅之。」據三國史記，有金官、古寧諸加邪國，均爲新羅所併，疑「於」字是「諸」字之訛。

〔九〕吉士　三國史記三八作「吉士」。

〔一〇〕烽戍邏俱有屯管部伍　通典一八五，「管」作「營」。

〔一一〕粟末　原作「粟未」，據册府九五六、新唐書黑水渤海靺鞨傳、通鑑武德四年胡注改。下同。

〔一二〕多利思比孤　「比」原作「北」，據北史倭國傳、通典一八五、通鑑大業四年改。下同。

〔一三〕必先跨犬　北史倭國傳，「犬」作「火」。

〔一四〕裴清　應作「裴世清」，唐人避諱，省「世」字。

隋書卷八十二

列傳第四十七

南蠻

南蠻雜類，與華人錯居，曰蜑，曰獽，曰俚，曰獠，曰㐌，俱無君長，隨山洞而居，古先所謂百越是也。其俗斷髮文身，好相攻討，浸以微弱，稍屬於中國，皆列爲郡縣，同之齊人，不復詳載。大業中，南荒朝貢者十餘國，其事迹多湮滅而無聞。今所存錄，四國而已。

林邑

林邑之先，因漢末交阯女子徵側之亂，內縣功曹子區連殺縣令，自號爲王。無子，其甥范熊代立，死，子逸立。日南人范文因亂爲逸僕隸，遂教之築宮室，造器械。逸甚信任，使文將兵，極得衆心。文因間其子弟，或奔或徙。及逸死，國無嗣，文自立爲王。其後范佛爲晉揚威將軍戴桓所破。宋交州刺史檀和之將兵擊之，深入其境。至梁、陳，亦通使往來。

其國延袤數千里，土多香木金寶，物產大抵與交阯同。以塼爲城，蜃灰塗之，東向戶。尊官有二：其一曰西那婆帝，其二曰薩婆地歌。其屬官三等：其一曰倫多姓，次歌倫致帝，次乙他伽蘭。外官分爲二百餘部。其長官曰弗羅，次曰可輪，如牧宰之差也。王戴金花冠，形如章甫，衣朝霞布，珠璣瓔珞，足躡革履，時復錦袍。良家子侍衞者二百許人，皆執金裝刀。有弓、箭、刀、槊，以竹爲弩，傅毒於矢。樂有琴、笛、琵琶、五絃，頗與中國同。每擊鼓以警衆，吹蠡以卽戎。

其人深目高鼻，髮拳色黑。俗皆徒跣，以幅布纏身。冬月衣袍。婦人椎髻。施椰葉席。每有婚媾，令媒者齎金銀釧、酒二壺、魚數頭至女家。於是擇日，夫家會親賓，歌儛相對。女家請一婆羅門，送女至男家，壻盥手，因牽女授之。王死七日而葬，有官者三日，庶人一日。皆以函盛屍，鼓儛導從，輿至水次，積薪焚之。收其餘骨，王則內金罌中，沉之於海；有官者以銅罌，沉之於海口；庶人以瓦，送之於江。男女皆截髮，隨喪至水次，盡哀而止，歸則不哭。每七日，然香散花，復哭，盡哀而止，盡七七而罷，至百日、三年，亦如之。人皆奉佛，文字同於天竺。

高祖既平陳，乃遣使獻方物，其後朝貢遂絕。時天下無事，羣臣言林邑多奇寶者。仁壽末，上遣大將軍劉方爲驩州道行軍總管，率欽州刺史甯長眞、驩州刺史李暈、開府秦雄步騎萬餘及犯罪者數千人擊之。其王梵志率其徒乘巨象而戰，方軍不利。方於是多掘小坑，草覆其上，因以兵挑之。梵志悉衆而陣，方與戰，僞北，梵志逐之，至坑所，其衆多陷，轉相驚駭，軍遂亂。方縱兵擊之，大破之。頻戰輒敗，遂棄城而走。方入其都，獲其廟主十八枚，皆鑄金爲之，蓋其有國十八葉矣。方班師，梵志復其故地，遣使謝罪，於是朝貢不絕。

赤土

赤土國，扶南之別種也。在南海中，水行百餘日而達所都。土色多赤，因以爲號。東波羅刺國，西婆羅娑國，南訶羅旦國，北拒大海，地方數千里。其王姓瞿曇氏，名利富多塞，不知有國近遠。稱其父釋王位出家爲道，傳位於利富多塞，在位十六年矣。有三妻，並鄰國王之女也。居僧祇城，有門三重，相去各百許步。每門圖畫飛仙、仙人、菩薩之像，縣金花鈴毦，婦女數十人，或奏樂，或捧金花。又飾四婦人，容飾如佛塔邊金剛力士之狀，夾門而立。門外者持兵仗，門內者執白拂。夾道垂素網，綴花。王宮諸屋悉是重閣，北戶，北面而坐。坐三重之榻。衣朝霞布，冠金花冠，垂雜寶瓔珞。四女子立侍，左右兵衞百餘人。王榻後作一木龕，以金銀五香木雜鈿之。龕後懸一金光焰，夾榻又樹二金鏡，鏡前並陳金甕，甕前各有金香爐。當前置一金伏牛，牛前樹壹寶蓋，蓋左右皆有寶扇。婆羅門等數百人，東西重行，相向而坐。其官有薩陀迦羅一人，陀拏達叉二人，迦利蜜迦三人，共掌政事；俱羅末帝一人，掌刑法。每城置那邪迦一人，鉢帝十人。

其俗等皆穿耳剪髮，無跪拜之禮。以香油塗身。其俗敬佛，尤重婆羅門。婦人作髻於項後。男女通以朝霞、朝雲雜色布爲衣。豪富之室，恣意華靡，唯金鎖非王賜不得服用。每婚嫁，擇吉日，女家先期五日，作樂飲酒，父執女手以授壻，七日乃配焉。既娶則分財別居，唯幼子與父同居。父母兄弟死則剔髮素服，就水上構竹木爲棚，棚內積薪，以屍置上。燒香建幡，吹蠡擊鼓以送之，縱火焚薪，遂落於水。貴賤皆同。唯國王燒訖，收灰貯以金瓶，藏於廟屋。冬夏常溫，雨多霽少，種植無時，特宜稻、穄、白豆、黑麻，自餘物產多同於交阯。以甘蔗作酒，雜以紫瓜根。酒色黃赤，味亦香美。亦名椰漿爲酒。〔一〕

煬帝卽位，募能通絕域者。大業三年，屯田主事常駿、虞部主事王君政等請使赤土。帝大悅，賜駿等帛各百匹，時服一襲而遣。齎物五千段，以賜赤土王。其年十月，駿等自南海郡乘舟，晝夜二旬，每值便風。至焦石山而過，東南泊陵伽鉢拔多洲，西與林邑相對，上有神祠焉。又南行，至師子石，自是島嶼連接。又行二三日，西望見狼牙須國之山，於是南達雞籠島，至於赤土之界。其王遣婆羅門鳩摩羅以舶三十艘來迎，吹蠡擊鼓，以樂隋使，進金鎖以纜駿船。月餘，至其都，王遣其子那邪迦請與駿等禮見。先遣人送金盤，貯香花幷鏡鑷，金合二枚，貯香油，金瓶八枚，貯香水，白疊布四條，以擬供使者盥洗。其日未時，那邪迦又將象二頭，持孔雀蓋以迎使人，幷致金花、金盤以藉詔函。男女百人奏蠡鼓，婆羅門二人導路，至王宮。駿等奉詔書上閣，王以下皆坐。宣詔訖，引駿等坐，奏天竺樂。事畢，駿等還館，又遣婆羅門就館送食，以草葉爲盤，其大方丈。因謂駿曰：「今是大國中人，非復赤土國矣。飲食疎薄，願爲大國意而食之。」後數日，請駿等入宴，儀衛導從如初見之禮。王前設兩牀，牀上幷設草葉盤，方一丈五尺，上有黃白紫赤四色之餅，牛、羊、魚、鼈、猪、蝳蝐之肉百餘品。延駿升牀，從者坐於地席，各以金鍾置酒，女樂迭奏，禮遺甚厚。尋遣那邪迦隨駿貢方物，幷獻金芙蓉冠、龍腦香。以鑄金爲多羅葉，隱起成文以爲表，金函封之，令婆羅門以香花奏蠡鼓而送之。旣入海，見綠魚羣飛水上。浮海十餘日，至林邑東南，並山而行。其海水闊千餘步，色黃氣腥，舟行一日不絕，云是大魚糞也。循海北岸，達于交阯。駿以六年春與那邪迦於弘農謁，帝大悅，賜駿等物二百段，俱授秉義尉，那邪迦等官賞各有差。

眞臘

眞臘國，在林邑西南，本扶南之屬國也。去日南郡舟行六十日，而南接車渠國，西有朱江國。其王姓剎利氏，名質多斯那。自其祖漸已強盛，至質多斯那，遂兼扶南而有之。死，子伊奢那先代立。居伊奢那城，郭下二萬餘家。城中有一大堂，是王聽政之所。總大城三十，城有數千家，各有部帥，官名與林邑同。其王三日一聽朝，坐五香七寶牀，上施寶帳。其帳以文木爲竿，象牙、金鈿爲壁，狀如小屋，懸金光焰，有同於赤土。前有金香鑪，二人侍側。王着朝霞古貝，瞞絡腰腹，下垂至脛，頭戴金寶花冠，被眞珠瓔珞，足履革屣，耳懸金璫。常服白疊，以象牙爲屩。若露髮，則不加瓔珞。臣人服製，大抵相類。有五大臣，一曰孤落支，二曰高相憑，三曰婆何多陵，〔三〕四曰舍摩陵，五曰髯多婁，及諸小臣。朝於王者，輒以階下三稽首。王喚上階，則跪，以兩手抱膊，遶王環坐。議政事訖，跪伏而去。階庭門閣，侍衞有千餘人，被甲持仗。其國與參半、朱江二國和親，數與林邑、陀桓二國戰爭。其人行止皆持甲仗，若有征伐，因而用之。其俗非王正妻子，不得爲嗣。王初立之日，所有兄弟並刑殘之，或去一指，或劓其鼻，別處供給，不得仕進。

人形小而色黑。婦人亦有白者。悉拳髮垂耳，性氣捷勁。居處器物頗類赤土。以右手爲淨，左手爲穢。每旦澡洗，以楊枝淨齒，讀誦經呪。又澡洒乃食，食罷還用楊枝淨齒，又讀經呪。飲食多蘇酪、沙糖、秔粟、米餅。欲食之時，先取雜肉羹與餅相和，手擩而食。娶妻者，唯送衣一具，擇日遣媒人迎婦。男女二家各八日不出，晝夜燃燈不息。男婚禮畢，卽與父母分財別居。父母死，小兒未婚者，以餘財與之。若婚畢，財物入官。其喪葬，兒女皆七日不食，剔髮而哭，僧尼、道士、親故皆來聚會，音樂送之。以五香木燒屍，收灰以金銀瓶盛，送于大水之內。貧者或用瓦，而以彩色畫之。亦有不焚，送屍山中，任野獸食者。

其國北多山阜，南有水澤，地氣尤熱，無霜雪，饒瘴癘毒蠚。土宜粱稻，少黍粟，果菜與日南、九眞相類。異者有婆那娑樹，無花，葉似柿，實似冬瓜；菴羅樹，花葉似棗，實似李；毗野樹，花似木瓜，葉似杏，實似楮；婆田羅樹，花葉實並似棗而小異；歌畢他樹，花似林檎，葉似榆而厚大，實似李，其大如升。自餘多同九眞。海中有魚名建同，四足，無鱗，其鼻如象，吸水上噴，高五六十尺。有浮胡魚，其形似䱉，嘴如鸚鵡，有八足。多大魚，半身出水，望之如山。

每五六月中，毒氣流行，卽以白猪、白牛、白羊於城西門外祠之。不然者，五穀不登，六畜多死，人衆疾疫。近都有陵伽鉢婆山，上有神祠，每以兵五千人守衞之。城東有神名婆多利，祭用人肉。其王年別殺人，以夜祀禱，亦有守衞者千人。其敬鬼如此。多奉佛法，尤信道士，佛及道士並立像於館。

大業十二年，遣使貢獻，帝禮之甚厚，其後亦絕。

婆利

婆利國，自交阯浮海，南過赤土、丹丹，乃至其國。國界東西四月行，南北四十五日行。王姓刹利邪伽，名護濫那婆。官曰獨訶邪挐，次曰獨訶氏挐。國人善投輪刀，其大如鏡，中有竅，外鋒如鋸，遠以投人，無不中。其餘兵器與中國略同。俗類眞臘，物產同於林邑。其殺人及盜，截其手，姦者鎖其足，朞年而止。祭祀必以月晦，盤貯酒肴，浮之流水。每十一月，必設大祭。海出珊瑚。有鳥名舍利，解人語。

大業十二年，遣使朝貢，後遂絕。于時南荒有丹丹、盤盤二國，亦來貢方物，其風俗物產，大抵相類云。

史臣曰：禮云：「南方曰蠻，有不火食者矣。」書稱：「蠻夷猾夏。」詩曰：「蠢爾蠻荆。」種類實繁，代爲紛梗。自秦幷三楚，漢平百越，地窮丹徼，景極日南，水陸可居，咸爲郡縣。暨乎境分吳、蜀，時經晉、宋，道有污隆，服叛不一。高祖受命，克平九宇，煬帝纂業，威加八荒。甘心遠夷，志求珍異，故師出於流求，兵加於林邑，威振殊俗，過於秦、漢遠矣。雖有荒外之功，無救域中之敗。傳曰：「非聖人，外寧必內憂。」誠哉斯言也！

校勘記

〔一〕亦名椰漿爲酒　求是：「名」殆「以」之訛。

〔二〕婆何多陵　「何」，御覽七八六作「阿」。

隋書卷八十三

列傳第四十八

西域

漢氏初開西域，有三十六國，其後分立五十五王，置校尉、都護以撫納之。王莽篡位，西域遂絕。至於後漢，班超所通者五十餘國，西至西海，東西四萬里，皆來朝貢，復置都護、校尉以相統攝。其後或絕或通，漢朝以爲勞弊中國，其官時廢時置。暨魏、晉之後，互相吞滅，不可詳焉。

煬帝時，遣侍御史韋節、司隸從事杜行滿使於西蕃諸國。至罽賓，得碼碯杯；王舍城，得佛經；史國，得十儛女、師子皮、火鼠毛而還。帝復令聞喜公裴矩於武威、張掖間往來以引致之。其有君長者四十四國。矩因其使者入朝，啗以厚利，令其轉相諷諭。大業年中，相率而來朝者三十餘國，帝因置西域校尉以應接之。尋屬中國大亂，朝貢遂絕。然事多亡失，今所存錄者，二十國焉。

吐谷渾

吐谷渾，本遼西鮮卑徒河涉歸子也。初，涉歸有二子，庶長曰吐谷渾，少曰若洛廆。涉歸死，若洛廆代統部落，是爲慕容氏。吐谷渾與若洛廆不協，遂西度隴，止于甘松之南，洮水之西，南極白蘭山，數千里之地，其後遂以吐谷渾爲國氏焉。當魏、周之際，始稱可汗。都伏俟城，在青海西十五里。有城郭而不居，隨逐水草。官有王公、僕射、尙書、郎中、將軍。其主以皁爲帽，妻戴金花。其器械衣服略與中國同。其王公貴人多戴羃䍦，婦人裙襦辮髮，綴以珠貝。國無常稅。殺人及盜馬者死，餘坐則徵物以贖罪。風俗頗同突厥。喪有服制，葬訖而除。性皆貪忍。有大麥、粟、豆。靑海周迴千餘里，中有小山，其俗至冬輒放牝馬於其上，言得龍種。吐谷渾嘗得波斯草馬，放入海，因生驄駒，能日行千里，故時稱靑海驄焉。多氂牛，饒銅、鐵、朱砂。地兼鄯善、且末。西北有流沙數百里，夏有熱風，傷斃行旅。風之將至，老駝預知之，則引項而鳴，聚立，以口鼻埋沙中。人見則知之，以氊擁蔽口鼻而避其患。

其主呂夸，〔一〕在周數爲邊寇，及開皇初，以兵侵弘州。高祖以弘州地曠人梗，因而廢之。遣上柱國元諧率步騎數萬擊之。賊悉發國中兵，自曼頭至於樹敦，甲騎不絕。其所署河西總管、定城王鍾利房及其太子可博汗，前後來拒戰。諧頻擊破之，俘斬甚衆。呂夸大懼，率其親兵遠遁。其名王十三人，〔三〕各率部落而降。上以其高寧王移茲裒素得衆心，拜爲大將軍，封河南王，以統降衆，自餘官賞各有差。未幾，復來寇邊，旭州刺史皮子信出兵拒戰，爲賊所敗，子信死之。汶州總管梁遠以銳卒擊之，斬千餘級，賊退。俄而入寇廓州，州兵擊走之。

呂夸在位百年，屢因喜怒廢其太子而殺之。其後太子懼見廢辱，遂謀執呂夸而降，請兵於邊吏。秦州總管、河間王弘請將兵應之，上不許。太子謀洩，爲其父所殺，復立其少子嵬王訶爲太子。疊州刺史杜粲請因其釁而討之，上又不許。六年，嵬王訶復懼其父誅之，謀率部落萬五千人戶將歸國，遣使詣闕，請兵迎接。上謂侍臣曰：「渾賊風俗，特異人倫，父旣不慈，子復不孝。朕以德訓人，何有成其惡逆也！吾當敎之以義方耳。」乃謂使者曰：「朕受命於天，撫育四海，望使一切生人皆以仁義相向。況父子天性，何得不相親愛也！吐谷渾主旣是嵬王之父，嵬王是吐谷渾主太子，父有不是，子須陳諫。若諫而不從，當令近臣親戚內外諷諭。必不可，泣涕而道之。人皆有情，必當感悟。不可潛謀非法，受不孝之名。溥天之下，皆是朕臣妾，各爲善事，卽稱朕心。嵬王旣有好意，欲來投朕，朕唯敎嵬王爲臣子之法，不可遠遣兵馬，助爲惡事。」嵬王乃止。八年，其名王拓拔木彌請以千餘家歸化。上曰：「溥天之下，皆曰朕臣，雖復荒遐，未識風教，朕之撫育，俱以仁孝爲本。渾賊惛狂，妻子懷怖，並思歸化，自救危亡。然叛夫背父，不可收納。又其本意，正自避死，若今遣拒，又復不仁。若更有意信，但宜慰撫，任其自拔，不須出兵馬應接之。其妹夫及甥欲來，亦任其意，不勞勸誘也。」是歲河南王移茲裒死，高祖令其弟樹歸襲統其衆。平陳之後，呂夸大懼，遁逃保險，不敢爲寇。

十一年，呂夸卒，子伏立。使其兄子無素奉表稱藩，并獻方物，請以女備後庭。上謂滕王曰：「此非至誠，但急計耳。」乃謂無素曰：「朕知渾主欲令女事朕，若依來請，他國聞之，便當相學。一許一塞，是謂不平。若並許之，又非好法。朕情存安養，欲令遂性，豈可聚斂子女以實後宮乎？」竟不許。十二年，遣刑部尚書宇文弼撫慰之。十六年，以光化公主妻伏，伏上表稱公主爲天后，上不許。

明年，其國大亂，國人殺伏，立其弟伏允爲主。〔三〕使使陳廢立之事，并謝專命之罪，且請依俗尚主，上從之。自是朝貢歲至，而常訪國家消息，上甚惡之。

煬帝即位，伏允遣其子順來朝。時鐵勒犯塞，帝遣將軍馮孝慈出敦煌以禦之，孝慈戰不利。鐵勒遣使謝罪，請降，帝遣黃門侍郎裴矩慰撫之，諷令擊吐谷渾以自効。鐵勒許諾，卽勒兵襲吐谷渾，大敗之。伏允東走，保西平境。帝復令觀王雄出澆河、許公宇文述出西平以掩之，大破其衆。伏允遁逃，部落來降者十萬餘口，六畜三十餘萬。述追之急，伏允懼，南遁於山谷閒。其故地皆空，自西平臨羌城以西，且末以東，祁連以南，雪山以北，東西四千里，南北二千里，皆爲隋有。置郡縣鎭戍，發天下輕罪徙居之。於是留順不之遣。伏允無以自資，率其徒數千騎客於党項。帝立順爲主，送出玉門，令統餘衆，以其大寶王尼洛周爲輔。至西平，其部下殺洛周，順不果入而還。大業末，天下亂，伏允復其故地，屢寇河右，郡縣不能禦焉。

党項

党項羌者，三苗之後也。其種有宕昌、白狼，皆自稱獼猴種。東接臨洮、西平，西拒葉護，南北數千里，處山谷間。每姓別爲部落，大者五千餘騎，小者千餘騎。織犛牛尾及羖䍽毛以爲屋。服裘褐，披氈以爲上飾。俗尚武力，無法令，各爲生業，有戰陣則相屯聚。無徭賦，不相往來。牧養犛牛、羊、猪以供食，不知稼穡。其俗淫穢蒸報，於諸夷中最爲甚。無文字，但候草木以記歲時。三年一聚會，殺牛羊以祭天。人年八十以上死者，以爲令終，親戚不哭。少而死者，則云大枉，共悲哭之。有琵琶、橫吹，擊缶爲節。

魏、周之際，數來擾邊。高祖爲丞相時，中原多故，因此大爲寇掠。蔣公梁睿既平王謙，請因還師以討之，高祖不許。開皇四年，有千餘家歸化。五年，拓拔寧叢等各率衆詣旭州內附，授大將軍，其部下各有差。十六年，復寇會州，詔發隴西兵以討之，大破其衆。又相率請降，願爲臣妾，遣子弟入朝謝罪。高祖謂之曰：「還語爾父兄，人生須有定居，養老長幼。而乃乍還乍走，不羞鄉里邪！」自是朝貢不絕。

高昌

高昌國者，則漢車師前王庭也，去敦煌十三日行。其境東西三百里，南北五百里，四面多大山。昔漢武帝遣兵西討，師旅頓敝，其中尤困者因住焉。其地有漢時高昌壘，故以爲國號。初，蠕蠕立闞伯周爲高昌王。〔四〕伯周死，子義成立，爲從兄首歸所殺。首歸自立爲高昌王，又爲高車阿伏至羅所殺。以敦煌人張孟明爲主。孟明爲國人所殺，更以馬儒爲王，以鞏顧、麴嘉二人爲左右長史。儒又通使後魏，請內屬。內屬人皆戀土，不願東遷，相與殺儒，立嘉爲王。嘉字靈鳳，金城榆中人，既立，又臣于茹茹。及茹茹主爲高車所殺，嘉又臣于高車。屬焉耆爲挹怛所破，衆不能自統，請主於嘉。嘉遣其第二子爲焉耆王，由是始大，益爲國人所服。嘉死，子堅立。

其都城周迴一千八百四十步，於坐室畫魯哀公問政於孔子之像。國內有城十八。官有令尹一人，次公二人，次左右衞，次八長史，次五將軍，次八司馬，次侍郎、校郎、主簿、從事、省事。大事決之於王，小事長子及公評斷，不立文記。男子胡服，婦人裙襦，頭上作髻。其風俗政令與華夏略同。地多石磧，氣候溫暖，穀麥再熟，宜蠶，多五果。有草名爲羊刺，其上生蜜，而味甚佳。出赤鹽如朱，白鹽如玉。多蒲陶酒。俗事天神，兼信佛法。國中羊馬牧於隱僻之處，以避外寇，非貴人不知其所。北有赤石山，山北七十里有貪汗山，〔五〕夏有積雪。此山之北，鐵勒界也。從武威西北，有捷路，度沙磧千餘里，四面茫然，無有蹊徑。欲往者，尋有人畜骸骨而去。路中或聞歌哭之聲，行人尋之，多致亡失，蓋魑魅魍魎也。故商客往來，多取伊吾路。

開皇十年，突厥破其四城，有二千人來歸中國。堅死，子伯雅立。其大母本突厥可汗女，其父死，突厥令依其俗，伯雅不從者久之。突厥逼之，不得已而從。煬帝嗣位，引致諸蕃。大業四年，遣使貢獻，帝待其使甚厚。明年，伯雅來朝。因從擊高麗，還尚宗女華容公主。八年冬歸蕃，下令國中曰：「夫經國字人，以保存爲貴，寧邦緝政，以全濟爲大。先者以國處邊荒，境連猛狄，同人無咎，被髮左衽。今大隋統御，宇宙平一，普天率土，莫不齊向。孤既沐浴和風，庶均大化，其庶人以上皆宜解辮削衽。」帝聞而甚善之，下詔曰：「彰德嘉善，聖哲所隆，顯誠遂良，典謨貽則。光祿大夫、弁國公、高昌王伯雅識量經遠，器懷溫裕，丹款夙著，亮節遐宣。本自諸華，歷祚西壤，昔因多難，淪迫獯戎，數窮毀冕，翦爲胡服。自我皇隋平一宇宙，化偃九圍，德加四表。伯雅踰沙忘阻，奉賮來庭，觀禮容於舊章，慕威儀之盛典。於是襲纓解辮，削衽曳裾，變夷從夏，義光前載。可賜衣冠之具，仍班製造之式。并遣使人部領將送。被以采章，復見車服之美，棄彼氊毦，還爲冠帶之國。」然伯雅先臣鐵勒，而鐵勒恒遣重臣在高昌國，有商胡往來者，則稅之送於鐵勒。雖有此令取悅中華，然竟畏鐵勒而不敢改也。自是歲令使人貢其方物。

康國

康國者，康居之後也。遷徙無常，不恒故地，然自漢以來相承不絕。其王本姓溫，月氏人也。舊居祁連山北昭武城，因被匈奴所破，西踰葱嶺，遂有其國。支庶各分王，故康國左右諸國並以昭武爲姓，示不忘本也。王字代失畢，爲人寬厚，甚得衆心。其妻突厥達度可汗女也。都於薩寶水上阿祿迪城。城多衆居。大臣三人共掌國事。其王索髮，冠七寶金花，衣綾羅錦繡白疊。其妻有髻，幪以皂巾。丈夫翦髮錦袍。名爲强國，而西域諸國多歸之。米國、史國、曹國、何國、安國、小安國、那色波國、烏那曷國、穆國皆歸附之。有胡律，置於祆祠，決罰則取而斷之。重罪者族，次重者死，賊盜截其足。人皆深目高鼻，多鬚髯。善於商賈，諸夷交易多湊其國。有大小鼓、琵琶、五絃、箜篌、笛。婚姻喪制與突厥同。國立祖廟，以六月祭之，諸國皆來助祭。俗奉佛，爲胡書。氣候溫，宜五穀，勤修園蔬，樹木滋茂。出馬、駝、騾、驢、封牛、黃金、鐃沙、䣺香、阿薩那香、瑟瑟、麞皮、氍毹、錦疊。多蒲陶酒，富家或致千石，連年不敗。

大業中，始遣使貢方物，後遂絕焉。

安國

安國，漢時安息國也。王姓昭武氏，與康國王同族，字設力登。妻，康國王女也。都在那密水南，城有五重，環以流水。宮殿皆爲平頭。王坐金駝座，高七八尺。每聽政，與妻相對，大臣三人評理國事。風俗同於康國，唯妻其姊妹，及母子遞相禽獸，此爲異也。煬帝卽位之後，遣司隸從事杜行滿使於西域，至其國，得五色鹽而返。

國之西百餘里有畢國，可千餘家。其國無君長，安國統之。大業五年，遣使貢獻，後遂絕焉。

石國

石國，居於藥殺水，都城方十餘里。其王姓石，名涅。國城之東南立屋，置座於中，正月六日、七月十五日以王父母燒餘之骨，金甕盛之，置于牀上，巡遶而行，散以花香雜果，王率臣下設祭焉。禮終，王與夫人出就別帳，臣下以次列坐，享宴而罷。有粟麥，多良馬。其俗善戰，曾貳於突厥，射匱可汗興兵滅之，令特勤甸職攝其國事。〔六〕南去鏺汗六百里，東南去瓜州六千里。

甸職以大業五年遣使朝貢，其後不復至。

女國

女國，在葱嶺之南，其國代以女爲王。王姓蘇毗，字末羯，在位二十年。女王之夫，號曰金聚，不知政事。國內丈夫唯以征伐爲務。山上爲城，方五六里，人有萬家。王居九層之樓，侍女數百人，五日一聽朝。復有小女王，共知國政。其俗貴婦人，輕丈夫，而性不妬忌。〔七〕男女皆以彩色塗面，一日之中，或數度變改之。人皆被髮，以皮爲鞋，課稅無常。氣候多寒，以射獵爲業。出鍮石、朱砂、麝香、犛牛、駿馬、蜀馬。尤多鹽，恒將鹽向天竺興販，其利數倍。亦數與天竺及党項戰爭。其女王死，國中則厚斂金錢，求死者族中之賢女二人，一爲女王，次爲小王。貴人死，剝取皮，以金屑和骨肉置於瓶內而埋之。經一年，又以其皮內於鐵器埋之。俗事阿修羅神，又有樹神，歲初以人祭，或用獼猴。祭畢，入山祝之，有一鳥如雌雉，來集掌上，破其腹而視之，有粟則年豐，沙石則有災，謂之鳥卜。

開皇六年，遣使朝貢，其後遂絕。

焉耆

焉耆國，都白山之南七十里，漢時舊國也。其王姓龍，字突騎。都城方二里。國內有九城，勝兵千餘人。國無綱維。其俗奉佛書，類婆羅門。婚姻之禮有同華夏。死者焚之，持服七日。男子剪髮。有魚鹽蒲葦之利。東去高昌九百里，西去龜茲九百里，皆沙磧。東南去瓜州二千二百里。大業中，遣使貢方物。

龜茲

龜茲國，都白山之南百七十里，漢時舊國也。其王姓白，字蘇尼晊。都城方六里。勝兵者數千。俗殺人者死，劫賊斷其一臂，幷刖一足。俗與焉耆同。王頭繫綵帶，垂之於後，坐金師子座。土多稻、粟、菽、麥，饒銅、鐵、鉛、麖皮、氍毹、鐃沙、鹽綠、雌黃、胡粉、安息香、良馬、封牛。東去焉耆九百里，南去于闐千四百里，西去疏勒千五百里，西北去突厥牙六百餘里，東南去瓜州三千一百里。大業中，遣使貢方物。

疏勒

疏勒國，都白山南百餘里，漢時舊國也。其王字阿彌厥，手足皆六指。產子非六指者，卽不育。都城方五里。國內有大城十二，小城數十，勝兵者二千人。王戴金師子冠。土多稻、粟、麻、麥、銅、鐵、錦、雌黃，〔六〕每歲常供送於突厥。南有黃河，西帶葱嶺，東去龜茲千五百里，西去鏺汗國千里，南去朱俱波八九百里，東北去突厥牙千餘里，東南去瓜州四千六百里。大業中，遣使貢方物。

于闐

于闐國，都葱嶺之北二百餘里。其王姓王，字卑示閉練。都城方八九里。國中大城有五，小城數十，勝兵者數千人。俗奉佛，尤多僧尼，王每持齋戒。城南五十里有贊摩寺者，云是羅漢比丘比盧旃所造，石上有辟支佛徒跣之跡。于闐西五百里有比摩寺，云是老子化胡成佛之所。俗無禮義，多賊盜淫縱。王錦帽，金鼠冠，妻戴金花。其王髮不令人見。俗云，若見王髮，年必儉。土多麻、麥、粟、稻、五果，多園林，山多美玉。東去鄯善千五百里，南去女國三千里，西去朱俱波千里，北去龜茲千四百里，東北去瓜州二千八百里。大業中，頻遣使朝貢。

鏺汗

鏺汗國，都葱嶺之西五百餘里，古渠搜國也。王姓昭武，字阿利柒。都城方四里。勝兵數千人。王坐金羊牀，妻戴金花。俗多朱砂、金、鐵。東去疏勒千里，西去蘇對沙那國五百里，西北去石國五百里，東北去突厥牙二千餘里，東去瓜州五千五百里。大業中，遣使貢方物。

吐火羅

吐火羅國，都葱嶺西五百里，與挹怛雜居。都城方二里。勝兵者十萬人，皆習戰。其俗奉佛。兄弟同一妻，迭寢焉，每一人入房，戶外挂其衣以爲志。生子屬其長兄。其山穴中有神馬，每歲牧牝馬於穴所，必產名駒。南去漕國千七百里，東去瓜州五千八百里。大業中，遣使朝貢。

挹怛

挹怛國，都烏滸水南二百餘里，大月氏之種類也。勝兵者五六千人。俗善戰。先時國亂，突厥遣通設字詰强領其國。都城方十餘里。多寺塔，皆飾以金。兄弟同妻。婦人有一夫者，冠一角帽，夫兄弟多者，依其數爲角。南去漕國千五百里，東去瓜州六千五百里。大業中，遣使貢方物。

米國

米國，都那密水西，舊康居之地也。無王。其城主姓昭武，康國王之支庶，字閉拙。都城方二里。勝兵數百人。西北去康國百里，東去蘇對沙那國五百里，西南去史國二百里，東去瓜州六千四百里。大業中，頻貢方物。

史國

史國，都獨莫水南十里，舊康居之地也。其王姓昭武，字逖遮，亦康國王之支庶也。都城方二里。勝兵千餘人。俗同康國。北去康國二百四十里，南去吐火羅五百里，西去那色波國二百里，東北去米國二百里，東去瓜州六千五百里。大業中，遣使貢方物。

曹國

曹國，都那密水南數里，舊是康居之地也。國無主，康國王令子烏建領之。都城方三里。勝兵千餘人。國中有得悉神，自西海以東諸國並敬事之。其神有金人焉，金破羅闊丈有五尺，高下相稱。每日以駝五頭、馬十四、羊一百口祭之，常有千人食之不盡。東南去康國百里，西去何國百五十里，東去瓜州六千六百里。大業中，遣使貢方物。

何國

何國，都那密水南數里，舊是康居之地也。其王姓昭武，亦康國王之族類，字敦。都城方二里。勝兵千人。其王坐金羊座。東去曹國百五十里，西去小安國三百里，東去瓜州六千七百五十里。大業中，遣使貢方物。

烏那曷

烏那曷國，都烏滸水西，舊安息之地也。王姓昭武，亦康國種類，字佛食。都城方二里。勝兵數百人。王坐金羊座。東北去安國四百里，西北去穆國二百餘里，東去瓜州七千五百里。大業中，遣使貢方物。

穆國

穆國，都烏滸河之西，亦安息之故地，與烏那曷爲鄰。其王姓昭武，亦康國王之種類也，字阿濫密。都城方三里。勝兵二千人。東北去安國五百里，東去烏那曷二百餘里，西去波斯國四千餘里，東去瓜州七千七百里。大業中，遣使貢方物。

波斯

波斯國，都達曷水之西蘇藺城，卽條支之故地也。其王字庫薩和。都城方十餘里。勝兵二萬餘人，乘象而戰。國無死刑，或斷手刖足，沒家財，或剃去其鬚，或繫排於項，以爲標異。人年三歲已上，出口錢四文。妻其姊妹。人死者，棄屍于山，持服一月。王著金花冠，坐金師子座，傳金屑於鬚上以爲飾。衣錦袍，加瓔珞於其上。土多良馬，大驢，師子，白象，大鳥卵，眞珠，頗黎，獸魄，珊瑚，瑠璃，碼碯，水精，瑟瑟，呼洛羯，呂騰，火齊，金剛，金，銀，鍮石，銅，鑌鐵，錫，錦疊，細布，氍毹，毾㲪，護那，越諾布，檀，金縷織成，赤麖皮，朱沙，水銀，薰陸、鬱金、蘇合、青木等諸香，胡椒，畢撥，石蜜，半蜜，千年棗，附子，訶黎勒，無食子，鹽綠，雌黃。突厥不能至其國，亦羈縻之。波斯每遣使貢獻。西去海數百里，東去穆國四千餘里，西北去拂菻四千五百里，東去瓜州萬一千七百里。煬帝遣雲騎尉李昱使通波斯，尋遣使隨昱貢方物。

漕國

漕國，在葱嶺之北，漢時罽賓國也。其王姓昭武，字順達，康國王之宗族。都城方四里。勝兵者萬餘人。國法嚴整，殺人及賊盜皆死。其俗淫祠。葱嶺山有順天神者，儀制極華，金銀鍱爲屋，以銀爲地，祠者日有千餘人。祠前有一魚脊骨，其孔中通，馬騎出入。國王戴金魚頭冠，坐金馬座。土多稻、粟、豆、麥；饒象，馬，封牛，金，銀，鑌鐵，氍毹，朱砂，青黛，安息、青木等香，石蜜，半蜜，黑鹽，阿魏，沒藥，〔九〕白附子。北去帆延七百里，東去劫國六百里，東北去瓜州六千六百里。大業中，遣使貢方物。

附國

附國者，蜀郡西北二千餘里，卽漢之西南夷也。有嘉良夷，卽其東部，所居種姓自相率領，土俗與附國同，言語少殊，不相統一。其人並無姓氏。附國王字宜繒。其國南北八百里，東南千五百里，無城柵，近川谷，傍山險。俗好復讎，故壘石爲礫而居，以避其患。其礫高至十餘丈，下至五六丈，每級丈餘，以木隔之。基方三四步，礫上方二三步，狀似浮圖。於下級開小門，從內上通，夜必關閉，以防賊盜。國有二萬餘家，號令自王出。嘉良夷政令繫之酋帥，重罪者死，輕刑罰牛。

人皆輕捷，便於擊劍。漆皮爲牟甲，弓長六尺，以竹爲弦。妻其羣母及嫂，兒弟死，父兄亦納其妻。好歌儛，鼓簧，吹長笛。有死者，無服制，置屍高牀之上，沐浴衣服，被以牟甲，覆以獸皮。子孫不哭，帶甲儛劍而呼云：「我父爲鬼所取，我欲報冤殺鬼。」自餘親戚哭三聲而止。婦人哭，必以兩手掩面。死家殺牛，親屬以猪酒相遺，共飲噉而瘞之。死後十年而大葬，其葬必集親賓，殺馬動至數十匹。立其祖父神而事之。其俗以皮爲帽，形圓如鉢，或帶羃䍦。衣多毛毼皮裘，全剝牛脚皮爲靴。項繫鐵鎖，手貫鐵釧。王與酋帥，金爲首飾，胸前懸一金花，徑三寸。其土高，氣候涼，多風少雨。土宜小麥、青稞。〔一〇〕山出金、銀，多白雉。水有嘉魚，長四尺而鱗細。

大業四年，其王遣使素福等八人入朝。明年，又遣其弟子宜林率嘉良夷六十人朝貢。欲獻良馬，以路險不通，請開山道以修職貢。煬帝以勞人不許。

嘉良有水，闊六七十丈，附國有水，闊百餘丈，並南流，用皮爲舟而濟。

附國南有薄緣夷，風俗亦同。西有女國。其東北連山，緜亘數千里，接於党項。往往有羌：大、小左封，昔衞，葛延，白狗，向人，望族，林臺，春桑，利豆，迷桑，婢藥，大硤，白蘭，叱利摸徒，〔二〕那鄂，當迷，渠步，桑悟，千碉，並在深山窮谷，無大君長。其風俗略同於党項，或役屬吐谷渾，或附附國。

大業中，來朝貢。緣西南邊置諸道總管，以遙管之。

史臣曰：自古開遠夷，通絕域，必因宏放之主，皆起好事之臣。張騫鑿空於前，班超投筆於後，或結之以重寶，或懾之以利劍，投軀萬死之地，以要一旦之功，皆由主尚來遠之名，臣殉輕生之節。是知上之所好，下必有甚者也。煬帝規摹宏侈，掩吞秦、漢，裴矩方進西域圖記以蕩其心，故萬乘親出玉門關，置伊吾、且末，而關右暨於流沙，騷然無聊生矣。若使北狄無虞，東夷告捷，必將修輪臺之戍，築烏壘之城，求大秦之明珠，致條支之鳥卵，往來轉輸，將何以堪其敝哉！古者哲王之制，方五千里，務安諸夏，不事要荒。豈威不能加，德不能被？蓋不以四夷勞中國，不以無用害有用也。是以秦戍五嶺，漢事三邊，或道殣相望，或戶口減半。隋室恃其强盛，亦狼狽於青海。〔三〕此皆一人失其道，故億兆罹其毒。若深思卽叙之義，固辭都護之請，返其千里之馬，不求白狼之貢，則七戎九夷，候風重譯，雖無遼東之捷，豈及江都之禍乎！

校勘記

〔一〕呂夸　周書及北史吐谷渾傳、通典一九〇作「夸呂」。

〔二〕其名王十三人　本書元諧傳作「名王十七人、公侯十三人」。

〔三〕伏允　北史吐谷渾傳或作「允伏」，或作「伏允」。

〔四〕蠕蠕　下文作「茹茹」，同音異譯。

〔五〕貪汗山　「汗」原作「汚」，據本書突厥傳、北史高昌傳、通典一九一改。

〔六〕匐職　新唐書西域傳作「匐職」。

〔七〕其俗貴婦人輕丈夫而性不妬忌　原脫「貴」字，據通典一九三補。

〔八〕土多稻粟麻麥銅鐵錦雌黃　「錦」，北史疏勒傳作「錫」，御覽七九三作「銀」。

〔九〕沒藥　原脫「沒」字，據通典一九三補。

〔一〇〕青穄　北史附國傳作「青稞」。

〔一一〕叱利摸徒　「叱」原作「北」，據通典一九〇、顧頡剛白蘭考說改。

〔一二〕青海　「青」原作「淸」，據北史西域傳論、通典一九三、御覽七九二改。

隋書卷八十四

列傳第四十九

北狄

突厥

突厥之先，平涼雜胡也，姓阿史那氏。後魏太武滅沮渠氏，阿史那以五百家奔茹茹，世居金山，工於鐵作。金山狀如兜鍪，俗呼兜鍪爲「突厥」，因以爲號。或云，其先國於西海之上，爲鄰國所滅，男女無少長盡殺之。至一兒，不忍殺，刖足斷臂，棄於大澤中。有一牝狼，每啣肉至其所，此兒因食之，得以不死。其後遂與狼交，狼有孕焉。彼鄰國者，復令人殺此兒，而狼在其側。使者將殺之，其狼若爲神所憑，欻然至於海東，止於山上。其山在高昌西北，下有洞穴，狼入其中，遇得平壤茂草，地方二百餘里。其後狼生十男，其一姓阿史那氏，最賢，遂爲君長，故牙門建狼頭纛，示不忘本也。

有阿賢設者，率部落出於穴中，世臣茹茹。至大葉護，種類漸强。當後魏之末，有伊利可汗，以兵擊鐵勒，大敗之，降五萬餘家，遂求婚於茹茹。茹茹主阿那瓌大怒，遣使罵之。伊利斬其使，率衆襲茹茹，破之。卒，弟逸可汗立。〔一〕又破茹茹。病且卒，捨其子攝圖，立其弟俟斗，〔二〕稱爲木杆可汗。木杆勇而多智，遂擊茹茹，滅之，西破挹怛，東走契丹，北方戎狄悉歸之，抗衡中夏。後與西魏師入侵東魏，至于太原。

其俗畜牧爲事，隨逐水草，不恒厥處。穹廬氈帳，被髮左衽，食肉飲酪，身衣裘褐，賤老貴壯。官有葉護，次設特勤，次俟利發，次吐屯發，下至小官，凡二十八等，皆世爲之。有角弓、鳴鏑、甲、矟、刀、劍。善騎射，性殘忍。無文字，刻木爲契。候月將滿，輒爲寇抄。謀反叛殺人者皆死，淫者割勢而腰斬之。鬬傷人目者償之以女，無女則輸婦財，折支體者輸馬，盜者則償贓十倍。有死者，停屍帳中，家人親屬多殺牛馬而祭之，遶帳號呼，以刀劃面，血淚交下，七度而止。於是擇日置屍馬上而焚之，取灰而葬。表木爲塋，立屋其中，圖畫死者形儀及其生時所經戰陣之狀。嘗殺一人，則立一石，有至千百者。父兄死，子弟妻其羣母及嫂。五月中，多殺羊馬以祭天。男子好樗蒲，女子踏鞠，飲馬酪取醉，歌呼相對。敬鬼神，信巫覡，重兵死而恥病終，大抵與匈奴同俗。

木杆在位二十年，卒，復捨其子大邏便而立其弟，是爲佗鉢可汗。佗鉢以攝圖爲爾伏可汗，統其東面，又以其弟褥但可汗子爲步離可汗，居西方。時佗鉢控弦數十萬，中國憚之，周、齊爭結姻好，傾府藏以事之。佗鉢益驕，每謂其下曰：「我在南兩兒常孝順，何患貧也！」齊有沙門惠琳，被掠入突厥中，因謂佗鉢曰：「齊國富强者，爲有佛法耳。」遂說以因緣果報之事。佗鉢聞而信之，建一伽藍，遣使聘于齊氏，求淨名、涅槃、華嚴等經，幷十誦律。佗鉢亦躬自齋戒，遶塔行道，恨不生內地。在位十年，病且卒，謂其子菴羅曰：「吾聞親莫過於父子。吾兄不親其子，委地於我。我死，汝當避大邏便也。」及佗鉢卒，國中將立大邏便，以其母賤，衆不服。菴羅母貴，突厥素重之。攝圖最後至，謂國中曰：「若立菴羅者，我當率兄弟以事之；如立大邏便，我必守境，利刃長矛以相待矣。」攝圖長而且雄，國人皆憚，莫敢拒者，竟立菴羅爲嗣。大邏便不得立，心不服菴羅，每遣人罵辱之。菴羅不能制，因以國讓攝圖。國中相與議曰：「四可汗之子，攝圖最賢。」因迎立之，號伊利俱盧設莫何始波羅可汗，一號沙鉢略。治都斤山。菴羅降居獨洛水，稱第二可汗。大邏便乃請沙鉢略曰：「我與爾俱可汗子，各承父後。爾今極尊，我獨無位，何也？」沙鉢略患之，以爲阿波可汗，還領所部。

沙鉢略勇而得衆，北夷皆歸附之。及高祖受禪，待之甚薄，北夷大怨。會營州刺史高寶寧作亂，沙鉢略與之合軍，攻陷臨渝鎮。上勑緣邊修保鄣，峻長城，以備之，仍命重將出鎮幽、幷。沙鉢略妻，宇文氏之女，曰千金公主，自傷宗祀絕滅，每懷復隋之志，日夜言之於沙鉢略。由是悉衆爲寇，控弦之士四十萬。上令柱國馮昱屯乙弗泊，蘭州總管叱李長叉守臨洮，上柱國李崇屯幽州，達奚長儒據周槃，皆爲虜所敗。於是縱兵自木硤、石門兩道來寇，武威、天水、安定、金城、上郡、弘化、延安六畜咸盡。天子震怒，下詔曰：

往者魏道衰敝，禍難相尋，周、齊抗衡，分割諸夏。突厥之虜，俱通二國。周人東慮，恐齊好之深，齊氏西虞，懼周交之厚。謂虜意輕重，國逐安危，非徒並有大敵之憂，思減一邊之防。竭生民之力，供其來往，傾府庫之財，棄於沙漠，華夏之地，實爲勞擾。猶復劫剝烽戍，殺害吏民，無歲月而不有也。惡積禍盈，非止今日。

朕受天明命，子育萬方，愍臣下之勞，除既往之弊。以爲厚斂兆庶，多惠豺狼，未嘗感恩，資而爲賊，違天地之意，非帝王之道。節之以禮，不爲虛費，省徭薄賦，國用有餘。因入賊之物，加賜將士，息道路之民，務於耕織。清邊制勝，成策在心。凶醜愚闇，未知深旨，將大定之日，比戰國之時，乘昔世之驕，結今時之恨。近者盡其巢窟，俱犯北邊，朕分置軍旅，所在邀截，望其深入，一舉滅之。而遠鎮偏師，逢而摧翦，未及南上，遽已奔北，應弦染鍔，過半不歸。且彼渠帥，其數凡五，昆季爭長，父叔相猜，外示彌縫，內乖心腹，世行暴虐，家法殘忍。東夷諸國，盡挾私讎，西戎羣長，皆有宿怨。突厥之北，契丹之徒，〔三〕切齒磨牙，常伺其便。達頭前攻酒泉，其後于闐、波斯、挹怛三國一時即叛。沙鉢略近趣周槃，其部內薄孤、束紇羅尋亦翻動。往年利稽察大爲高麗、靺鞨所破，娑毗設又爲紇支可汗所殺。與其爲鄰，皆願誅剿。部落之下，盡異純民，千種萬類，仇敵怨偶，泣血拊心，銜悲積恨。圓首方足，皆人類也，有一於此，更切朕懷。

彼地咎徵妖作，年將一紀，乃獸爲人語，人作神言，云其國亡，訖而不見。每冬雷震，觸地火生，種類資給，惟藉水草。去歲四時，竟無雨雪，川枯蝗暴，卉木燒盡，饑疫死亡，人畜相半。舊居之所，赤地無依，遷徙漠南，偷存晷刻。斯蓋上天所忿，驅就齊斧，幽明合契，今也其時。故選將治兵，嬴糧聚甲，義士奮發，壯夫肆憤，願取名王之首，思撻單于之背，雲歸霧集，不可數也。東極滄海，西盡流沙，縱百勝之兵，橫萬里之衆，亘朔野之追蹤，望天崖而一掃。此則王恢所說，其猶射癰，何敵能當，何遠不服！

但皇王舊迹，北止幽都，荒遐之表，文軌所棄。得其地不可而居，得其民不忍皆殺，無勞兵革，遠規溟海。諸將今行，義兼含育，有降者納，有違者死。異域殊方，被其擁抑，放聽復舊。廣闢邊境，嚴治關塞，使其不敢南望，永服威刑。臥鼓息烽，暫勞終逸，制御夷狄，義在斯乎！何用侍子之朝，寧勞渭橋之拜。普告海內，知朕意焉。

於是以河間王弘、上柱國豆盧勣、竇榮定、左僕射高熲、右僕射虞慶則並爲元帥，出塞擊之。沙鉢略率阿波、貪汗二可汗等來拒戰，皆敗走遁去。時虜飢甚，不能得食，於是粉骨爲糧，又多災疫，死者極衆。

既而沙鉢略以阿波驍悍，忌之，因其先歸，襲擊其部，大破之，殺阿波之母。阿波還無所歸，西奔達頭可汗。達頭者，名玷厥，沙鉢略之從父也，舊爲西面可汗。既而大怒，遣阿波率兵而東，其部落歸之者將十萬騎，遂與沙鉢略相攻。又有貪汗可汗，素睦於阿波，沙鉢略奪其衆而廢之，貪汗亡奔達頭。沙鉢略從弟地勤察別統部落，與沙鉢略有隙，復以衆叛歸阿波。連兵不已，各遣使詣闕，請和求援，上皆不許。

會千金公主上書，請爲一子之例，高祖遣開府徐平和使於沙鉢略。晉王廣時鎮幷州，請因其釁而乘之，上不許。沙鉢略遣使致書曰：「辰年九月十日，從天生大突厥天下賢聖天子、伊利俱盧設莫何始波羅可汗致書大隋皇帝：使人開府徐平和至，辱告言語，具聞也。皇帝是婦父，卽是翁，此是女夫，卽是兒例。兩境雖殊，情義是一。今重疊親舊，子子孫孫，乃至萬世不斷，上天爲證，終不違負。此國所有羊馬，都是皇帝畜生，彼有繒綵，都是此物，彼此有何異也！」高祖報書曰：「大隋天子貽書大突厥伊利俱盧設莫何沙鉢略可汗：得書，知大有好心向此也。既是沙鉢略婦翁，今日看沙鉢略共兒子不異。既以親舊厚意，常使之外，今特別遣大臣虞慶則往彼看女，復看沙鉢略也。」沙鉢略陳兵，列其寶物，坐見慶則，稱病不能起，且曰：「我父伯以來，不向人拜。」慶則責而喻之。千金公主私謂慶則曰：「可汗豺狼性，過與爭，將齧人。」長孫晟說諭之，攝圖辭屈，乃頓顙跪受璽書，以戴於首。既而大慚，其羣下因相聚慟哭。慶則又遣稱臣，沙鉢略謂其屬曰：「何名爲臣？」報曰：「隋國稱臣，猶此稱奴耳。」沙鉢略曰：「得作大隋天子奴，虞僕射之力也。」贈慶則馬千匹，并以從妹妻之。

時沙鉢略既爲達頭所困，又東畏契丹，遣使告急，請將部落度漠南，寄居白道川內，有詔許之。詔晉王廣以兵援之，給以衣食，賜以車服鼓吹。沙鉢略因西擊阿波，破擒之。而阿拔國部落乘虛掠其妻子。官軍爲擊阿拔，敗之，所獲悉與沙鉢略。沙鉢略大喜，乃立約，以磧爲界，因上表曰：

大突厥伊利俱盧設始波羅莫何可汗臣攝圖言：大使尙書右僕射虞慶則至，伏奉詔書，兼宣慈旨，仰惟恩信之著，逾久愈明，徒知負荷，不能答謝。伏惟大隋皇帝之有四海，上契天心，下順民望，二儀之所覆載，七曜之所照臨，莫不委質來賓，回首面內。實萬世之一聖，千年之一期，求之古昔，未始聞也。

突厥自天置以來，五十餘載，保有沙漠，自王蕃隅。地過萬里，士馬億數，恒力兼戎夷，抗禮華夏，在於北狄，莫與爲大。頃者氣候淸和，風雲順序，意以華夏其有大聖興焉。況今被霑德義，仁化所及，禮讓之風，自朝滿野。竊以天無二日，土無二王，伏惟大隋皇帝，眞皇帝也。豈敢阻兵恃險，偸竊名號，今便感慕淳風，歸心有道，屈膝稽顙，永爲藩附。雖復南瞻魏闕，山川悠遠，北面之禮，不敢廢失。當令侍子入朝，〔四〕神馬歲貢，朝夕恭承，唯命是視。至於削衽解辮，革音從律，習俗已久，未能改變。闔國同心，無不銜荷，不任下情欣慕之至。謹遣第七兒臣窟含眞等奉表以聞。〔五〕

高祖下詔曰：「沙鉢略稱雄漠北，多歷世年，百蠻之大，莫過於此。往雖與和，猶是二國，今作君臣，便成一體。情深義厚，朕甚嘉之。荷天之休，海外有截，豈朕薄德所能致此！已勅有司肅告郊廟，宜普頒天下，咸使知聞。」自是詔答諸事並不稱其名以異之。其妻可賀敦周千金公主，賜姓楊氏，編之屬籍，改封大義公主。策拜窟含眞爲柱國，封安國公，宴於內殿，引見皇后，賞勞甚厚。沙鉢略大悅，於是歲時貢獻不絕。

七年正月，沙鉢略遣其子入貢方物，因請獵於恒、代之間，又許之，仍遣人賜其酒食。沙鉢略率部落再拜受賜。沙鉢略一日手殺鹿十八頭，齎尾舌以獻。還至紫河鎭，其牙帳爲火所燒，沙鉢略惡之，月餘而卒。上爲廢朝三日，遣太常弔祭焉。贈物五千段。

初，攝圖以其子雍虞閭性愞，遺令立其弟葉護處羅侯。雍虞閭遣使迎處羅侯，將立之。處羅侯曰：「我突厥自木杆可汗以來，多以弟代兄，以庶奪嫡，失先祖之法，不相敬畏。汝當嗣位，我不憚拜汝也。」雍虞閭又遣使謂處羅侯曰：「叔與我父，共根連體，我是枝葉。寧有我作主，令根本反同枝葉，令叔父之尊下我卑稚！又亡父之命，其可廢乎！願叔勿疑。」相讓者五六，處羅侯竟立，是爲葉護可汗。以雍虞閭爲葉護。遣使上表言狀，上賜之鼓吹幡旗。

處羅侯長頤僂背，眉目疎朗，勇而有謀，以隋所賜旗鼓西征阿波。敵人以爲得隋兵所助，多來降附，遂生擒阿波。既而上書請阿波死生之命，上下其議。左僕射高熲進曰：「骨肉相殘，教之蠹也。存養以示寬大。」上曰：「善。」熲因奉觴進曰：「自軒轅以來，獯粥多爲邊患。今遠窮北海，皆爲臣妾，此之盛事，振古未聞，臣敢再拜上壽。」

其後處羅侯又西征，中流矢而卒。其衆奉雍虞閭爲主，是爲頡伽施多那都藍可汗。雍虞閭遣使詣闕，賜物三千段。每歲遣使朝貢。時有流人楊欽亡入突厥中，謬云彭國公劉昶與宇文氏謀反，令大義公主發兵擾邊。都藍執欽以聞，并貢葤布、魚膠。其弟欽羽設部落强盛，都藍忌而擊之，斬首於陣。其年，遣其母弟褥但特勤獻于闐玉杖，上拜褥但爲柱國、康國公。明年，突厥部落大人相率遣使貢馬萬匹，羊二萬口，駝、牛各五百頭。尋遣使請緣邊置市，與中國貿易，詔許之。

平陳之後，上以陳叔寶屏風賜大義公主，主心恒不平，因書屏風爲詩，敍陳亡自寄。其辭曰：「盛衰等朝暮，世道若浮萍。榮華實難守，池臺終自平。富貴今何在？空事寫丹青。盃酒恒無樂，弦歌詎有聲！余本皇家子，飄流入虜庭。一朝覩成敗，懷抱忽縱横。古來共如此，非我獨申名。唯有明君曲，偏傷遠嫁情。」上聞而惡之，禮賜益薄。公主復與西面突厥泥利可汗連結，上恐其爲變，將圖之。會主與所從胡私通，因發其事，下詔廢黜之。恐都藍不從，遣奇章公牛弘將美妓四人以啗之。時沙鉢略子曰染干，〔六〕號突利可汗，居北方，遣使求婚。上令裴矩謂之曰：「當殺大義主者，方許婚。」突利以爲然，〔七〕復譖之，都藍因發怒，遂殺公主於帳。都藍與達頭可汗有隙，數相征伐，上和解之，各引兵而去。

十七年，突利遣使來逆女，上舍之太常，教習六禮，妻以宗女安義公主。上欲離間北夷，故特厚其禮，遣牛弘、蘇威、斛律孝卿相繼爲使，突厥前後遣使入朝三百七十輩。突利本居北方，以尙主之故，南徙度斤舊鎭，錫賚優厚。雍虞閭怒曰：「我，大可汗也，反不如染干！」於是朝貢遂絕，數爲邊患。十八年，詔蜀王秀出靈州道以擊之。明年，又遣漢王諒爲元帥，左僕射高熲率將軍王詧、上柱國趙仲卿並出朔州道，右僕射楊素率柱國李徹、韓僧壽出靈州，上柱國燕榮出幽州，以擊之。雍虞閭與玷厥舉兵攻染干，盡殺其兄弟子姪，遂度河，入蔚州。染干夜以五騎與隋使長孫晟歸朝。上令染干與雍虞閭使者因頭特勤相辯詰，染干辭直，上乃厚待之。雍虞閭弟都速六棄其妻子，與突利歸朝，上嘉之。勑染干與都速六摴蒲，稍稍輸以寶物，用慰其心。

夏六月，高熲、楊素擊玷厥，大破之。拜染干爲意利珍豆啓民可汗，華言「意智健」也。

啓民上表謝恩曰：「臣既蒙豎立，復改官名，昔日姦心，今悉除去，奉事至尊，不敢違法。」上於朔州築大利城以居之。是時安義主已卒，上以宗女義成公主妻之，部落歸者甚衆。雍虞閭又擊之，上復令入塞。雍虞閭侵掠不已，遷於河南，在夏、勝二州之間，發徒掘塹數百里，東西拒河，盡爲啓民畜牧之地。於是遣越國公楊素出靈州，行軍總管韓僧壽出慶州，太平公史萬歲出燕州，大將軍姚辯出河州，以擊都藍。

師未出塞，而都藍爲其麾下所殺，達頭自立爲步迦可汗，其國大亂。遣太平公史萬歲出朔州以擊之，遇達頭於大斤山，虜不戰而遁，追斬首虜二千餘人。晉王廣出靈州，達頭遁逃而去。尋遣其弟子俟利伐從磧東攻啓民。上又發兵助啓民守要路，俟利伐退走入磧。啓民上表陳謝曰：「大隋聖人莫緣可汗，憐養百姓，如天無不覆也，如地無不載也。諸姓蒙威恩，赤心歸服，並將部落歸投聖人可汗來也。或南入長城，或住白道，人民羊馬，徧滿山谷。染干譬如枯木重起枝葉，枯骨重生皮肉，千萬世長與大隋典羊馬也。」

仁壽元年，代州總管韓洪爲虜所敗於恒安，廢爲庶人。詔楊素爲雲州道行軍元帥，率啓民北征。斛薛等諸姓初附于啓民，至是而叛。素軍河北，值突厥阿勿思力俟斤等南度，掠啓民男女六千口、雜畜二十餘萬而去。素率上大將軍梁默輕騎追之，轉戰六十餘里，大破俟斤，悉得人畜以歸啓民。素又遣柱國張定和、領軍大將軍劉昇別路邀擊，並多斬獲而還。兵既度河，賊復掠啓民部落，素率驃騎范貴於窟結谷東南奮擊，復破之，追奔八十餘里。是歲，泥利可汗及葉護俱被鐵勒所敗。步迦尋亦大亂，奚、霫五部內徙，〔八〕步迦奔吐谷渾。啓民遂有其衆，歲遣朝貢。

大業三年四月，煬帝幸榆林，啓民及義成公主來朝行宮，前後獻馬三千匹。帝大悅，賜物萬二千段。啓民上表曰：「已前聖人先帝莫緣可汗存在之日，憐臣，賜臣安義公主，種種無少短。臣種末爲聖人先帝憐養，臣兄弟妒惡，相共殺臣，臣當時無處去，向上看只見天，下看只見地，實憶聖人先帝言語，投命去來。聖人先帝見臣，大憐臣，死命養活，勝於往前，遣臣作大可汗坐著也。其突厥百姓，死者以外，還聚作百姓也。至尊今還如聖人先帝，捉天下四方坐也。還養活臣及突厥百姓，實無少短。臣今憶想聖人及至尊養活事，具奏不可盡，並至尊聖心裏在。臣今非是舊日邊地突厥可汗，臣卽是至尊臣民，至尊憐臣時，乞依大國服飾法用，一同華夏。臣今率部落，敢以上聞，伏願天慈不違所請。」表奏，帝下其議，公卿請依所奏。帝以爲不可，乃下詔曰：「先王建國，夷夏殊風，君子敎民，不求變俗。斷髮文身，咸安其性，旃裘卉服，各尚所宜，因而利之，其道弘矣。何必化諸削衽，縻以長纓，豈遂性之至理，非包含之遠度。衣服不同，既辨要荒之敍，庶類區別，彌見天地之情。」仍璽書答啓民，以爲磧北未靜，猶須征戰，但使好心孝順，何必改變衣服也。

帝法駕御千人大帳，享啓民及其部落酋長三千五百人，賜物二十萬段，其下各有差。復下詔曰：「德合天地，覆載所以弗遺，功格區宇，聲敎所以咸洎。至於梯山航海，請受正朔，襲冠解辮，同彼臣民。是故王會納貢，義彰前冊，呼韓入臣，待以殊禮。突厥意利珍豆啓民可汗志懷沈毅，〔八〕世修藩職。往者挺身違難，拔足歸仁，先朝嘉此款誠，授以徽號。資其甲兵之衆，收其破滅之餘，復祀於既亡之國，繼絕於不存之地。斯固施均亭育，澤漸要荒者矣。朕以薄德，祗奉靈命，思播遠猷，光融令緒，是以親巡朔野，撫寧藩服。啓民深委誠心，入奉朝覲，率其種落，拜首軒墀，言念丹款，良以嘉尙。宜隆榮數，式優恒典。可賜路車、乘馬、鼓吹、幡旗，贊拜不名，位在諸侯王上。」帝親巡雲內，泝金河而東，北幸啓民所居。啓民奉觴上壽，跪伏甚恭。帝大悅，賦詩曰：「鹿塞鴻旗駐，龍庭翠輦廻。氈帳望風舉，穹廬向日開。呼韓頓顙至，屠耆接踵來。索辮擎羶肉，韋韝獻酒杯。何如漢天子，空上單于臺。」帝賜啓民及主金甕各一，及衣服被褥錦綵，特勤以下各有差。

先是，高麗私通使啓民所，啓民推誠奉國，不敢隱境外之交。是日，將高麗使人見，勑令牛弘宣旨謂之曰：「朕以啓民誠心奉國，故親至其所。明年當往涿郡。爾還日，語高麗王知，宜早來朝，勿自疑懼。存育之禮，當同於啓民。如或不朝，必將啓民巡行彼土。」使人甚懼。啓民仍扈從入塞，至定襄，詔令歸藩。

明年，朝於東都，禮賜益厚。是歲，疾終，上爲之廢朝三日，立其子咄吉世，是爲始畢可汗。表請尚公主，詔從其俗。十一年，來朝於東都。其年，車駕避暑汾陽宮，八月，始畢率其種落入寇，圍帝於鴈門。詔諸郡發兵赴行在所，援軍方至，始畢引去。由是朝貢遂絕。明年，復寇馬邑，唐公以兵擊走之。

隋末亂離，中國人歸之者無數，遂大强盛，勢陵中夏。迎蕭皇后，置於定襄。薛舉、竇建德、王世充、劉武周、梁師都、李軌、高開道之徒，雖僭尊號，皆北面稱臣，受其可汗之號。使者往來，相望於道也。

西突厥

西突厥者，木杆可汗之子大邏便也。與沙鉢略有隙，因分爲二，漸以强盛。東拒都斤，西越金山，龜茲、鐵勒、伊吾及西域諸胡悉附之。大邏便爲處羅侯所執，其國立鞅素特勤之子，是爲泥利可汗。卒，子達漫立，號泥撅處羅可汗。其母向氏，本中國人，生達漫而泥利卒，向氏又嫁其弟婆實特勤。開皇末，婆實共向氏入朝，遇達頭亂，遂留京師，每舍之鴻臚寺。處羅可汗居無恒處，然多在烏孫故地。復立二小可汗，分統所部。一在石國北，以制諸胡國。一居龜茲北，其地名應娑。官有俟發、閻洪達，以評議國事，自餘與東國同。每五月八日，相聚祭神，歲遣重臣向其先世所居之窟致祭焉。

當大業初，處羅可汗撫御無道，其國多叛，與鐵勒屢相攻，大爲鐵勒所敗。時黃門侍郎裴矩在敦煌引致西域，聞國亂，復知處羅思其母氏，因奏之。煬帝遣司朝謁者崔君肅齎書慰諭之。處羅甚踞，受詔不肯起。君肅謂處羅曰：「突厥本一國也，中分爲二，自相仇敵。每歲交兵，積數十年而莫能相滅者，明知啓民與處羅國其勢敵耳。今啓民舉其部落，兵且百萬，入臣天子，甚有丹誠者，何也？但以切恨可汗而不能獨制，故卑事天子以借漢兵，連二大國，欲滅可汗耳。百官兆庶咸請許之，天子弗違，師出有日矣。顧可汗母向氏，本中國人，歸在京師，處于賓館。聞天子之詔，懼可汗之滅，旦夕守闕，哭泣悲哀。是以天子憐焉，爲其輟策。向夫人又匍匐謝罪，因請發使以召可汗，令入內屬，乞加恩禮，同於啓民。天子從之，故遣使到此。可汗若稱藩拜詔，國乃永安，而母得延壽；不然者，則向夫人爲誑天子，必當取戮而傳首虜庭。發大隋之兵，資北蕃之衆，左提右挈，以擊可汗，死亡則無日矣。奈何惜兩拜之禮，剿慈母之命，吝一句稱臣，喪匈奴國也！」處羅聞之，矍然而起，流涕再拜，跪受詔書。君肅又說處羅曰：「啓民內附，先帝嘉之，賞賜極厚，故致兵强國富。今可汗後附，與之爭寵，須深結於天子，自表至誠。旣以道遠，未得朝覲，宜立一功，以明臣節。」處羅曰：「如何？」君肅曰：「吐谷渾者，啓民少子莫賀咄設之母家也。今天子又以義成公主妻於啓民，啓民畏天子之威而與之絶。吐谷渾亦因憾漢故，職貢不修。可汗若請誅之，天子必許。漢擊其內，可汗攻其外，破之必矣。然後身自入朝，道路無阻，因見老母，不亦可乎？」處羅大喜，遂遣使朝貢。

帝將西狩，六年，遣侍御史韋節召處羅，令與車駕會於大斗拔谷。〔一○〕其國人不從，處羅謝使者，辭以他故。帝大怒，無如之何。適會其酋長射匱遣使來求婚，裴矩因奏曰：「處羅不朝，恃强大耳。臣請以計弱之，分裂其國，卽易制也。射匱者，都六之子，達頭之孫，世爲可汗，君臨西面。今聞其失職，附隸於處羅，故遣使來，以結援耳。願厚禮其使，拜爲大可汗，則突厥勢分，兩從我矣。」帝曰：「公言是也。」因遣裴矩朝夕至館，微諷諭之。帝於仁風殿召其使者，言處羅不順之意，稱射匱有好心，吾將立爲大可汗，令發兵誅處羅，然後當爲婚也。帝取桃竹白羽箭一枝以賜射匱，因謂之曰：「此事宜速，使疾如箭也。」使者返，路經處羅，處羅愛箭，將留之，使者譎而得免。射匱聞而大喜，興兵襲處羅，處羅大敗，棄妻子，將左右數千騎東走。在路又被劫掠，遁於高昌東，保時羅漫山。高昌王麴伯雅上狀，帝遣裴矩將向氏親要左右，馳至玉門關晉昌城。矩遣向氏使詣處羅所，論朝廷弘養之義，丁寧曉諭之，遂入朝，然每有怏怏之色。

以七年冬，處羅朝於臨朔宮，帝享之。處羅稽首謝曰：「臣總西面諸蕃，不得早來朝拜，今參見遲晚，罪責極深，臣心裏悚懼，不能道盡。」帝曰：「往者與突厥相侵擾，不得安居。今四海既清，與一家無異，朕皆欲存養，使遂性靈。譬如天上止有一箇日照臨，莫不寧帖；若有兩箇三箇日，萬物何以得安？比者亦知處羅總攝事繁，不得早來相見。今日見處羅，懷抱豁然歡喜，處羅亦當豁然，不煩在意。」明年元會，處羅上壽曰：「自天以下，地以上，日月所照，唯有聖人可汗。今是大日，願聖人可汗千歲萬歲常如今日也。」詔留其累弱萬餘口，令其弟達度闕牧畜會寧郡。〔二〕

處羅從征高麗，賜號爲曷薩那可汗，〔三〕賞賜甚厚。十年正月，以信義公主嫁焉，賜錦綵袍千具，綵萬匹。帝將復其故地，以遼東之役，故未遑也。每從巡幸。江都之亂，隨化及至河北。化及將敗，奔歸京師，爲北蕃突厥所害。

鐵勒

鐵勒之先，匈奴之苗裔也，種類最多。自西海之東，依據山谷，往往不絕。獨洛河北有僕骨、同羅、韋紇、拔也古、覆羅並號俟斤，蒙陳、吐如紇、斯結、渾、斛薛等諸姓，勝兵可二萬。伊吾以西，焉耆之北，傍白山，則有契弊、薄落職、乙咥、蘇婆、那曷、烏讙、〔三〕紇骨、也咥、於尼讙等，〔四〕勝兵可二萬。金山西南有薛延陀、咥勒兒、十槃、達契等，一萬餘兵。康國北，傍阿得水，則有訶咥、曷巀、〔二五〕撥忽、比干、〔二六〕具海、曷比悉、何嵯蘇、拔也未渴達等，〔二七〕有三萬許兵。得嶷海東西有蘇路羯、三索咽、蔑促、〔二八〕隆忽等諸姓，〔二九〕八千餘。拂菻東則有恩屈、阿蘭、北褥九離、伏嗢昏等，近二萬人。北海南則都波等。雖姓氏各別，總謂爲鐵勒。並無君長，分屬東、西兩突厥。居無恒所，隨水草流移。人性凶忍，善於騎射，貪婪尤甚，以寇抄爲生。近西邊者，頗爲藝植，多牛羊而少馬。自突厥有國，東西征討，皆資其用，以制北荒。

開皇末，晉王廣北征，納啓民，〔三〇〕大破步迦可汗，鐵勒於是分散。大業元年，突厥處羅可汗擊鐵勒諸部，厚稅斂其物，又猜忌薛延陀等，恐爲變，遂集其魁帥數百人，盡誅之。由是一時反叛，拒處羅，遂立俟利發俟斤契弊歌楞爲易勿真莫何可汗，居貪汗山。復立薛延陀内俟斤字也咥爲小可汗。處羅可汗既敗，莫何可汗始大。莫何勇毅絕倫，甚得衆心，爲鄰國所憚，伊吾、高昌、焉耆諸國悉附之。

其俗大抵與突厥同，唯丈夫婚畢，便就妻家，待產乳男女，然後歸舍，死者埋瘞之，此其異也。大業三年，遣使貢方物，自是不絕云。

奚

奚本曰庫莫奚，東部胡之種也。爲慕容氏所破，遺落者竄匿松、漠之間。其俗甚爲不潔，而善射獵，好爲寇鈔。初臣於突厥，後稍强盛，分爲五部：一曰辱紇王，〔三〕二曰莫賀弗，三曰契箇，四曰木昆，五曰室得。每部俟斤一人爲其帥。隨逐水草，頗同突厥。有阿會氏，五部中爲盛，諸部皆歸之。每與契丹相攻擊，虜獲財畜，因而得賞。死者以葦薄裹屍，懸之樹上。自突厥稱藩之後，亦遣使入朝，或通或絕，最爲無信。大業時，歲遣使貢方物。

契丹 室韋

契丹之先，與庫莫奚異種而同類，並爲慕容氏所破，俱竄於松、漠之間。其後稍大，居黃龍之北數百里。其俗頗與靺鞨同。好爲寇盜。父母死而悲哭者，以爲不壯，但以其屍置於山樹之上，經三年之後，乃收其骨而焚之。因酹而祝曰：「冬月時，向陽食。若我射獵時，使我多得猪鹿。」其無禮頑嚚，於諸夷最甚。

當後魏時，爲高麗所侵，部落萬餘口求內附，止于白貔河。其後爲突厥所逼，又以萬家寄於高麗。開皇四年，率諸莫賀弗來謁。五年，悉其衆款塞，高祖納之，聽居其故地。六年，其諸部相攻擊，久不止，又與突厥相侵，高祖使使責讓之。其國遣使詣闕，頓顙謝罪。其後契丹別部出伏等背高麗，率衆內附。高祖納之，安置於渴奚那頡之北。開皇末，其別部四千餘家背突厥來降。上方與突厥和好，重失遠人之心，悉令給糧還本，勑突厥撫納之。固辭不去。部落漸衆，遂北徙逐水草，當遼西正北二百里，依託紇臣水而居。東西亘五百里，南北三百里，分爲十部。兵多者三千，少者千餘，逐寒暑，隨水草畜牧。有征伐，則酋帥相與議之，興兵動衆合符契。突厥沙鉢略可汗遣吐屯潘垤統之。

室韋，契丹之類也。〔三〕其南者爲契丹，在北者號室韋，分爲五部，不相總一，所謂南室韋、北室韋、鉢室韋、深末怛室韋、太室韋。並無君長，人民貧弱，突厥常以三吐屯總領之。

南室韋在契丹北三千里，土地卑濕，至夏則移向西北貸勃、欠對二山，多草木，饒禽獸，又多蚊蚋，人皆巢居，以避其患。漸分爲二十五部，每部有餘莫弗瞞咄，猶酋長也。死則子弟代立，嗣絕則擇賢豪而立之。其俗丈夫皆被髮，婦人盤髮，衣服與契丹同。乘牛車，籧篨爲屋，如突厥氈車之狀。渡水則束薪爲桴，或以皮爲舟者。馬則織草爲韉，結繩爲轡。寢則屈爲屋，以籧篨覆上，移則載行。以猪皮爲席，編木爲藉。婦女皆抱膝而坐。氣候多寒，田收甚薄，無羊，少馬，多猪牛。造酒食噉，與靺鞨同俗。婚嫁之法，二家相許，壻輒盜婦將去，然後送牛馬爲娉，更將歸家。待有娠，乃相隨還舍。婦人不再嫁，以爲死人之妻難以共居。部落共爲大棚，人死則置屍其上。居喪三年，年唯四哭。其國無鐵，取給於高麗。

多貂。

南室韋北行十一日至北室韋，分爲九部落，繞吐紇山而居。其部落渠帥號乞引莫賀咄，每部有莫何弗三人以貳之。氣候最寒，雪深沒馬。冬則入山，居土穴中，牛畜多凍死。饒麞鹿，射獵爲務，食肉衣皮。鑿氷，沒水中而網射魚鼈。地多積雪，懼陷坑穽，騎木而行。俗皆捕貂爲業，冠以狐狢，衣以魚皮。

又北行千里，至鉢室韋，依胡布山而住，人衆多北室韋，不知爲幾部落。用樺皮蓋屋，其餘同北室韋。

從鉢室韋西南四日行，至深末怛室韋，因水爲號也。冬月穴居，以避太陰之氣。

又西北數千里，至大室韋，徑路險阻，語言不通。尤多貂及青鼠。

北室韋時遣使貢獻，餘無至者。

史臣曰：四夷之爲中國患也久矣，北狄尤甚焉。種落實繁，迭雄邊塞，年代遐邈，非一時也。五帝之世，則有獯粥焉；其在三代，則獫狁焉；逮乎兩漢，則匈奴焉；當塗、典午，則烏丸、鮮卑焉；後魏及周，則蠕蠕、突厥焉。此其酋豪，相繼互爲君長者也。皆以畜牧爲業，侵鈔爲資，倏來忽往，雲飛鳥集。智謀之士，議和親於廟堂之上，折衝之臣，論奮擊於塞垣之下。然事無恒規，權無定勢，親疎因其强弱，服叛在其盛衰。衰則款塞頓顙，盛則彎弓寇掠，屈申異態，强弱相反。正朔所不及，冠帶所不加，唯利是視，不顧盟誓。至於莫相救讓，驕黠憑陵，和親約結之謀，行師用兵之事，前史論之備矣，故不詳而究焉。及蠕蠕衰微，突厥始大，至於木杆，遂雄朔野。東極東胡舊境，西盡烏孫之地，彎弓數十萬，列處於代陰，南向以臨周、齊。二國莫之能抗，爭請盟好，求結和親。乃與周合從，終亡齊國。高祖遷鼎，厥徒孔熾，負其衆力，將蹈秦郊。內自相圖，遂以乖亂，達頭可汗遠遁，啓民願保塞下。於是推亡固存，返其舊地，助討餘燼，部衆遂强。卒於仁壽，不侵不叛，暨乎始畢，未虧臣禮。煬帝撫之非道，始有雁門之圍。俄屬羣盜並興，於此寖以雄盛，豪傑雖建名號，莫不請好息民。於是分置官司，總統中國，子女玉帛，相繼於道，使者之車，往來結轍。自古蕃夷驕僭，未有若斯之甚也。及聖哲膺期，掃除氛祲，暗於時變，猶懷旅拒，率其羣醜，屢隳亭鄣，殘毀我雲、代，搖蕩我太原，肆掠於涇陽，飲馬於渭汭。聖上奇謀潛運，神機密動，遂使百世不羈之虜一舉而滅，瀚海、龍庭之地畫爲九州，幽都窮髮之民隸於編戶。實帝皇所不及，書契所未聞。由此言之，雖天道有盛衰，亦人事之工拙也。加以爲而弗恃，有而弗居，類天地之含容，同陰陽之化育，斯乃大道之行也，固無得而稱焉。

校勘記

〔一〕弟逸可汗立　周書突厥傳作「子科羅立，科羅號乙息記可汗」。

〔二〕俟斗　周書突厥傳作「俟斤」。

〔三〕契丹　北史突厥傳作「契骨」。

〔四〕當令侍子入朝　「令」原作「今」，據北史突厥傳改。

〔五〕窟含真　本書高祖紀作「庫合真」。

〔六〕時沙鉢略子曰染干　本書長孫晟傳作「處羅侯之子曰染干」。岑仲勉突厥集史卷二：「通典一九七作『沙鉢略之弟處羅侯之子染干』，隋傳殆有脱文。」

〔七〕突利　「利」原作「厥」，據北史突厥傳、册府九七八改。

〔八〕奚霫五部内徙　「徙」原作「從」，據北史突厥傳改。

〔九〕意利珍豆啓民可汗　「豆」原作「寶」，據上文及文館詞林六六四改。

〔一〇〕大斗拔谷　「斗」原作「升」，據北史突厥傳及本書煬帝紀上、又楊玄感傳改。

〔一一〕達度闕　「闕」原作「關」，據北史突厥傳改。本書裴矩傳作「闕達度設」。

〔一二〕曷薩那可汗　通鑑煬帝大業八年作「曷娑那可汗」。通鑑考異：「唐李軌傳作『曷娑那可汗』。今從隋書。」是司馬光所見隋書與今本不同。

〔一三〕烏讙　北史鐵勒傳作「烏護」。

〔一四〕於尼讙　北史鐵勒傳作「於尼護」

〔一五〕曷巀　北史鐵勒傳作「曷截」。

〔一六〕比干　或作「比千」。北史鐵勒傳作「比干」。

〔一七〕拔也未渴達　北史鐵勒傳作「拔也未謁達」。

〔一八〕蔑促　北史鐵勒傳作「篾促」。

〔一九〕隆忽　北史鐵勒傳作「薩忽」。

〔二〇〕晉王廣北征納啓民　原脱「啓」字，據北史鐵勒傳補。

〔二一〕辱紇王　「王」，周書庫莫奚傳、北史奚傳、通典二〇〇作「主」。

〔二二〕室韋契丹之類也　「室韋」原缺，據北史室韋傳補。

隋書卷八十五

列傳第五十

夫肖形天地，人稱最靈，以其知父子之道，識君臣之義，異夫禽獸者也。傳曰：「人生在三，事之如一。」然則君臣父子，其道不殊，父不可以不父，子不可以不子，君不可以不君，臣不可以不臣。故曰君猶天也，天可讎乎！是以有罪歸刑，見危授命，竭忠貞以立節，不臨難而苟免。故聞其風者，懷夫慷慨，千載之後，莫不願以爲臣。此其所以生榮死哀，取貴前哲者矣。至於委質策名，代卿世祿，出受心膂之寄，入參帷幄之謀，身處機衡，肆趙高之姦宄，世荷權寵，行王莽之桀逆，生靈之所讎疾，犬豕不食其餘。雖薦社污宮，彰必誅之釁，斵棺焚骨，明篡殺之咎，可以懲夫既往，未足深誡將來。昔孔子修春秋，而亂臣賊子知懼，抑使之求名不得，欲蓋而彰者也。今故正其罪名，以冠於篇首，庶後之君子見作者之意焉。

宇文化及 弟智及

宇文化及，左翊衞大將軍述之子也。性凶險，不循法度，好乘肥挾彈，馳騖道中，由是長安謂之輕薄公子。煬帝爲太子時，常領千牛，出入臥內。累遷至太子僕。數以受納貨賄，再三免官。太子嬖昵之，俄而復職。又以其弟士及尙南陽公主。化及由此益驕，處公卿間，言辭不遜，多所陵轢。見人子女狗馬珍玩，必請託求之。常與屠販者遊，以規其利。煬帝即位，拜太僕少卿，益恃舊恩，貪冒尤甚。大業初，煬帝幸楡林，化及與弟智及違禁與突厥交市。帝大怒，囚之數月。還至青門外，欲斬之而後入城，解衣辮髮，以公主故，久之乃釋，幷智及並賜述爲奴。述薨後，煬帝追憶之，遂起化及爲右屯衞將軍，智及爲將作少監。

是時李密據洛口，煬帝懼，留淮左，不敢還都。從駕驍果多關中人，久客覊旅，見帝無西意，謀欲叛歸。時武賁郎將司馬德戡總領驍果，屯於東城，風聞兵士欲叛，未之審，遣校尉元武達陰問驍果，知其情，因謀構逆。共所善武賁郎將元禮、直閤裴虔通互相扇惑曰：「今聞陛下欲築宮丹陽，勢不還矣。所部驍果莫不思歸，人人耦語，並謀逃去。我欲言之，陛下性忌，惡聞兵走，即恐先事見誅。今知而不言，其後事發，又當族滅我矣。進退爲戮，將如之何？」虔通曰：「上實爾，誠爲公憂之。」德戡謂兩人曰：「我聞關中陷沒，李孝常以華陰叛，陛下收其二弟，將盡殺之。吾等家屬在西，安得無此慮也！」虔通曰：「我子弟已壯，誠不自保，正恐旦暮及誅，計無所出。」德戡曰：「同相憂，當共爲計取。驍果若走，可與俱去。」虔通等曰：「誠如公言，求生之計，無以易此。」因遞相招誘。又轉告內史舍人元敏、鷹揚郎將孟秉，符璽郎李覆、牛方裕，直長許弘仁、薛良，城門郎唐奉義，醫正張愷等，日夜聚博，約爲刎頸之交，情相款昵，言無迴避，於座中輒論叛計，並相然許。時李孝質在禁，令驍果守之，中外交通，所謀益急。趙行樞者，樂人之子，家產巨萬，先交智及，勳侍楊士覽者，宇文甥，二人同告智及。智及素狂悖，聞之喜，卽共見德戡，期以三月十五日舉兵同叛，劫十二衞武馬，虜掠居人財物，結黨西歸。智及曰：「不然。當今天實喪隋，英雄並起，同心叛者已數萬人，因行大事，此帝王業也。」德戡然之。行樞、薛良請以化及爲主，相約既定，方告化及。化及性本駑怯，初聞大懼，色動流汗，久之乃定。

義寧二年三月一日，德戡欲宣言告衆，恐以人心未一，更思譎詐以脅驍果，謂許弘仁、張愷曰：「君是良醫，國家任使，出言惑衆，衆必信。君可入備身府，告識者，言陛下聞說驍果欲叛，多醖毒酒，因享會盡鴆殺之，獨與南人留此。」弘仁等宣布此言，驍果聞之，遞相告語，謀叛逾急。德戡知計既行，遂以十日總召故人，諭以所爲。衆皆伏曰：「唯將軍命！」其夜，奉義主閉城門，乃與虔通相知，諸門皆不下鑰。至夜三更，德戡於東城內集兵，得數萬人，舉火與城外相應。帝聞有聲，問是何事。虔通僞曰：「草坊被燒，外人救火，故諠囂耳。」中外隔絕，帝以爲然。孟秉、智及於城外得千餘人，劫候衞武賁馮普樂，共布兵分捉郭下街巷。至五更中，德戡授虔通兵，以換諸門衞士。虔通因自開門，領數百騎，至成象殿，殺將軍獨孤盛。武賁郎將元禮遂引兵進，宿衞者皆走。虔通進兵，排左閤，馳入永巷，問：「陛下安在？」有美人出，方指云：「在西閤。」從往執帝。帝謂虔通曰：「卿非我故人乎！何恨而反？」虔通曰：「臣不敢反，但將士思歸，奉陛下還京師耳。」帝曰：「與汝歸。」虔通因勒兵守之。

至旦，孟秉以甲騎迎化及。化及未知事果，戰慄不能言，人有來謁之者，但低頭據鞍，答云「罪過」。時士及在公主第，弗之知也。智及遣家僮莊桃樹就第殺之，桃樹不忍，執詣智及，久之乃見釋。化及至城門，德戡迎謁，引入朝堂，號爲丞相。令將帝出江都門以示羣賊，因復將入。遣令狐行達弒帝於宮中，又執朝臣不同己者數十人及諸外戚，無少長害之，唯留秦孝王子浩，立以爲帝。

十餘日，奪江都人舟楫，從水路西歸。至顯福宮，宿公麥孟才、折衝郎將沈光等謀擊化及，反爲所害。化及於是入據六宮，其自奉養一如煬帝故事。每於帳中南面端坐，人有白事者，默然不對。下牙時，方收取啓狀，共奉義、方裕、良、愷等參決之。行至徐州，水路不通，復奪人車牛，得二千兩，並載宮人珍寶。其戈甲戎器，悉令軍士負之。道遠疲極，三軍始怨。德戡失望，竊謂行樞曰：「君大謬誤我。當今撥亂，必藉英賢，化及庸暗，羣小在側，事將必敗，當若之何？」行樞曰：「在我等爾，廢之何難！」因共李本、宇文導師、尹正卿等謀，以後軍萬餘兵襲殺化及，更立德戡為主。弘仁知之，密告化及，盡收捕德戡及其支黨十餘人，皆殺之。引兵向東郡，通守王軌以城降之。

元文都推越王侗為主，拜李密為太尉，令擊化及。密遣徐勣據黎陽倉。化及渡河，保黎陽縣，分兵圍勣。密壁清淇，與勣以烽火相應。化及每攻倉，密輒引兵救之。化及數戰不利，其將軍于弘達為密所擒，送於侗所，鑊烹之。化及糧盡，渡永濟渠，與密決戰於童山，遂入汲郡求軍糧，又遣使拷掠東郡吏民以責米粟。王軌怨之，以城歸於李密。化及大懼，自汲郡將率衆圖以北諸州。其將陳智略率嶺南驍果萬餘人，張童兒率江東驍果數千人，皆叛歸李密。化及尚有衆二萬，北走魏縣。張愷等與其將陳伯謀去之，事覺，為化及所殺。腹心稍盡，兵勢日蹙，兄弟更無他計，但相聚酣宴，奏女樂。醉後，因尤智及曰：「我初不知，由汝為計，強來立我。今所向無成，士馬日散，負殺主之名，天下所不納。今者滅族，豈不由汝乎？」持其兩子而泣。智及怒曰：「事捷之日，都不賜尤，及其將敗，乃欲歸罪。何不殺我以降建德？」兄弟數相鬬鬩，言無長幼，醒而復飲，以此為恒。其衆多亡，自知必敗，化及歎曰：「人生故當死，豈不一日為帝乎？」於是鴆殺浩，僭皇帝位於魏縣，國號許，建元為天壽，署置百官。

攻元寶藏於魏州，四旬不尅，反爲所敗，亡失千餘人。乃東北趣聊城，將招攜海曲諸賊。時遣士及徇濟北，求餽餉。大唐遣淮安王神通安撫山東，幷招化及。化及不從，神通進兵圍之，十餘日不尅而退。竇建德悉衆攻之。先是，齊州賊帥王薄聞其多寶物，詐來投附。化及信之，與共居守。至是，薄引建德入城，生擒化及，悉虜其衆。先執智及、元武達、孟秉、楊士覽、許弘仁，皆斬之。乃以轞車載化及之河間，〔一〕數以殺君之罪，幷二子承基、承趾皆斬之，傳首於突厥義成公主，梟於虜庭。士及自濟北西歸長安。

智及幼頑凶，好與人羣鬭，所共遊處，皆不逞之徒，相聚鬭雞，習放鷹狗。初以父功，賜爵濮陽郡公。蒸淫醜穢，無所不爲。其妻長孫，妬而告述，述雖爲隱，而大忿之，纖芥之愆，必加鞭箠。弟士及恃尙主，又輕忽之。唯化及每事營護，父再三欲殺，輒救免之，由是頗相親昵。遂勸化及遣人入蕃，私爲交易。事發，當誅，述獨證智及罪惡，而爲化及請命。帝因兩釋。述將死，抗表言其凶勃，必且破家。帝後思述，授智及將作少監。

其江都殺逆之事，智及之謀也。化及爲丞相，以爲左僕射，領十二衞大將軍。化及僭號，封齊王。竇建德破聊城，獲而斬之，幷其黨十餘人，皆暴屍梟首。

司馬德戡

司馬德戡，扶風雍人也。父元謙，仕周爲都督。德戡幼孤，以屠豕自給。有桑門釋粲，通德戡母和氏，〔二〕遂撫敎之，因解書計。開皇中，爲侍官，〔三〕漸遷至大都督。從楊素出討漢王諒，充內營左右，進止便僻，俊辯多姦計，素大善之。以勳授儀同三司。大業三年，爲鷹揚郎將。從討遼左，進位正議大夫，遷武賁郎將。煬帝甚昵之。

從至江都，領左右備身驍果萬人，營於城內。因隋末大亂，乃率驍果謀反，語在化及事中。旣獲煬帝，與其黨孟秉等推化及爲丞相。化及首封德戡爲溫國公，邑三千戶，加光祿大夫，仍統本兵。化及意甚忌之。後數日，化及署諸將，分配士卒，乃以德戡爲禮部尙書，外示美遷，實奪其兵也。由是憤怨，所獲賞物皆賂於智及，智及爲之言。行至徐州，捨舟登陸，令德戡將後軍，乃與趙行樞、李本、尹正卿、宇文導師等謀襲化及，遣人使于孟海公，結爲外助。遷延未發，以待使報。許弘仁、張愷知之，以告化及，因遣其弟士及陽爲遊獵，至于後軍。德戡不知事露，出營參謁，因命執之，幷其黨與。化及責之曰：「與公勠力共定海內，出於萬死。今始事成，願得同守富貴，公又何爲反也？」德戡曰：「本殺昏主，苦其毒害。推立足下，而又甚之。逼於物情，不獲已也。」化及不對，命送至幕下，縊而殺之，時年三十九。

裴虔通

裴虔通，河東人也。初，煬帝爲晉王，以親信從，稍遷至監門校尉。煬帝即位，擢舊左右，授宣惠尉，遷監門直閤。累從征役，至通議大夫。與司馬德戡同謀作亂，先開宮門，騎至成象殿，殺將軍獨孤盛，擒帝于西閤。化及以虔通爲光祿大夫、莒國公。化及引兵之北也，令鎮徐州。化及敗後，歸於大唐，卽授徐州總管，轉辰州刺史，封長蛇男。尋以隋朝殺逆之罪，除名，徙於嶺表而死。

王充〔四〕

王充字行滿，本西域人也。祖支頹耨，徙居新豐。頹耨死，其妻少寡，與儀同王粲野合，生子曰瓊，粲遂納之以爲小妻。其父收幼孤，隨母嫁粲，粲愛而養之，因姓王氏，官至懷、汴二州長史。充捲髮豺聲，沉猜多詭詐，頗窺書傳，尤好兵法，曉龜策推步盈虛，然未嘗爲人言也。

開皇中，爲左翊衞，後以軍功拜儀同，授兵部員外。善敷奏，明習法律，而舞弄文墨，高下其心。或有駁難之者，充利口飾非，辭義鋒起，衆雖知其不可而莫能屈，稱爲明辯。

煬帝時，累遷至江都郡丞。時帝數幸江都，充善候人主顏色，阿諛順旨，每入言事，帝善之。又以郡丞領江都宮監，乃雕飾池臺，陰奏遠方珍物以媚於帝，由是益昵之。

大業八年，隋始亂，充內懷徼倖，卑身禮士，陰結豪俊，多收衆心。江淮間人素輕悍，又屬盜賊羣起，人多犯法，有繫獄抵罪者，充皆枉法出之，以樹私恩。及楊玄感反，吳人朱燮、晉陵人管崇起兵江南以應之，自稱將軍，擁衆十餘萬。帝遣將軍吐萬緒、魚俱羅討之，不能尅。充募江都萬餘人，擊頻破之。每有尅捷，必歸功於下，所獲軍實，皆推與士卒，身無所受。由此人爭爲用，功最居多。

十年，齊郡賊帥孟讓自長白山寇掠諸郡，至盱眙，有衆十餘萬。充以兵拒之，而羸師示弱，保都梁山爲五栅，相持不戰。後因其懈弛，出兵奮擊，大破之，乘勝盡滅賊，讓以數十騎遁去，斬首萬人，六畜、軍資莫不盡獲。帝以充有將帥才略，始遣領兵，討諸小盜，所向皆破之。然性矯僞，詐爲善，能自勤苦，以求聲譽。

十一年，突厥圍帝於雁門，充盡發江都人，將往赴難。在軍中，反首垢面，悲泣無度，曉夜不解甲，藉草而臥。帝聞之，以爲愛己，益信任之。

十二年，遷爲江都通守。時厭次人格謙爲盜數年，兵十餘萬，在豆子䴚中。充帥師破斬之，威振羣賊。又擊盧明月，破之於南陽，斬首數萬，虜獲極多。後還江都，帝大悅，自執杯酒以賜之。時充又知帝好內，乃言江淮良家有美女，並願備後庭，無由自進。帝逾喜，因密令閱視諸女，姿質端麗合法相者，取正庫及應入京物以娉納之。所用不可勝計，帳上云勑別用，不顯其實。有合意者，則厚賞充；或不中者，又以賚之。後令以船送東京，而道路賊起，使者苦役，於淮泗中沉船溺之者，前後十數。或有發露，充爲秘之，又遽簡閱以供進。是後益見親昵。

遇李密攻陷興洛倉，進逼東都，官軍數却，光祿大夫裴仁基以武牢降于密，帝惡之，大發兵，將討焉。發中詔遣充爲將軍，於洛口以拒密，前後百餘戰，互有勝負。充乃引軍渡洛水，逼倉城。李密與戰，充敗績，赴水溺死者萬餘人。時天寒大雪，兵士既渡水，衣皆霑濕，在道凍死者又數萬人，比至河陽，纔以千數。充自繫獄請罪，越王侗遣使赦之，召令還都。收合亡散，復得萬餘人，屯於含嘉城中，〔五〕不敢復出。

宇文化及殺帝於江都，充與太府卿元文都、將軍皇甫無逸、右司郎盧楚奉侗爲主。侗以充爲吏部尚書，封鄭國公。及侗取元文都、盧楚之謀，拜李密爲太尉、尚書令，密遂稱臣，復以兵拒化及於黎陽，遣使告捷。衆皆悅，充獨謂其麾下諸將曰：「文都之輩，刀筆吏耳。吾觀其勢，必爲李密所擒。且吾軍人每與密戰，殺其父兄子弟，前後已多，一旦爲之下，吾屬無類矣。」出此言以激怒其衆。文都知而大懼，與楚等謀，將因充入內，伏甲而殺之。期有日矣，將軍段達遣其女壻張志以楚謀告之。充夜勒兵圍宮城，將軍費曜、田世闍等與戰於東太陽門外。曜軍敗，充遂攻門而入，無逸以單騎遁走。獲楚，殺之。時宮門尚閉，充令扣門言於侗曰：「元文都等欲執皇帝降于李密，段達知而以告臣。臣非敢謀反，誅反者耳。」文都聞變入，奉侗於乾陽殿，陳兵衞之。令將帥乘城以拒難，兵敗，又獲文都殺之。侗命開門以納充，充悉遣人代宿衞者，乃入謁，頓首流涕而言曰：「文都等無狀，謀相屠害，事急爲此，不敢背國。」侗與之盟。充尋遣韋節等諷侗，令拜爲尚書左僕射、總督內外諸軍事。又授其兄惲爲內史令，入居禁中。

未幾，李密破化及還，其勁兵良馬多戰死，士卒皆倦。充欲乘其弊而擊之，恐人不一，乃假託鬼神，言夢見周公，乃立祠於洛水之上，遣巫宣言周公欲令僕射急討李密，當有大功，不則兵皆疫死。充兵多楚人，俗信妖妄，故出此言以惑之。衆皆請戰。充簡練精勇，得二萬餘人，馬千餘，遷營於洛水南。密軍偃師北山上。時密新得志於化及，有輕充之心，不設壁壘。充夜遣二百餘騎潛入北山，伏溪谷中，令軍秣馬蓐食。既而宵濟，人奔馬馳，遲明而薄密。密出兵應之，陣未成列而兩軍合戰，其伏兵蔽山而上，潛登北原，乘高下馳，壓密營。營中亂，無能拒者，卽入縱火。密軍大驚而潰，降其將張童兒、陳智略，進下偃師。初，充兄偉及子玄應隨化及至東郡，密得而囚之於城中，至是，盡獲之。又執密長史邴元眞妻子、司馬鄭虔象之母及諸將子弟，皆撫慰之，各令潛呼其父兄。兵次洛口，邴元眞、鄭虔象等舉倉城以應之。密以數十騎遁逸，充悉收其衆。而東盡于海，南至于江，悉來歸附。充又令韋節諷侗，拜爲太尉，署置官屬，以尚書省爲其府。尋自稱鄭王。遣其將高略帥師攻壽安，〔六〕不利而旋。又帥師攻圍穀州，三日而退。明年，自稱相國，受九錫備物，是後不朝侗矣。

有道士桓法嗣者，自言解圖讖，充昵之。法嗣乃以孔子閉房記，畫作丈夫持一干以驅羊。法嗣云：「楊，隋姓也。干一者，王字也。居羊後，明相國代隋爲帝也。」又取莊子人間世、德充符二篇上之，法嗣釋曰：「上篇言世，下篇言充，此卽相國名矣。明當德被人間，而應符命爲天子也。」充大悅曰：「此天命也。」再拜受之。卽以法嗣爲諫議大夫。充又羅取雜鳥，書帛繫其頸，自言符命而散放之。或有彈射得鳥而來獻者，亦拜官爵。旣而廢侗於別宮，僭卽皇帝位，建元曰開明，國號鄭。大唐遣秦王率衆圍之，充頻出兵，戰輒不利，都外諸城相繼降款。充窘迫，遣使請救於竇建德，建德率精兵援之。師至武牢，爲秦王所破，擒建德以詣城下。充將潰圍而出，諸將莫有應之者，自知潛竄無所，於是出降。至長安，爲讎人獨孤修德所殺。

段達

段達，武威姑臧人也。父嚴，周朔州刺史。達在周，年始三歲，襲爵襄垣縣公。及長，身長八尺，美鬚髯，便弓馬。

高祖爲丞相，以大都督領親信兵，常置左右。及踐阼，爲左直齋，累遷車騎將軍，兼晉王參軍。高智惠、李積等之作亂也，達率衆一萬，擊定方、滁二州，賜縑千段，遷進儀同。又破汪文進等於宣州，加開府，賜奴婢五十口，緜絹四千段。仁壽初，太子左衞副率。

大業初，以蕃邸之舊，拜左翊衞將軍。征吐谷渾，進位金紫光祿大夫。帝征遼東，百姓苦役，平原祁孝德、清河張金稱等並聚衆爲羣盜，攻陷城邑，郡縣不能禦。帝令達擊之，數爲金稱等所挫，亡失甚多。諸賊輕之，號爲段姥。後用鄃令楊善會之計，更與賊戰，方致剋捷。還京師，以公事坐免。

明年，帝征遼東，以達留守涿郡。俄復拜左翊衞將軍。高陽魏刀兒聚衆十餘萬，自號歷山飛，寇掠燕、趙。達率涿郡通守郭絢擊敗之。于時盜賊既多，官軍惡戰，達不能因機決勝，唯持重自守，頓兵饋糧，多無剋獲，時皆謂之爲怯懦。

十二年，帝幸江都宮，詔達與太府卿元文都留守東都。李密據洛口，縱兵侵掠城下，達與監門郎將龐玉、武牙郎將霍舉率內兵出禦之。頗有功，遷左驍衛大將軍。王充之敗也，密復進據北芒，來至上春門，達與判左丞郭文懿、〔七〕尚書韋津出兵拒之。達見賊盛，不陣而走，爲密所乘，軍大潰，津沒於陣。由是賊勢日盛。

及帝崩於江都，達與元文都等推越王侗爲主，署開府儀同三司，兼納言，封陳國公。元文都等謀誅王充也，達陰告充，爲之內應。及事發，越王侗執文都於充，充甚德於達，特見崇重。既破李密，達等勸越王加充九錫備物，尋諷令禪讓。充僭尊號，以達爲司徒。及東都平，坐誅，妻子籍沒。

史臣曰：化及庸懦下才，負恩累葉，王充斗筲小器，遭逢時幸，俱蒙奬擢，禮越舊臣。既屬崩剝之期，不能致身竭命，乃因利乘便，先圖干紀，率羣不逞，職爲亂階，拔本塞源，裂冠毀冕。或躬爲戎首，或親行鴆毒，釁深指鹿，事切食蹯，天地所不容，人神所同憤。故梟獍凶魁，相尋菹戮，蛇豕醜類，繼踵誅夷，快忠義於當年，垂炯戒於來葉。嗚呼，爲人臣者可不殷鑒哉！可不殷鑒哉！

校勘記

〔一〕河間　北史本傳作「大陸縣城下」。

〔二〕和氏　北史本傳作「娥氏」。

〔三〕侍官　「官」原作「宮」，據北史本傳改。

〔四〕王充　卽王世充，見卷七一校記〔五〕。

〔五〕含嘉城　「嘉」原作「喜」，據北史本傳、本書元文都傳、通鑑武德元年改。

〔六〕高略　本書煬帝紀下、册府三五七作「高毗」。

〔七〕郭文懿　「文」原作「大」，據本書越王侗傳、通鑑武德元年改。

宋天聖二年隋書刊本原跋

隋書自開皇、仁壽時，王劭爲書八十卷，以類相從，定爲篇目。至於編年紀傳，並闕其體。唐武德五年，起居舍人令狐德棻奏請修五代史。五代謂梁、陳、齊、周、隋也。十二月，詔中書令封德彝、舍人顏師古修隋史，緜歷數載，不就而罷。貞觀三年，續詔秘書監魏徵修隋史，左僕射房喬總監。徵又奏於中書省置秘書內省，令前中書侍郎顏師古、給事中孔穎達、著作郎許敬宗撰隋史。徵總知其務，多所損益，務存簡正。序、論皆徵所作。凡成帝紀五，列傳五十。十年正月壬子，徵等詣闕上之。十五年，又詔左僕射于志寧、太史令李淳風、著作郎韋安仁、符璽郎李延壽同修五代史志。凡勒成十志三十卷。顯慶元年五月己卯，太尉長孫無忌等詣朝堂上進，詔藏秘閣。後又編第入隋書，其實別行，亦呼爲五代史志。案魏徵本傳，貞觀七年爲侍中，十年，五代史成，加光祿大夫，進封鄭國公。俄請遜位，拜特進。今諸本並云特進。又經籍志四卷，獨云侍中、鄭國公魏徵撰。无忌傳又云，永徽三年，始受詔監修，疑當時先已刊修，无忌因成書而進。今紀傳題以徵，志以无忌，從衆本所載也。紀傳亦有題太子少師許敬宗撰。案敬宗傳，貞觀八年，除著作郎，修國史，遷中書舍人。十年，左授洪州司馬。龍朔三年，始拜太子少師。與今錄年月官位不同，疑後人所益。房喬、志寧初並受詔。又李延壽傳云，被詔與著作佐郎敬播同修五代史志。按延壽貞觀三年與顏師古同被勑修隋史，其年以內憂去職。今諸本並不載喬等名位。天文、律曆、五行三志，皆淳風獨作。五行志序，諸本云褚遂良作。案本傳未嘗受詔撰述，疑祇爲一序，今故略其名氏。

天聖二年五月十一日上。御藥供奉藍元用奉傳聖旨，齎禁中隋書一部，付崇文院。至六月五日，勑差官校勘，時命臣綬、臣燁提點，右正言、直史館張觀等校勘。觀尋爲度支判官，續命黃鑑代之。仍內出版式雕造。